李公朴

(1902–1946)

爱国民主人士、社会教育家、新闻出版家

中国民主同盟中央执行委员兼民主教育委员会副主任

李八公朴

周天度
孙彩霞 著

群言出版社
Qunyan Press

前言

中国民主同盟成立于1941年3月，正值抗日民族统一战线遭到国民党独裁统治破坏的危难之际，民盟以贯彻抗日主张、实践民主精神、尊重思想自由、提倡依法治国为政治纲领。民盟凝聚了当时绝大多数进步知识分子和社会精英，可谓群贤毕集。在不同的历史时期，黄炎培、张澜、沈钧儒、杨明轩、闻一多、李公朴、梁漱溟、史良、胡愈之、楚图南、吴晗、费孝通……这些民盟前辈精英们纵横裨阖、开阔放达，本着知识分子的人文良知和社会责任"奔走国事"，在政治、经济、军事、外交、教育、社会等领域都提出了明确的纲领和主张，将平等、民主、自由的思想播洒在中国的土地上。

在那苍黄翻覆、陵谷变迁的大时代，在那风云变幻、波澜壮阔的动荡岁月里，历史的浪潮将中国民主同盟，将有志于民族振兴的贤良才俊推上了风口浪尖，他们在改变中国命运的同时，也改变了自己的人生轨迹。他们为历史的进程，为国家富强、民族振兴和民主政治的进步做出了卓越的贡献；他们将自己的荣辱与民族存亡紧紧的联系在一起，为中国的民主、繁荣奋斗了一生，为后人留下了许多宝贵的精神财富；他们关于新民主主义社会的探索，至今仍具有巨大的影响和现实意义。

在和平盛世的今天，为了保存这珍贵的历史财富，为了让后人记住先辈们的独立之精神、自由之思想以及他们为国为民、励精图治的奋斗事迹，我们通过多年的精心准备和积累，出版了《民盟历史人物》和《民盟历史文献》丛书，这不仅仅是追忆往昔、缅怀先贤，也不仅仅是为了从学术研究的角度去厘清历史、臧否人物，更重要的是：通过回顾那段曲折的历史，传承民盟与中国共产党肝胆相照、荣辱与共的真挚感情；纪念民盟先贤为新中国做出的巨大贡献；呈现近代中国社会的嬗变和进步知识分子的爱国情怀；同时也是为了民盟薪火相传、与时俱进的需要；为了那些隽永传奇的人物和可歌可泣的历史再现后人的眼前。

路漫漫其修远兮，吾将上下而求索。《民盟历史人物》与《民盟历史文献》丛书的出版，是对先贤们多党合作历史的尊崇和传承。

《民盟历史人物》
《民盟历史文献》编委会

序　一

为了纪念李公朴，中国社会科学院近代史研究所研究员周天度、孙彩霞同志写了一本《李公朴传》，他们用大量的资料，公正的评价，使公朴同志的形象和精神再现出来。国男和王健恳切地要求我为这本书写篇序言，他们说："真心知道父亲的惟有您了。"我思之良久觉得他们的话不无道理。回想从武汉到延安，特别是到了昆明，我们有两年多朝夕相处。我听过他的朗诵、演讲，也听过他的高声歌唱与爽朗笑声，还有时我们在夜阑人静时，伴着孤灯，他向我推心置腹，倾诉衷肠。他知道我是共产党员，把我看成是可以信赖的知心朋友。我也把他看成自己的良师益友。思念及此，我还有什么理由拒绝他们的要求呢？

提起笔来，引起我回忆许多往事。

我和公朴同志相识于1937年深秋，抗战初期热气腾腾的大武汉。那是经过中共湖北省委的安排，救国老人沈钧儒被邀借住在我们创办的扬子江出版社。出版社宽大的会客室便成为救国会“七君子”及文化界人士经常聚谈的地方。国民党说那里是什么“人民阵线总部”。公朴同志是这里的常客，他对出版事业又是十分热心的，我有了向他请教的机会。我和公朴同志及救国会的同志接触多了，也为他们效过劳，他们把我看成是救国会的成员了。

1939年我和公朴夫妇在延安见面，都是一身尘土，满面春风，但相聚日浅，未能多谈。直至1942年夏天，在日本骑兵迫击和日机追踪扫射下，我和一批华侨文化人、华侨青年由缅北翻山越岭逃回昆明时，受到公朴同志、楚图南同志、郑易斋先生（云南进步的富商）和许多进步朋友的热情接待。公朴同志更是为我们的事情奔走筹划。当时我们的身上已经一文不名了，公朴同志带来郑易斋老人的好意，每人发给零用钱50元。不久在云南地下党同志和公朴同志、易斋先生等的安排下，我去路南县云大附中教书。一年后，云大附中迁到昆明郊区龙头村，每逢周末进城时候，我是公朴家的常客。我们一同分析面临的局势，研讨当前的工作。公朴精力过人，他几乎每天骑着自行车在城内外奔走，或参加各种聚会，或到工厂学校演讲，或找人商谈工作，或为各地来昆的文化界人士解决工作上生活上的实际困难；回到家里还要管理书店业务。我从公朴的胸怀开朗、博闻广识、献身革命事业和助人为乐的精神，深受感动和教益。

1944年夏天，我愉快地应邀参加了公朴创办的北门出版社，负责出版社的编辑工作。我住在书店对面的小楼上，和公朴的卧室、客厅仅一街之隔。我每天是他们家里的座上客，他们已把我看成是家里的一员了。公朴的朋友来商量工作，或对国内外局势交换意见，常常是拉着我一起谈的。记得是1945年初春，蒋介石派特务头子刘健群来到昆明，头天派人送信给公朴，说明天上午来看他。当天晚饭后，他留下我单独长谈，共同分析刘健群的来意，我们商量好第二天的对策。夜很深了，他越谈越激动。分手时候，我促请他注意墙上挂着的沈钧儒老人为公朴写的八字座右铭“立场坚定，态度和平”。他十分尊敬沈老，他笑了。

第二天上午，刘健群来到北门书屋楼上客厅里，谈话的时间并不长。“客人”走后，公朴邀我和夫人张曼筠，还有王健详细介绍谈话的情况。公朴的情绪是好的，甚至有点高兴，觉得“果不出我们所料”，老蒋要他到重庆教育部做官，说是“留在昆明很不安全”。公朴对他说：“我的事业在昆明，我要在这里发展文化教育，我离不开。”刘氏带着威胁意味说：“你不答应，我回去不好交待。”公朴告诉我们说：“这吓不倒什么人。”他觉得自己的应付是得体的，称得上“立场坚定，态度和平”。刘拂然不悦而去，就随他去吧。但是刘氏一计未成，又在昆明开展谣言攻势，引起了朋友们对公朴的怀疑和责问。次日晚上，公朴邀我作长夜谈。开头，他还不能完全释然于怀，接着他放下烟斗，半闭眼睛，向我吐出他内心的独白：“我正在想，为什么老蒋不找别人而找我？为什么朋友不怀疑别人而怀疑我？可见我还是有弱点啊！”他大意上说：我虽然出身贫寒，但在社会上混多了，沾染的旧意识旧作风是不少的。我细读了延安《整风文献》，共产党人那样严格地要求自己，我是自愧弗如的。深夜里他坦诚地作了自我解剖，自我检讨，我听了深为感动，也受益匪浅。这次谈话是我永远难以忘怀的。

公朴常常以“仁者不忧，智者不惑，勇者不惧”这句格言自励励人，作为他的座右铭，并自注曰：“惟其不惑，所以不忧，所以不惧。吾辈追求真理，认识真理，抱着真理为民族人类服务，有什么怀疑呢？”从这些话表现出公朴的光明磊落的人生观。

抗日战争胜利后一个月，我为了发展出版社的业务先去了北平。不久，公朴为了参加民盟的大会去了重庆。我们认为这是暂时的分别，而不幸的是，竟成了永别了。他曾在1946年3月27日夜写给我的一封信，是他在重庆较场口庆祝政协成功大会上挨打以后写的，那信上还一再地说：“无论如何，我们在短期内总要设法见面一下才行……”其中还有一段，他说：“民主的路不但是长而且是艰苦的，过去是从认识上理解它，现在则已开始走上实践的路了。艰难痛苦的事实已活生生的一件跟一件的摆在面前了，将来的艰苦还要多，我们需要更坚强与团结才能克服它，我信是可以的。我愿随大家坚忍持久的干下去，准备在真理旗前倒下去，是大愿也……”

亲爱的朋友们,这难道不是可敬与可悲的预感吗?预感到自己的不幸而仍毫不犹豫地迎接那不幸,且准备在真理的旗前倒下去,这难道不是大仁与大勇的表现吗?

公朴为坚持真理敢作敢为,自知难逃蒋家特务的暗算,他有了充分的准备。就在1946年春天,王若飞、叶挺等“四八”烈士遇难时,他在悼词中写下誓言:“你们的死……叫我格外不怕死。”“你们的死,叫我……格外多做事,准备随时死。”不久,当种种迹象显示特务魔掌即将加害于他,他对亲人们说:“我两只脚跨出门,就不准备再回来。”

敬爱的公朴同志,你正是“仁者不忧,智者不惑,勇者不惧”啊!

大仁大智生大勇。你正是走在人民革命队伍前列的大仁大智大勇者啊!

半个多世纪过去了。人们一提起人民英烈李公朴,就会心潮汹涌,感受到他的浩气长存。他的英勇伟烈的形象,深印在世世代代的爱国者的心头。

张光年于北京

2002年1月

序　二

李公朴是中国近代史上伟大的爱国主义者和民主主义者，著名的"七君子"之一和社会活动家、教育家、新闻出版家。他为追求中华民族的解放和建立一个民主、自由、富强的新中国，奋斗了一生，并最终献出了自己宝贵的生命。

李公朴原籍江苏武进，1902年11月26日出生于淮安。家境贫困，青少年时代在镇江当过学徒。曾先后就读于镇江润州中学、武昌文华大学附中、上海沪江大学附中，1925年考入沪江大学。在当学徒和学生期间，因受孙中山革命民主主义和新文化运动的影响，参加过"五四"和"五卅"运动，是活跃分子之一，并加入国民党，投身于国民革命军。旋因不满国民党"清党"反共，离开军队。1928年考取美国俄勒冈州波特兰雷德大学政治系。

在美国学习期间，他应邹韬奋的邀请，为《生活》周刊写了数十篇通讯，内容涉及政治、经济、美国人民的生活、社会风情等，受到读者的欢迎和传诵。在美国留学两年，李公朴开阔了眼界，增长了见识，进一步增强了民主主义思想意识。

李公朴回国后，国内正处于四分五裂的状态，日本乘机开始入侵中国，“九一八”和“一·二八”事变相继发生，而国民党执行“攘外必先安内”的反动政策，忙于“剿共”内战。他即萌发“团结全国各党各派的力量，为中华民族的彻底解放而斗争”的思想，立志为推动社会进步做一些有益的事情。他开始把注意力放在上海广大的学徒、店员、工人、失学青年和职员等下层群众身上，在《申报》总经理史量才的资助下，先后创办了《申报》流通图书馆、《申报》业余补习学校、业余妇女补习学校，并在图书馆创设“读书指导部”，在《申报》开辟《读书问答》专栏，希望通过业余教育引导他们对读书发生兴趣，提高他们的文化水平和工作能力，改善其地位和处境，以便将来为国家服务。由于李公朴的苦心经营，加上聘请了艾思奇、柳湜、夏征农等知识渊博的进步学者襄助，图书馆和补习学校发展很快，馆藏图书由两千多册增加到3万多册，阅览者由二三百人增至两万多人，补习学校由一所增至八所，学生由二三百人增至四千五六百人。这些人后来大多成了职业界救国会的骨干和基本群众，在抗日救亡运动中发挥了重要作用。国民党因此而怀恨在心。不久，他又在上海创办了《读书生活》半月刊，并成立“读书生活出版社”。在他的全力支持下，刊载出版了艾思奇的《哲学讲话》（后改名为《大众哲学》）等多部通俗著作，在当时及后来起了重要的启蒙作用，产生了很大影响，引导千万读者对马列主义产生了兴趣，走上了革命的道路。

1935年日本入侵华北，民族危机进一步加深，抗日救亡成为全国人民的头等大事。李公朴不断发表文章，揭露日本的侵略阴谋，呼吁国人团结御侮，积极参与发起救国运动。不久，全国各界救国联合会（简称"救国会"）在上海召开成立大会，李公朴被推为执行委员和常务委员，成为救国会的领袖人物之一。在救国会成立后举行的一系列抗日救亡活动以及同国民党和上海市当局的交涉谈判中，他都是重要参与者。救国会停止内战，团结一致，共御外侮的广泛宣传和大力号召，在当时白色恐怖严重的国民党统治区振聋发聩，对推动抗日民主运动，促进国内和平，起了重要作用，毛泽东对此曾给予高度评价。

国民党对救国会的活动如芒刺在背，予以严厉镇压，1936年11月22日深夜，在上海逮捕了李公朴和沈钧儒等七位救国领袖，随即移送苏州江苏高等法院看守所羁押，是为著名的"七君子"之狱。李公朴在狱中和其他被捕战友一道，深信救国无罪，坚持爱国正义立场，同国民党当局进行斗争。他在狱中写下的日记，真实地记录了国民党向"七君子"劝降迫降以及他们的对付办法，成为研究救国运动和爱国知识分子思想脉络的重要参考史料，弥足珍贵。七七事变后不久，由于国内形势丕变，加上各方面人士声势浩大的援救，李公朴等人胜利出狱。

“八一三”淞沪抗战爆发后，李公朴冒着生命危险，奔赴抗战前线实地考察。他就所见所闻及亲身感受，发表了不少关于抗战的著作和言论，系统地阐述了动员民众参战是抗日必胜之本，要求加强全民族的统一战线，将单纯的政府与军队抗战，转变为全面的全民族的抗战，以克服当前的民族危机。他认为实施抗战教育是动员民众的基本条件，在山西创办了全民通讯社和民族革命大学，在汉口参与创办了《全民周刊》。他撰写并由读书生活出版社出版的《抗战教育的理论与实践》，论述了抗战教育的方针、内容、战时教育与平时教育的关系等，极力彰扬民族精神、唤醒民族意识，激励民众的爱国情绪。这些在当时都起了积极作用。

1938年11月，李公朴偕夫人张曼筠前往延安参观访问。毛泽东亲切接见了他们，并在张曼筠画的《长城》画幅上题写了“不到长城非好汉”的旧作《清平乐·六盘山》。随后他又到共产党领导的华北各抗日根据地进行参观考察。共产党坚持抗战、团结、民主，政治、军事、财经、文教等方面呈现出生机勃勃的景象，给他留下了深刻的印象。他称赞延安“是革命的圣地”，“象征着一种人类的希望，人民的愿望”；“晋察冀边区是新中国的雏形”。他坚信共产党的领导一定会取得胜利，把中国的希望寄托在共产党的身上。这是他一生中政治思想的一个重大飞跃。

李公朴在华北敌后抗日根据地考察了近两年，于1940年11月回到大后方重庆。此时国民党掀起第二次反共高潮，策划了“皖南事变”，同时对重庆的一些进步民主人士特别是救国会成员采取高压政策。李公朴在中共南方局的安排帮助下，由重庆转往昆明。他在昆明结识了许多知名人士，积极参加抗日民主运动，尤其是在青年中进行抗日民主的宣传，引导他们前进。他创办了北门书屋和北门出版社，销售并出版一些进步书刊。他是中国民主同盟云南省支部执行委员，在他的参与促成下，民盟云南省支部吸收了西南联大、云南大学一些中上层知识分子、学者和社会名流参加，加强了民盟的力量、扩大了民盟的政治影响。在随后召开的民盟临时全国代表大会上，李公朴被推为中央执行委员和民主教育委员会副主任委员。抗战后期，日本为了打通从中国的东北直到越南的大陆交通线，发动了豫湘桂战役。由于国民党政治上和军事上的日益腐败，国民党战场再次遭到大失败。人民对国民党的专制统治深刻不满，中国共产党提出了废止一党专政，建立各党各派民主联合政府的主张，获得各抗日党派和民主人士的广泛响应，国民党统治区民主宪政运动再次出现高涨，李公朴是昆明民主运动的领导人之一。国民党曾对李公朴威胁利诱，造谣中伤，企图迫使他离开昆明，不再从事抗日民主运动，被他断然拒绝。

抗战胜利后，救国会鉴于抗日民族解放的任务已经完成，在重庆开会改名为“中国人民救国会”，其宗旨为“团结国人建立独立自由幸福的民主新中国”。制定了新的政治纲领和任务，要求彻底消弭内战，加强团结，经过政治协商会议，立刻结束一党专政，成立民主联合政府。李公朴继续被选为中央执行委员和常务委员，仍然是救国会的领袖人物。为了普及教育，替建设民主的新中国培养人才，在中共的支持下，他和陶行知创办了业余社会大学，聘请了一大批社会名流和共产党员专家学者任教，组织部分青年学习革命理论，投身革命实际，受到社会好评。在当时召开的政治协商会议讨论宪法草案时，他要求“在新宪法上确定民主教育的原则”。

李公朴针对当时国民党坚持独裁和挑起内战的阴谋，呼吁国人不要因为抗战胜利而冲昏头脑，因为“胜利团结与民主并没有真正得到”，提出“把反民主的将军、老爷、汉奸、走狗、摩擦专家、顽固分子，一齐都打倒”。他强烈谴责国民党镇压昆明学生争民主反内战运动及其制造的“一二·一”惨案，断言“要独裁残杀学生之政府从来没有好下场，反内战代表人民的公意不久一定会成功”。1946 年 2 月 10 日，数千名群众在重庆较场口集会庆祝政协会议成功，李公朴任大会主席团成员兼总指挥，国民党派出特务和雇佣流氓进行破坏捣乱，他也被殴伤。事后他说：“革命是没有不流血的”；“为了民主的胜利，为了中国的前途，只要能够团结更多的人来为民主中国而奋斗，死又何足惜！”王若飞等人“四八”罹难，他极为悲恸，写悼诗表示：“你们的死……只有叫我格外不怕死。”他立志献身民主，视死如归，“准备在真理的旗前倒下去”，庄严宣称：“两只脚跨出门，就不准备再进门。”

李公朴为反对内战、实现民主、和平建国而大声疾呼，对时政弊害无情揭露鞭挞的不屈不挠奋斗精神，和“虽千万人吾往矣”的豪迈气概，使国民党反动派恨入骨髓，必欲除之而后快。1946年7月11日晚，李公朴夫妇在昆明外出回家途中，几名特务尾随其后，夜色昏暗中，朝他连开数枪。李公朴立即倒在血泊中，后送医院抢救，终因失血过多，于12日凌晨不治身亡。

李公朴不幸遇害，引起人们极大愤慨，各方人士纷纷表示深切悼念。毛泽东、朱德立即致唁电说：“先生尽瘁救国事业与进步文化事业，威武不屈，富贵不淫，今为和平民主而遭反动派毒手，是为全国人民之损失，抑亦为先生不朽之光荣。”周恩来赞誉他“是一位为新民主主义革命而献身的战士”。民盟亦发表声明，对国民党这种法西斯暴行予以强烈谴责。

李公朴遇难后第四天，另一位民主战士闻一多又遭国民党特务暗杀。李闻惨案，震惊全国，反对国民党独裁统治、要求和平民主的浪潮进一步高涨，国民党统治人心尽失，从而导致了它的加速覆亡。

李公朴的业绩是永存的。作为中国近代史上一位杰出的爱国民主战士，李公朴的名字将彪炳于史册，永垂不朽。

周天度　孙彩霞于中国社会科学院近代史研究所

目录

第一章

家世和青少年时代

第一节　家世与童年

李公朴的原籍是江苏省武进县湖塘乡[①]东村，而他出生在具有悠久历史的古城——淮安[②]（当时为淮安府山阳县）。

据《李氏宗谱》[③]记载，武进李氏一世祖名文徽，号琴轩，以宗子荫千牛陪卫，后任兵曹参军。唐中和四年（公元884年），李文徽考中进士，授职晋陵（武进古称）丞。旋因宦官田令孜构乱，乃举侄涯代职，自己则退居滆西（今武进夏溪乡）。可见李氏第一世在唐代即来武进了，而且门庭光耀。到了明朝，李氏第二十世丕显（1425～1496年）始迁入湖塘乡东村。湖塘乡位于武进县南部，毗邻常州市郊。东村则在湖塘乡东南三化里处。从此，这一

---

① 今为湖塘镇。

② 关于李公朴的籍贯，众说纷纭。有称"原籍江苏扬州，生于镇江"（见1979年版《辞海》）；有说"出生在常州一个破落家庭里"［见张曼筠：《回忆李公朴》，中国社会科学院近代史研究所中华民国史组编：《中华民国史资料丛稿》（增刊第4辑）］；有谓"江苏省常州人，原籍江苏武进湖塘桥，生长镇江"（见沈钧儒、王造时：《李公朴先生事略》）。本书定论据《李氏宗谱》及1915年拍摄的一帧照片题词确定，书中将有说明。

③ 该家谱已残破，由李公朴的族孙李志培保存。李公朴及其子李国友均已修入谱内，见《武进文史资料》，1983年第1辑，第100页。

湖塘镇东村李公朴故居

支脉便在东村繁衍下去。

李公朴的曾祖父是第三十三世李维芸。祖父李俊秀，生于1803年，卒于1862年，生三子。长子即李公朴的父亲李学增。

李学增生于1837年，字增培，俗名善生。出世三年便爆发了鸦片战争。待李学增成年，与同乡蒋湾桥周姓女子成婚，生两子一女，即李公朴的同父异母大哥永仁，他在李公朴不满四岁时便去世了；二哥永义，字晋昌、香国，号汉飞、翰芬；李公朴的大姐。此时李家已家道中落，再加上湖塘乡人多田地少，广大的居民和农民除种田外，还要从事织布等手工业，并且经营小买卖，以维持生活，李学增也不得不出外做工。他先在扬州税关做差事，后又到镇江，在常镇道道尹沈敦兰的公馆做佣人。1882年，沈敦兰告老辞官。沈原籍浙江宁波，因羡淮安民风淳朴，水陆交通便利，生活条件比较优越，便在淮安城内买下一巨宅，在此安度晚年。李学增因“为人忠勤耿介，个性爽直”①，深得沈敦兰的赏识和器重，所以随沈一同来到淮安，继续做佣人。

1884年，李学增在淮安取程姓女为继室。次年，李公朴的三哥永康出世。永康字晋康、寿同，后改名公愚，稍长后，离淮至镇江谋生。他在后来的生活中给少年时期的李公朴很大帮助。

1915年，李公朴与父亲、三兄在淮安合影。

1902年11月26日(清光绪二十八年十月二十七日)，李家的第四个儿子在淮安诞生了，父母为他起名永祥，字晋祥，希望他永远“隆盛康祥”。永祥后来自己改名为公朴，号朴如。

李公朴的出生地淮安，虽“热闹繁华，俨然省会”，但靠父亲做佣人的薪金养活全家人，其清贫可想而知。不过和生活在底层的人相比，还算不错。当时李学增

---

① 邵寄生，朱慧君:《李公朴出生淮安续考》，见《武进文史资料》，第10辑。

在沈公馆的邻近租了两处房子，一处在东长街朱雀桥堍，李公朴和他的父母住在这里；一处在东岳庙市口东龚姓宅内，李公朴的二哥住在这里，以行医为生。

1915 年，李公朴 13 岁，他的父亲已是 79 岁高龄的老人，居淮已 30 余年。这时，沈敦兰也已去世多年，李父有叶落归根之思，而他的二儿子翰芬也将去东海（即海州，今连云港市）从军。[1]于是，这年秋天，李公朴和他的父母离开淮安，迁居镇江，和三哥李公愚一起生活。镇江是当时江苏省的省会。1917 年，李父在镇江去世，安葬于原籍武进师姑滩下祖茔东侧。

李公朴自幼生长在这样一个清贫的家庭，父母亲的言行，对他的性格有很大的影响。他一生勤奋，为人热诚耿直，做事非常认真，就是从小在这种家庭环境的潜移默化下养成的。

李公朴在淮安度过了他的童年时代。有关他的童年生活，据现已发现的材料，只知他 10 岁时开始读私塾，而具体的情况则不得而知。从他童年所处的时代来看，一方面，中国社会正处在剧烈的动荡中。资产阶级领导的辛亥革命推翻了清王朝的统治，结束了两千多年的封建帝制，但是中国却并未由此获得新生，封建军阀窃取了辛亥革命的胜利果实，随后，袁世凯称帝，张

---

① 1915 年秋天，李公朴与其父及二哥合拍一照片，上面有他二哥的题词："父年七旬有九，居淮卅余年矣。兹将还居江南尔，人生快事也。但□刻从戎东海，难于随侍，又不能按时定省，殊深愧怅。特同四弟祥三人合拍一影，略解后来白云亲舍之感耳。时乙卯中秋后八日，翰芬谨志于淮寓。"见吴之光：《公朴先生籍贯、家世、生地考》，载《常州文史资料》，1986 年第 6 期；王健主编：《李公朴》（画传），群言出版社 1996 年 6 月版，第 13 页。

勋复辟，各路军阀割据混战，外患内乱迭起相承。中国的统治者仍然是大地主大资产阶级，中国人民仍然在苦难中呻吟，反对帝国主义的侵略和封建主义的压迫依然是中国人民的首要任务。从另一方面看，当时私塾读的大多是《三字经》、《千家诗》、“四书”之类的古书，私塾先生所灌输的也不外乎“大丈夫志不在温饱”、“显亲扬名”一类的说教，由此我们可以想见，李公朴从小所受的教育离不开儒家的传统文化。但与此同时，康有为、梁启超的维新变法思想；孙中山主张推翻清政府的民主革命思潮；陈独秀等进步青年倡导的彻底批判封建主义的旧思想、旧文化、旧道德，宣传民主主义的新思想、新文化、新道德的新文化运动，也势必影响着童年时代的李公朴。

第二节　因抵制日货被解雇

13岁的李公朴一到镇江，便经三哥李公愚的介绍，到一家名为“合兴盛”的京广洋货店做学徒。合兴盛是当时镇江几家著名的老广货店之一，主要经营中外化妆品、搪瓷制品、牙膏、线袜等日用百货。

按照中国旧社会的学艺传统，学三年帮三年，即三年满师三年帮工。李公朴在学做生意的同时，还要做一些学艺之外的杂活，如给老板跑腿、做饭、倒马桶等等。起初两年多每月只有“月规钱”两角，最后一年才改为每月一块钱。工作繁重，生活艰苦，但李公朴生性豁达、乐观、倔强，他抓紧时间读书看报，并喜欢和进步的青年学生结交。他们常常在一起谈论时势，探讨救济时危的真理。他还喜欢哼哼唱唱，无论是京戏，还是家乡小调，只要高兴，都会喊上两嗓子。后来他在为音乐家周巍峙选编的《中国呼声集》写的序中回忆说:“十三四岁时就会瞎叫几声西皮二黄，后来什么《苏武牧羊》以及雄壮的外国歌也很喜欢唱。”

1919 年 1 月 18 日巴黎和会开幕，中国政府作为第一次世界大战的胜利国也派出了代表团。会上，中国代表提出了取消中日“二十一条”不平等条约，取消帝国主义在华特权，归还德国在山东的各项权利等七项要求。帝国主义列强无视中国的要求，操纵巴黎和会，把战败国德国在中国山东攫取的权利全部让给日本。消息传来，首先由北京各大专院校的爱国学生于 5 月 4 日在天安门举行集会和游行示威，要求“外争国权，内惩国贼”，“拒绝和约签字”，并放火焚烧亲日派卖国贼、交通总长曹汝霖赵家楼的宅第，痛殴当时在曹宅的驻日公使章宗祥。具有划时代历史意义的五四爱国运动首先在北京爆发。接着，天津、上海等城市纷纷响应，形成了全国性的反对帝国主义侵略、反对北洋政府卖国行径的运动。李公朴当学徒的镇江也奋起响应。由于日本坚持要求将德国在山东的一切权利收归已有，是侵略中国的主要帝国主义国家，因此镇江也和其他各地一样，把反对的矛头主要指向日本帝国主义。镇江十余所中小学校的学生，手执“保我国土，还我青岛，不用日货，毋忘国耻”的小旗，沿着主要街道游行示威。镇江商界召开千人大会，决定对日经济绝交，不进日货，不卖日货，不用日本轮船运货，不为日商张贴广告。工人、农民、学生、商人联合组织成立了抗日外交后援会，号召人们抵制日货，劝用国货，并组织了若干检查队，到各商店查抄日货；一有查获，当众焚毁。整个镇江城沉浸在抵制日货的气氛中。

这时李公朴还不满17岁，已学徒满师，成为合兴盛的店员，受爱国主义思想的激励，也奋身投入五四爱国运动的洪流中。每当有宣传队到合兴盛店附近演讲抵制日货、销售国货时，李公朴总是主动出来服务，倒茶送水，搬桌子、板凳。他还和一些青年店员共同组织“爱国团”，上街演说，向民众宣传使用国货。他发现自己的店老板乘别人急于脱手日货之机，大批购进日货藏于家中；看到一些商人将日货改头换面，冒充国货销售，非常气愤，便以“长啸”的笔名，在报上刊载文章，加以揭露。[①] 这似乎还不能完全表达他的爱国热忱，他将店老板的不法行为暗中告诉了镇江城抗日外交后援会，后援会查抄没收了老板的日货。店老板万万没有想到，事情竟然败露在自己的店员手中，气急败坏地解雇了李公朴。

学徒生涯，使李公朴经历了旧中国底层的生活，接触了各行各业的劳动人民，培养了他对劳动人民的深厚感情；参加五四爱国运动，使他更加清楚地认识了帝国主义的横行霸道，北洋政府的颟顸黑暗和丧权辱国，初步树立了反帝反封建的革命人生观。

第三节　入学求知

李公朴刚刚踏上生活之路就被老板解雇，但他并未气馁，反

---

① 李公朴以“长啸”笔名发表的文章，至今还没有发现，这里转引方仲伯：《李公朴的故事》，见中国民主同盟云南省委员会1981年编印：《回忆李公朴烈士》。

而进一步认识到中国日趋腐败，渴求找到救国救民的真理，他决定弃商入学继续深造。1920年秋，他考入镇江润州中学，这时他已18岁。

润州中学位于镇江西郊登云山巅，是美国人法毅耳所办的一所教会学校。教会学校收费较高，李公朴能够入润州中学学习以及他后来在武昌文华大学附中等校学习，都得到了他三哥的大力支持。李公愚当时虽然和别人合伙做贩卖布匹的小生意，但他家的生活仍然是“家无隔夜粮，身无御寒衣”，[①]条件十分艰苦。为了满足小弟入学的要求，他东拼西凑，才凑足了学费。李公朴非常感激三哥的支持，他和三哥一家的感情一直非常好。1945年他三哥去世，侄子失业，一家人生活陷入绝境。远在昆明的李公朴闻讯后，立刻汇钱回来，并写信告诉侄儿一家说：“现在中国人民正遭受着空前的民族灾难，全中国有千千万万劳动人民的家庭和我们一样在痛苦中挣扎，要时刻记住，我们是中国人，中国人是有骨气的，再苦也要顶住，出头的日子不会太远了。”[②]并再三叮嘱侄儿坚决不给日本人做事，要有中国人的气节，冻死迎风站，饿死不低头，要尽自己的一切力量为抗日多做工作。

李公朴入学后，读书十分勤奋刻苦。他知道自己进入学校学习的机会是多么的不容易，因此非常珍惜求学的机会。无论严冬酷暑，他从不迟到和缺课。寒风凛冽的冬天，因家贫置不起

---

① 李为山：《忆叔父》，见方仲伯编：《李公朴纪念文集》，云南人民出版社1983年6月版，第352页。

② 《李公朴纪念文集》，第353页。

棉衣,他早晨就跑步到校。中午吃的是冷水泡饭,外加一点咸菜萝卜干。有时连这样的饭菜也不能保障,经常饿着肚子上课。放学回到家里,他常常学习到深夜,有时实在太疲倦了,他就使劲掐自己的大腿,用疼痛刺醒自己,继续学习。三哥看在眼里疼在心上,劝他早睡,他说:"我们虽家境贫寒,但学业上决不能贫乏,书山有路勤为径,学海无边苦作舟,我一天要当十天过啊!"① 由于学习刻苦,李公朴的学习成绩总是名列前茅。

1923 年秋天,李公朴由润州中学毕业,考入武昌文华大学附中。这是美国圣公会为纪念牧师文惠廉(W. J. Boone),于 1871 年创办的教会学校。原名文华书院,位于武昌昙华林。1908 年文华书院改名文华大学,学制十年,从初中到高中为六年,大学四年。此后该校名称屡有变动(还曾改名华中大学),现名为武昌文华中学,位于武汉市武昌区粮道街。在这所学校里,李公朴因勤奋苦读,又富有正义感,深得老师和同学们的推崇,但他却只读了一年半,便因参加反对校医虐待学生的学潮,被校方开除了。虽然在文华中学学习的时间不长,但李公朴对母校有着深厚的感情。1941 年文华书院建校 70 周年,李公朴特为母校题词:

> 文华,你是一座伟大的熔炉,你锻炼出多少灿烂的花朵坚强的果实,你是这一块大地勇敢而最持久的革命播种者,我们看到今日千万为国家人类服务牺牲的优秀儿女、民族战士,有好多都是受着你的诱导与陶冶而成。

---

① 《李公朴纪念文集》,第 353 页。

文华母校创立七十周年纪念

抗战第五年十月二日于昆明　李公朴[①]

同样，李公朴刻苦读书敢于向不正当行为作斗争的精神，特别是他后来因“爱国有罪”被捕入狱，成为著名的“七君子”之一，更使其母校为培养出这样的学生而自豪。抗日战争期间，文华校长卢春荣曾邀请李公朴回校作《关于当前抗日形势》的报告。解放后，文华中学将李公朴作为本校有成就的校友之一，在《校友通讯》上介绍他的革命事迹和革命精神，供师生学习和继承。[②]

不久，李公朴辗转入上海沪江大学附中，继续高中学业，毕业后考入沪江大学。

当李公朴进入沪江大学时，中国正处于一个新的历史时期。1924 年 1 月，孙中山领导的中国国民党同中国共产党合作，在广州举行中国国民党第一次全国代表大会，改组国民党，确立了联俄、联共、扶助农工的三大政策，第一次国共合作正式形成。从此，近代中国民主革命史揭开了新篇章，中国人民反帝反封建的革命浪潮汹涌澎湃。1925 年 5 月，以上海棉纱厂日本资本家枪杀工人顾正红，英国巡捕开枪打死打伤抗议群众数十人的“五卅惨案”为导火线，引发了上海、北京、南京、汉口、广州、天津等许多城市工人罢工、学生罢课、商人罢市，掀起了全国规模的反对英日帝国主义的斗争。

---

① 武昌文华中学《校友通讯》，第 38 期。

② 武昌文华中学《校友通讯》，第 23 期。

一个时代发生急遽转折的时期，总会引起人们思想上的波澜。正在沪江大学上学的李公朴，面临着两种选择，一是在国共合作国内革命走向高潮的形势下，投入到反帝爱国的革命激流中；另一种是老老实实遵守校方为把持校政，实行奴化教育，压制学生参加爱国运动而制定的校章。当时沪江大学校章规定："学生不得任意集会、结社及出版刊物；学生非得教务处盖章，不得公布告白；学生组织非经校长同意，不得召集大会和公布大会的决议。"并且还规定"学生组织所选举的工作人员和修改章程，都要取得校务委员会的同意"。[①] 在这种情况下，李公朴毅然选择了前者，他全然不顾学校的清规戒律，参加了学校青年会组织，并成为该组织的活跃分子，经常代表学校青年会出席沪宁各大学召开的学生会，一起讨论时事，参加郊外野营等活动。他在开会讨论以及日常生活中，谈笑风生，幽默风趣，爱国立场坚定，[②]给沪宁各大学学生代表留下了深刻的印象。不久，他又经人介绍加入了改组后的国民党。五卅运动中，为了支援中国反对英日帝国主义的斗争，他积极参加罢课游行示威，并代表沪江大学出席上海学联会，担任工人科长，负责组织各处工人事务。"五卅"期间，他还回到家乡湖塘镇，向父老乡亲们揭露日英帝国主义制造五卅惨案、屠杀上海工人学生的暴行，并联络工商学各界爱国人士50余人，成立了"五卅"后援会。后援会下设宣传、

① 刘王立明：《沪江大学始末简记》，《全国文史资料选辑》，第31辑。当时沪江大学校长为美国传教士魏馥兰（F. J. White）。

② 王齐兴：《在虎口里战斗——回忆李公朴先生》，见《李公朴纪念文集》，第282页。该书作者名字误为王有兴。

经济、文牍、调查、交际、庶务六部,李公朴被推举为后援会临时主席。①

轰轰烈烈的五卅反帝爱国运动,对于李公朴来说,是一场激动人心的斗争,以至于十几年后仍记忆犹新。1937 年 5 月 30 日,他在日记中写道:"今日又是五卅纪念日。回想十二年前之今日,正代表沪江大学出席上海学联会,担任工人科长,组织各处工人事务。惨案爆发后,事务更忙,未几即全国响应。"②

第四节　参加国民革命军

第一次国共合作建立后,在中国共产党和苏联的帮助下,广州国民政府肃清了广东境内的反革命军阀势力,统一了军政、财政、民政,并实现了两广的统一,使广东革命根据地和革命政权进一步巩固和发展。同时,由五卅运动掀起的全国工农革命运动空前高涨。在这有利的革命形势下,国民政府决定出师北伐,结束北洋军阀的黑暗统治。1926 年 7 月 9 日,国民革命军在广州誓师北伐。

国民革命力量的迅速发展使李公朴欢欣鼓舞,他向往众望所归的革命中心——广东。于是他弃文就武,毫不犹豫地离开刚刚上了一年的沪江大学,南下广东,参加北伐军。他被分配在国民革命军东路前敌总指挥部政治部做宣传工作。在北伐战争

① 武进县湖塘镇编史修志领导小组:《湖塘镇志》,1986 年 12 月,第 279 页。

② 《李公朴日记》原件,1937 年 5 月 30 日。

1927 年李公朴在国民革命军时留影

中，作为一名宣传工作人员，他和由共产党员、国民党左派、进步的知识分子组成的政工人员一起，围绕着“打倒列强、除军阀”的革命中心任务，组织慰劳队，编排演出文艺节目，散发宣传材料，和战士谈话谈心，为北伐战争的胜利进军而尽力。就这样，在北伐的征途中，李公朴跟随国民革命军东路军总指挥部政治部，攻打福建，进军浙江，于 1927 年 3 月又回到了上海。

随着北伐革命战争的节节胜利，工农革命运动的猛烈发展，隐藏在革命队伍内部以蒋介石为代表的资产阶级右翼，日益感到来自革命方面的威胁，经过一系列精心策划和周密部署，4 月 12 日，在上海发动反革命政变，将轰轰烈烈的大革命葬于血泊之中。就在资产阶级右翼秘密策划反革命政变时，李公朴则被北伐革命的迅速发展所激励，为千百万工农群众在斗争中所表现的空前未有的革命毅力和首创精神所震撼，他完全沉浸在革命的理想中。当时任上海新闻报记者的顾执中后来回忆说，由于工作的关系，他和李公朴经常会晤。李公朴经常身着军装在群众大会上激昂地向上海人民宣讲军阀必须打倒，不平等条约必须取消，各地租界必须收回。[1]

① 顾执中：《浩气长存，公朴永生》，见《李公朴纪念文集》，第 250 页。

5月份，李公朴被任命为国民革命军东前总政治部沪宁路属党政特派员，负责苏州、无锡、常州、镇江等地的党政工作。他到任后，在常州设立党政特派员办公处，并以特派员的名义向所属发布告："本处各职员业于昨晚抵锡，现在常州大成旅馆设立本处办公处。嗣后关于沪宁路属各地对于党政报告、呈文、函件，可径寄常州大成旅馆本处收发可也。"[①]蒋介石"四一二"反革命政变后，在其统治区域开始了"清党"大屠杀，无数优秀的共产党员和革命群众被搜查、逮捕、暗杀，大批的国民党左派人士受到迫害，一片白色恐怖。常州也不例外，在李公朴未到之前，这里的总工会和工人纠察队被砸，工运领袖、总工会委员长王寿山等许多同志被抓。李公朴到达之后，国民党右派分子指控国民党左派人士吴中一为"共党"，要求把他清洗出国民党，并加以惩办。随后，李公朴奉命将吴中一送往上海东前总指挥部究办。[②]写到这里，我们不禁要问，像李公朴这样一个血气方刚、具有爱国正义感的青年人，在蒋介石叛变革命后，为什么没有马上脱离国民党，反而还出任沪宁路属党政特派员呢？这主要有两个方面的原因。一方面，由于广大工农群众的积极支持和共产党人以及国民党革命分子的英勇奋战，北伐军在不到半年的时间内占据了江南大部分地区，革命迅速发展到了长江流域，李公朴亲身经历了北伐革命战争，他看到了中国打倒军阀、取消不平等条

---

① 《武进商报》，1927年5月20日。

② 参见吴之光：《李公朴从"清党"中觉醒》，载江苏文史资料编辑部：《伟大的民主战士李公朴》，江苏文史资料编辑部1996年7月版，第10页。

约、收回租界的希望，坚信国民革命必定成功。另一方面，蒋介石叛变革命，是打着曾是革命旗帜的国民党和孙中山的三民主义的旗号，具有欺骗作用，这是年轻的李公朴一时所不能识破的。正是由于这两方面的原因，李公朴没有马上脱离国民党。

然而，国民党对共产党人和革命群众的血腥屠杀，以及对国民党左派人士的残酷迫害，使李公朴从对国民党的幻想中一步步清醒过来。他开始了反思：为什么硬要给国民党左派人士戴上一顶"共产党"的帽子？为什么在北伐战争中浴血奋战、发挥了重要作用的中共党员要被"清洗"？这其中不仅有他的同乡同学，也有和他并肩战斗过的北伐战友。他开始怀疑这样的国民革命是否成功，开始对国民党的"清党"政策产生不满，继而对一些被捕的人伸出了援助的手，"为他们说话了"。[①]

李公朴同情革命，反对国民党的"清党"屠杀，招来了上司的不满。6月，他的沪宁路属党政特派员使命被解职，奉调回沪。接着，上司又指派勤务兵将一包共产党的宣传品藏到他的床下，企图加以"通共"的罪名，实施迫害。幸亏这是个有良心的勤务兵，他把这包东西原封不动地交给李公朴，戳穿了这个妄图栽赃陷害李公朴的阴谋。至此，李公朴从对国民革命的美好憧憬中彻底清醒过来，愤然离开了国民党的军队。

李公朴从满怀激情，投笔从戎，南下参加革命军北伐，到"四一二"政变后，愤然脱离国民党军队，这是他政治生活中的一个重要转折点。

---

① 《中华民国史资料丛刊》增刊第4辑，中华书局1978年3月版，第65页。

第二章
留学美国

第一节　考入雷德大学

1928年8月25日，李公朴告别新婚的妻子张曼筠，乘轮赴美国雷德大学（Reed College）学习。

张曼筠（1901～1975）是上海著名画家张筱楼的二女儿。张筱楼，江苏省江阴人，画家，尤擅长画梅花。早年留学日本，曾任朝鲜新义州领事，“为人高尚淡泊”。[1] 张曼筠自幼受家庭熏陶，能书善画，毕业于金陵女子大学。在北伐战争中，组织慰劳会，慰问北伐将士，从而与李公朴结识。由于志趣相同，二人经常在一起探讨国民革命问题，彼此产生了爱慕之心，遂于1928年初在上海结为伉俪。张曼筠贤惠能干，生活上对李公朴关怀照顾，无微不至；政治上支持他的事业，并积极参加革命活动。婚后生有二女一子，不幸长女五岁夭亡。1946年7月李公朴在昆明被国民党特务暗杀后，张曼筠携子女回到上海。次年辗转香港。1948年秋，响应中国共产党的号召，冲破国民党的封锁线，到达华北解放区。北平和平解放后，出席中国人民政治协商会议第一届

---

① 黄炎培：《公朴为民主而死　民主为公朴而生》，见李闻二烈士纪念委员会1946年编印：《人民英烈》，第198页。

1928年初李公朴与金陵女大学生张曼筠在上海结婚

全体会议。新中国成立后，历任全国妇联执委，民盟中央委员兼办公厅主任，第一、二、三届全国人大代表。1975年因心脏病复发，医治无效，在北京逝世，终年74岁。李公朴和张曼筠夫妻之间感情很好，曾对其挚友高士其说，曼筠真是他的贤内助，好战友，给他精神上以无限的慰藉。[①]

这里还需要说明一点，李公朴19岁那年，遵“父母之命”，在

① 高士其：《回忆我的挚友李公朴》，见《李公朴纪念文集》，第333页。

家乡和湖塘镇湾里村姑娘王全英结婚，并生有两个女儿。后因长期在外参加革命，遂与王脱离夫妻关系。王全英于1937年去世。

经过半个多月的海上颠簸，9月10日，李公朴到达美国西海岸的大城市西雅图。在这里受到当地青年会总干事富勒夫妇的热情款待。第二天，乘车六小时到达雷德大学所在地——俄勒冈州波特兰城。

波特兰城是俄勒冈州最大的城市，但居民却不多，所以街道和民房均极宽畅。这给初到的李公朴留下了极好的印象，认为“此城风景至佳”。[①] 而他所要学习的雷德大学，虽然范围不大，“但学誉极佳，其学规之严，功课之认真，与学校地位之适宜，及设备之完全，乃为美国小的大学中最佳之一，为东方诸有名大学所承认者”。[②] 他远涉重洋人雷德大学学习，是因为该校为了培养中国青年会的工作人员，给中国学生设置了奖学金，但条件是必须从事过社会工作并是基督徒。李公朴在沪江大学读书时，是学校基督教青年会的干事，沪江大学校长刘湛恩便推荐他参加考试，结果被录取。在这所大学里，他读政治系市政学，主要学习法文、美国之政府、社会史、社会学、市政研究等课程。他和学校学生会会长卡尔合住一房，除每人各有一小间房做卧室外，还有一大房间作为读书室，条件相当不错。

---

① 李公朴：《直渡太平洋》，见方仲伯编：《李公朴文集》，云南人民出版社1987年7月版，第5页。

② 同上。

求学的生活并不轻松，雷德大学虽有奖学金，但仍不够用。李公朴除读书外，平时还在学校参加剪葡萄、擦地板、筑路，以及帮食堂洗碗、端菜等劳动，[①]每小时挣四毛钱。暑假里，他曾到阿拉斯加州的一家捕鱼厂打工。这个鱼厂是当时资本规模最大的鱼厂之一，所有的工作，洗鱼、切鱼、装鱼、做鱼罐头等，基本上都用机器完成。分配给李公朴的工作是掌管一部做鱼罐的机器，站在机器前把已做好的洋铁皮放进机器内，做成鱼罐。工作量以送进工厂的鱼的多少为标准，鱼多时，有时一天要工作八九个小时，甚至十个小时，站得腰酸腿疼。除此之外，有时还要搬运货物、钉箱子、劈木材。劳动之余，他还要抽时间读带去的政治书籍。

留学生活虽然艰苦，但李公朴却过得愉快充实。他经常参加学校组织的演讲会、当地学生组织的国际时事讨论会、中国留学生讨论会等集会活动，并对美国社会做一些实地考察。通过参加这些活动，同中国各方面作比较，提出自己的看法和见解。他依然豁达乐观，举一个小例。1929 年秋天，一批中国留学生 300 多人到达西雅图城，其中有他的朋友徐挹和以及他润州中学的同学徐国懋，他从波特兰城赶来迎接。当晚，市商会设宴招待。宴会上，主持人要留学生唱国歌。当时的国歌还是北洋政府时期通过的国歌，是以古诗《卿云歌》代替，既缺乏时代气息，又不适于激励国民，留学生都不会唱，显得非常狼狈。李公朴便跃上主席台，指挥大家唱“打倒列强除军阀”。美国人只听歌声

---

① 张曼筠：《回忆李公朴》。

不懂词意，才使留学生们渡过了这一关。[1]

来美国之前，李公朴被《生活》周刊主笔邹韬奋聘为该刊驻美特约通讯记者。经过实地考察，亲身体验，他先后为《生活》周刊写了数十篇通讯，内容涉及政治、经济、美国人民的生活、社会风习等方面。对此，邹韬奋非常满意，曾说："他到美国以后，很热心地替《生活》周刊写通讯。我和他做朋友，就在这个时候开始。我替所主持的刊物选稿，向来是很严格的。那时的公朴，思想还不及现在的成熟，写作的能力也还不及现在的好，他的来稿并不是篇篇都登得出的。但是他却不管这些，你登，他很兴奋地再写来；你不登，他还是很兴奋地再写来！"[2]从此开始，李公朴和邹韬奋成为了挚友。

1930年夏，李公朴从雷德大学毕业。他出国时，是东渡太平洋来到美国的。此次回国，他没有按照来时的路线，西渡太平洋返回祖国，而是选择了东渡大西洋到欧洲，然后再东渡印度洋回国的路线，借以赴欧洲各国游历，并做一些实地社会考察。为了解决旅费问题，经一个朋友介绍，他在一艘开往纽约的货轮上做工，这样可以免费到纽约。他在船上所做工作，"属于膳务部，每日除三餐前后在上级船员的饭厅内做清理洗刷的工作外（洗碗、擦干刀叉等）尤为主要的事情则为上午早餐后约自9时至12时止的杂务工作。这完全听那位膳务长的指挥而行，有时做漆匠，有时做下灶的大司务，削山芋皮，洗生菜，或帮助他在冷气房内

---

① 徐挹和：《回忆李公朴》，载《新民晚报》，1983年8月26日。

② 韬奋：《经历》，生活·读书·新知三联书店1978年6月版，第120页。

搬取各种鲜肉等食品”。[1] 因那些日子“炎日当空，海水如沸”，工作时“无不汗流浃背”。就这样，李公朴自7月18日上船，经过一个月的航行，于8月17日到达纽约。22日，他从纽约坐上一条英国轮船，横跨大西洋，到了欧洲，游历考察了英国、法国，并应邀参加了在日内瓦召开的各国人民促进国际和平团体联合大会，参观了在比利时举行的有中国参加的万国博览会，然后经过印度洋，于1930年11月3日回到了朝思暮想的祖国。

在美国留学两年，李公朴开阔了眼界，增长了见识，进一步增强了民主主义思想意识。

第二节　为《生活》周刊写通讯

李公朴留学美国期间，应邹韬奋的邀请，以《生活》周刊特约记者的身份，将自己的所见所闻及其感想，远隔重洋，发回国内，供《生活》周刊选用。粗略统计，短短两年时间，他在《生活》周刊上发表的文章共有30多篇。这些通讯内容大致可归为以下几类：

（一）希望祖国强大。李公朴发回国内的通讯，有很多篇都表达了他希望祖国强大，对祖国充满了热爱的感情，同时也表达了他的民族自尊心和自强心。赴美途中过日本时，他曾游览了神户、大阪、横滨、东京等城市，看到当时日本国内的“升平气象

---

① 李公朴：《工旅》，见《生活》周刊，第5卷第42期，1930年9月28日。

及建设工作之成绩”，再回想自己的祖国，已令他“感触万端”。[1]旅途中的一天夜里，他和一起留学的三位学生因旅行的单调而感到烦闷，在客厅内一起玩麻雀牌游戏。玩游戏自然要说话，这就引起了在同一客厅玩纸牌的一个美国人声色俱厉的拍案叱止：“不得如此喧哗。”他认为，同属旅客，美国人盛气叱止，实“为奇耻大辱”，激愤的情绪促使他上前理论。这时那个美国人也觉举动粗莽，上前“道歉谢罪”。由此可见，他的民族自尊心和自强心是多么的强烈啊！

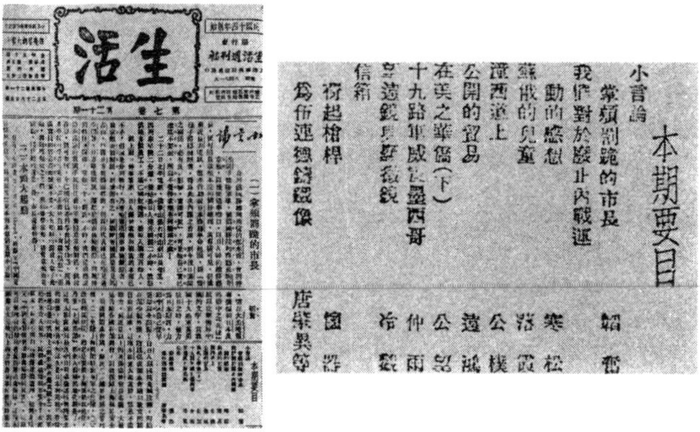

30年代初李公朴经常在邹韬奋主编的《生活》周刊上发表文章。图为《生活》周刊第21期封面、目录。其中《潼西道上》是他考察西北后所作。

他暑假打工的鱼厂有100多工人，分别来自中国、美国、日本、朝鲜、菲律宾、瑞士、墨西哥、意大利等国家。通过一段时间的接触，他感触最深的是：“国家地位之高下，国势之强弱，与个

---

① 《李公朴文集》，第3页。

人之关系,到了这种地方就格外看出他的密切程度”,[①]“彼此对待之心理完全以各人之种族在世界上所站地位之高下为缩影”。30多名白种工人虽然有一半未受过教育,也仅能说浅俗之英语,“但他们却无人不自视为世界上最文明的人物”。而日本工人,一方面对白人确实很客气,另一方面对其他国工人傲慢异常。几个中国工人虽然和日本工人同为黄皮肤,但由于中国国际地位在日本之下,其他国的工人对中国工人也就不知不觉地显出不像对日本人的客气了。通过参加美国西部十余州中国留学生一年一度举行的联合会,他了解到,近年来中国工人在美国的地位江河日下,既受当地工人的排挤虐待,又未能得到中国政府的保护,“其地位反不如亡国奴矣,言之良足使人痛心”。[②] 更有甚者,菲律宾人因不受美国移民律的限制,其工价也和中国人相近,而日本人虽受美移民律的限制,但日本政府派有专员为其服务,所以中国工人在加拿大及阿拉斯加州的地位,不久即将为菲律宾和日本工人所夺。此外,华侨感觉寄人篱下。华侨中有不少人想回国经商,因国内新军阀混战,人民不得安宁,遂将回国的念头暂时搁置。一位华侨老先生对李公朴说:“回国既不能平安过日子,亦只有忍气吞声,继续在外人势力下再过几年了。”[③]耳闻目睹中国工人和华侨在美国的状况,他深深体会到中国不

① 李公朴:《工余见闻与感想》,见《生活》周刊,第4卷第47期,1929年10月19日。

② 李公朴:《在美的中国人地位》,见《生活》周刊,第4卷第41期,1929年9月8日。

③ 《李公朴文集》,第41页。

强大，国际地位低下，就会受到压迫和歧视。因而他在通讯中痛心疾首地呼吁：一个国家更须力自振作，否则受他国的侵略亦较前更易，亦较前更快。老实说，在国际上要维持公理，非本国有充分的实力不可；倘使本国先弄得乱七八糟，你尽管对他国有一种诚实友好的善意，其如他人不睬何！

他分析中国国际地位低下的主要原因，“就是由于内争不息，政治不上轨道所致”。有感于此，当他从当地的报纸上得知张学良宣布东北易帜，东三省全境悬青天白日满地红国旗，服从南京国民党政府，中国在形式上完成了统一时，高兴地写了《全中国只有一种国旗》一文。文中说，新年假期中遇见许多美国朋友，他们都很高兴地说，“青天白日满地红旗现已飞扬满洲全境，恭贺你新年快乐！”①是年，济南日军向中国军队发起进攻，惨杀中方交涉员蔡公时等18人，打死打伤中国军民7000余人，制造了济南惨案。他认为：“这正是我们全国国民要下决心，救国难，深思远虑，群策群力，做政府外交后盾的时候。”②他甚至和留美的同学共勉：“将来共同为吾可爱之中华争荣耀！”③但国民党统一全国后，蒋介石排除异己，削减李宗仁、冯玉祥、阎锡山等地方实力派的势力，导致国内先后爆发了蒋桂战争、蒋冯战争和蒋阎冯中原大混战。连年不断的新军阀混战，给国家和人民带来了严重的灾难。他针对国内新军阀混战指出：“我国俗语有一句很

① 《李公朴文集》，第25页。

② 同上。

③ 《李公朴》（画传），第20页。

平常却很足玩味的话，就是‘物必自腐也而后虫生之’。故外敌不足畏，内敌最可畏。”他认为，中国的前途，帝国主义的压迫不足畏，最可怕者，是国内先若一盘散沙，没有团结力来振兴内政，抵御外侮，给敌人以可乘之机。进而指出，中国人的命运全在中国人自己的手中，只要继续孙中山的遗志，“发扬民族团结精神”，“唤起民众共同奋斗”，“以中国之宝藏，以中国人之智力，以中国之广土众民，绝对无永此衰弱的道理。”①他在《美国普通人民对选举总统之态度》这篇通讯中，对美、英和中国的选举制度作了一番比较后，满怀希望地说，倘“今后国民政府积极从事建设工作，健全五院之组织，教育与经济同时猛力发展普及，则二十年后，我国政治工商之进步，要亦不难与英美并驾齐驱”。②

（二）加深了对资本主义制度的认识。李公朴在美期间的所见所闻和社会调查，他对美国科学的进步，机器的利用，物质文明的发达，都持肯定和羡慕的态度。但是，他也看到，这个世界上所谓最有钱的国家，进步的科学和机器，完全是为资产阶级牟利的，贫富差距很大。他说，若仅在美国城市中走走看看，汽车比中国的黄包车还要多，街上工人的样子也不像上海随处可见的黄包车夫那样生活维艰。但如果到各大工厂或农村去调查，就会发现美国大多数工人的生活以及乡下多数种田农民的生活在经济压迫之下，还不足以养家活口。当时美国一个普通的小

---

① 李公朴：《中山先生给谁气死的》，见《生活》周刊，第 5 卷第 52 期，1930 年 12 月 7 日。

② 《生活》周刊，第 4 卷第 6 期，1928 年 12 月 23 日。

家庭每月的生活需150元金洋，而美国工人的平均收入才90元左右，另外还有120万靠做工吃饭的失业工人。他深刻指出，这主要是因为美国“政府之大权与政策，实际上仍在资本地主阶级的掌握之中”，“美国的政府是受资产阶级所操纵的”。[①] 他对资本家把持国家政权深恶痛绝，在和华盛顿大学、哥伦比亚大学的几位政治学家谈论中国的政治发展前途时说：“国民政府此后是要实行孙逸仙先生所主张的节制资本与平均地权的办法，就是将来中国工商业发达到现在美国这样情形时，我们有三民主义与建国方略为根据，不会蹈欧美各工业国家的覆辙。”[②]

（三）就海外所见，深刻揭露国民党政府的腐败。这主要集中在《海外的官瘾》和《中国参加比国博览会之教训》等数篇通讯中。前者主要批评国民党政府在海外设“名誉领事”，严重损害了国家的名誉。所谓名誉领事，是指国民党政府在某国所设公使馆以外，在该国华人众多的城市，由大富商用钱买来的官衔。例如，当时中国除在美国的华盛顿设有使馆，在纽约、旧金山各设总领事一人外，在芝加哥、西雅图、罗安琪等华人较多的大城市还设有名誉领事一人。这些名誉领事中西学识俱无，有的只是富裕的金钱，想借金钱过过官瘾。因而他们既不能保卫海外侨胞的利益，也不能为海外侨胞谋幸福，对祖国在海外的名誉有害而无益。李公朴亲自领教过这样一位名誉领事，“不独英语说

---

① 李公朴：《值得我们注意的顾虑》，见《李公朴文集》，第33页。

② 《李公朴文集》，第35页。

不清楚,即很普通的交际态度也一点没有"。[1] 又如西雅图城的名誉领事,在中美人士开会演说时,竟然说:"美国是中国的娘,做儿子的对娘非服从不可。"[2]这话竟出自堂哉皇哉的中国外交官之口,不啻失了中国的国际地位,简直使人无地自容。何以允许有损国家荣誉的名誉领事呢？李公朴在本篇通讯中深刻揭露说:"我国自己国内连年闹得一团糟,要想替海外侨胞谋什么幸福,本属梦想。政府既一时无力委派领事以护卫侨胞的利益,得些自告奋勇不必政府出钱的什么名誉领事,似乎聊胜于无,让政府揩揩油,原也未尝不是一件不幸中的幸事。"[3]

1930年比利时为纪念独立100周年,在其里安济城举行万国博览会,共有中国、日本、瑞士、意大利等20多个国家参加。时值李公朴在日内瓦参加各国人民促进国际和平团体联合大会,期间屡次听到一些参观万国博览会的友人对中国参展的陈列品表示非常不满,乃特意绕道比国参观,并就参观所感写了《中国参加比国博览会之教训》的通讯。

通过参观,无论是中国陈列品的场地,还是参展的样品,都使李公朴感到震惊。首先是陈列馆,没有一个独立的中国展厅,而是在比利时的展厅内租了一小块地方,因场地所限,所有参展的许多物品堆挤在一处。其次是参展的样品,中国以丝绸、瓷器、茶叶及刺绣等闻名于世,但展出的两件苏州金绣龙袍,手工

① 李公朴:《海外的官瘾》,见《生活》周刊,第5卷第5期,1929年12月29日。
② 同上。
③ 同上。

和衣料均极粗劣，和戏台上跑龙套的货色差不了多少；展出的丝绸，花色少，质量亦不佳，“远不如上海几家大绸缎铺窗子内所有者之悦目”。气愤之下，李公朴在这篇通讯中揭露了中国参展失败的原因：其一，政府不积极提倡。表现在政府答应拨款5万元而没有兑现（最终是由筹备会正副会长林康侯、王晓籁设法筹借，才得以参展）。政府的态度既如此，负责接洽此事的中国驻比使馆便以极昂的租价租一层地以塞责。其二，政府信用丧失殆尽。因以前国内外展览会商人送去的展品，多半没有完璧归赵，所以比国展览会，商人们都不肯拿东西出来。

李公朴在批评政府腐败的同时，诚恳地向政府提出：照中国目前混战之局面，“除努力聚精会神谋内部之整顿外，对于国际间此种性质之博览会，倘非事前有适当之筹备，最好不必随便参加”。若要参加，应由政府方面出财出力，提倡商人加入，合力筹备；或在参展前，先在国内开一展览会，从中选出最上者，然后送往国外陈列。

李公朴从美国发回国内的30多篇通讯，是他这一时期政治思想的反映。他的政治思想是反对帝国主义的侵略，反对地主资本家的剥削，拥护孙中山的三民主义和建国方略，期望中国富强，并幻想依靠国民党实现孙中山的主张。

第三节　和高士其结为至交

李公朴在美留学期间，还有一件值得记录的事情，就是同科学家高士其结下莫逆之交。

高士其,1905 年出生于福建省福州一个著名的诗人家庭。1918 年高小毕业后考入清华留美预备学校,[①]1925 年毕业,[②]抱着“化学救国”的愿望,到美国威斯康星大学化学系学习。由于成绩超等,1926 年夏转入芝加哥大学化学系四年级,次年毕业,获得学士学位。这年,因他 23 岁的姐姐死于霍乱,促使他放弃化学专业,转入芝加哥大学医学研究院,专攻细菌学。不幸在后来的脑炎病毒实验中,解剖刀划破手指,甲型脑炎病毒侵入身体,得了脑炎病。高士其得病后,一边与病魔作斗争,一边坚持学习。1929 年暑假,高士其到西雅图城旅行,恰巧与李公朴同住在一个朋友家里,这样他们相识了,并结为好友。初次见面,李公朴便给高士其留下了很好的印象。高士其在《回忆我的挚友李公朴》文中说:“他是个活泼、诚恳、有信仰的人。他穿浅色西装,伟美潇洒。还很年轻,声音响亮而富有感情,听他讲话很有趣味的。谈起话来,直爽热情,有条不紊,中肯有力,富有哲理。”[③]

在朋友家里,两个年轻人有时在晒台上促膝相谈,有时到树林里漫步。李公朴向高士其谈他的童年,谈他参加反帝爱国的五卅运动,投身北伐战争,为什么愤然辞去军职,后来得到奖学金到美国留学。二人谈得很投契,无话不说,李公朴甚至把他和张曼筠的恋爱经过也告诉了高士其。

---

① 清华留美预备学校建于 1911 年,是用美国退还的“庚子赔款”余额建造的。学制八年,即中等科、高等科各四年,毕业后保送到美国留学。1930 年改为清华大学。

② 高士其入学复试成绩优良,跳了一级,提前一年毕业。

③ 《李公朴纪念文集》,第 332 页。

两人在西雅图的日子毕竟有限，高士其要绕道加拿大回芝加哥学习，李公朴则要返回雷德大学继续读书。临别时，他们互相留下了国内的通信地址，相约国内再见。

1930 年秋天，高士其先由海外回到祖国，在南京中央医院任职。同年冬天，李公朴也回到了南京。李公朴夫妇去探望高士其，并和他一起到中山陵拜谒瞻仰孙中山的遗容，可惜这时高士其因脑炎后遗症，走路已有些困难，没能登上山顶。

1931 年春，高士其因看不惯中央医院这所国民党陆军医院的腐败作风，辞职离开了这家医院。正当他感到茫然、走投无路的时候，李公朴不怕传染（有很多人担心高士其的病会传染，不敢接近他），向他伸出了热情的手，把他接到自己的家中。

李公朴从生活上关心高士其，他知道高士其因病吃饭不方便，特意把饭菜烧烂一些。他还从政治上关心高士其，他对高士其说："当前荆榛遍地，豺狼当道，好人受欺，恶人得势，这就是社会的现状。你只懂得科学研究，不懂得社会道路的曲折坎坷啊！"[①]他给高士其背诵鲁迅的诗文，暗示从医不如从文，应拿起笔来宣传革命思想。在李公朴的帮助鼓励下，高士其先后翻译了《战士的品质》、《世界卫生事业的趋势》两篇文章。前一篇发表在李公朴主编的《励志旬刊》上，后一篇经李公朴介绍，发表在《医药评论》杂志上。后来，李公朴介绍高士其给他外甥女当家庭教师，教数学和英语，使失业的高士其有了一份临时职业，生活暂时安定下来。期间，李公朴还介绍高士其和著名教育家陶

① 《李公朴纪念文集》，第 334 页。

行知认识。当时陶行知在上海组织发起“科学下嫁”活动，办有自然学园，组织编写科普读物，向民众宣传科学知识。陶行知遂邀请高士其编写“儿童科学丛书”之“儿童卫生读本”。从此，高士其与儿童文学结下了不解之缘，开拓了一片新的天地。

1935年春，李公朴又一次从医院里把高士其接到自己的家中。这时，由于国民党政府坚持推行妥协退让政策，日本侵略军不仅鲸吞了我国的东北，而且又派兵进攻华北，严重的民族危机激起了全国抗日救亡运动的高涨。李公朴向高士其沉痛地说明了当时的形势，指出：“在腐败政治的统治下，爱国有罪，卖国有赏，是非颠倒，暗无天日。我们每前进一步，都要经过艰苦的斗争。”[①]并请高士其为《读书生活》半月刊写文章。该刊物由李公朴和中国共产党人艾思奇等一起创办，宣传抗日救国，普及社会教育。

李公朴的谈话，给了高士其极大的鼓舞，他决心克服病魔，拿起笔来战斗，用科学小品这把匕首，刺向日本侵略者，刺向不抵抗的国民党反动派。不久，高士其完成了第一篇科学小品文《细菌的衣食住行》，经李公朴和艾思奇帮助修改，发表在《读书生活》半月刊第2卷第2期上。接着，高士其又写了《我们的抗敌英雄》、《虎列拉》等科学小品，巧妙的借用人体内的白血球歌颂中国共产党领导的抗日军队，把虎列拉比做日本侵略者，谴责它的侵略暴行，并讽刺国民党政府的不抵抗主义。李公朴对高士其写的科学小品文深为赞赏，说“文章贵在有针对性，暴露现

---

① 《李公朴纪念文集》，第335~336页。

实生活的阴暗面，才能更有利宣传真理，唤起人民，团结对敌”。[①]在李公朴、艾思奇的帮助下，高士其配合着当时抗日救亡运动的节拍，创作了大量的科学小品，由此走上了革命的道路。

1936年12月23日，国民党当局在上海逮捕了救国会领袖沈钧儒、李公朴、章乃器、邹韬奋、王造时、史良、沙千里，随后又把他们关押在苏州吴县横街的江苏高等法院看守所。这时高士其因病魔侵袭，走路踉跄，说话缓慢，他克服行动不便的困难，仍和李公朴的岳父一起去苏州探望。抗战爆发后，国民党当局迫于广大人民抗日救亡的压力，释放了救国会“七君子”，高士其到李公朴家去慰问，告诉李公朴他将去延安，并把自己从美国带回来的两件心爱的物品——照相机和轻便留声机寄存在李公朴那里。[②] 李公朴祝他一路顺风，叮嘱他保重身体，并相约在延安再见。

1938年11月25日，在革命圣地延安，李公朴、高士其、艾思奇三位在上海结下亲密友谊的战友欢聚一堂，他们一起畅谈分别后的经历，一起吃鸡，一起照相，其欢乐之情难以表达。李公朴看到高士其在延安生活安适，身心愉快，而且组织上还派人到香港给他买药，非常感动地说：“共产党和国民党就是不一样，共产党爱护人才，国民党任人唯亲。”[③]

延安分别后，两位老朋友仍互相关心。1939年，高士其赴香

---

① 《李公朴纪念文集》，第336页。

② 高士其：《回忆沈老和救国会朋友》，见《沈钧儒纪念集》，生活·读书·新知三联书店1984年版，第191~192页。

③ 《李公朴纪念文集》，第338页。

港治病途经重庆，专门赴北碚探望李公朴的岳母及其子女。李公朴则给高士其寄去了《钢铁是怎样炼成的》和一封信，勉励他从保尔·柯察金身上汲取力量，战胜疾病，为人民多做工作。

1946年2月10日，重庆各界群众在较场口举行庆祝政协会议胜利闭幕的大会，国民党特务破坏大会，用铁尺打破大会总指挥、主席团成员之一李公朴的头，鲜血直流，主席团其他成员郭沫若等也被打伤。时在广州的高士其从报纸上得知这个消息，怒不可遏，立即写了《给流血的朋友》一诗，愤怒谴责国民党反动派的暴行，勉励“要继续战斗，继续流血，把不彻底的民主变成彻底的民主，把不自由的人民变成自由的人民”。[①]

1946年的7月是一个腥风血雨的7月，不幸的消息一个接一个。7月11日，李公朴在昆明被国民党特务暗杀；5日，闻一多又被国民党暗杀；25日，陶行知因李闻被害刺激过深，在上海因脑溢血去世。他们是高士其的知己好友和清华老同学。高士其悲愤万分，怀着对朋友、同学的悲痛和对国民党反动派的仇恨，写下了悲壮的诗篇——《七月的腥风吹不熄人民的怒火》：

七月的腥风
吹倒了和平的旗帜
无声的魔手
夺去了我们的斗士
今天我们静默地追念

① 高士其：《给流血的朋友》，见《现代生活》半月刊创刊号，1946年2月。

千万颗悲痛的心都围在你们的灵前
你们哟
一生的辛劳都为了人民的福利
你们的最后的牺牲都为了民主的胜利
今天我们勇敢地前进
千万双愤怒的脚
踏着你们的血印勇敢的前进
去抢救在黑暗势力迫害下的无数志士
去抢救在内战炮火燃烧下的广大土地
七月的腥风吹不熄人民的怒火
无声的魔手吓不退民主的信念[①]

深挚的友情是最足感人的，李公朴和高士其这段莫逆之交已成为人们传颂的佳话。

---

① 《李公朴纪念文集》，第 340 页。

第三章

为抗日救亡贡献力量

第一节　回国初的苦闷与彷徨

当李公朴怀着兴奋的心情回到阔别两年的祖国时，国内的情况却使他苦闷彷徨。

这时，国民党内军事上蒋介石和地方实力派阎锡山、冯玉祥、桂系李宗仁之间的中原大混战刚刚结束；党务上以汪精卫为首的改组派和以谢持等为首的西山会议派反对蒋介石另立国民党中央的扩大会议也宣告结束。但是，紧接着蒋介石以胡汉民反对约法为由，将立法院长胡汉民软禁汤山。以此为导火线，1931年5月，胡系古应芬、广东陈济棠、桂系李宗仁以及汪精卫派、孙科派、西山会议派，联合在广州召开中央执监委员“非常会议”，另立国民党中央和国民政府，公开与南京的蒋介石政权相对峙，再次形成宁粤分裂的局面。国民党内纷争不断，斗争一起接着一起。与此同时，从1930年12月至1931年6月，蒋介石先后以10万、20万、30万兵力对中国工农红军连续进行了三次“围剿”。这使在美国曾为“全中国只有一种国旗”而欢欣鼓舞的李公朴，感到迷茫彷徨。

“正统观念使公朴对国民党存在一定程度的幻想”。[1] 李公朴在从美国发回的通讯中,曾认为蒋介石与地方军阀间的混战,是“军人叛变反抗中央之举动”[2],是“军阀乱国”。[3] 显然,他是站在蒋介石国民党政府的所谓“正统”一边。因此,他回国之初,对于蒋介石所宣扬的“统一方能御侮”,“不是完全不信的”。[4] 1931 年暑假,他参加了国民党举办的一个“人才培训班”。这个培训班共有 40 个学员,有的是从中央大学等十所大学中挑选的,也有一部分是基督教会的人。据学员之一常任侠回忆:“被推荐来的四十人中,只有十分之一的人愿为他们所用,据说后来被派任为驻外使馆的武官等职务。……公朴在暑假后也即离去。”[5]

李公朴离开“人才培训班”不久,日本帝国主义发动了侵略中国的“九一八”事变。由于国民党实行不抵抗政策,日军继占领沈阳后,又迅速占领辽吉两省,并进而侵入黑龙江。时任黑龙江省代理主席兼东北边防军驻黑龙江省副司令的马占山,在爱国军民抗日热情的鼓励下,不顾蒋介石不准抵抗的命令,在日军向我江桥进攻中,率领军队英勇反击,迅速击退了日军的进攻,打响了抗日的第一枪。马占山奋起抗战,受到全国人民的赞扬,各地群众自动组织慰问团、后援会,捐钱捐物,支援黑龙江抗战。上海、哈尔滨等市青年学生纷纷投笔从戎,组织“援马抗日团”,

---

① 《中华民国史资料丛稿》,增刊第 4 辑,第 68 页。

② 《李公朴文集》,第 40 页。

③ 《李公朴文集》,第 48 页。

④ 《中华民国史资料丛稿》,增刊第 4 辑,第 68 页。

⑤ 常任侠:《永念公朴》,见《李公朴纪念文集》,第 343 页。

赶赴黑龙江。李公朴是个满腔热血的人，对日本的侵略感到十分义愤，对东北义勇军敢于奋起抗日称赞不已。他和戈公振、王志莘、陈彬龢、毕云程、潘序伦、邹韬奋七人组织发起援助东北义勇军捐款，他们在《生活》周刊上向全国同胞发出呼吁："暴日侵我东北，为亡我国家、灭我民族之开始。军政当局坐视国土沦亡，毫无抵抗，而东北民众组织之义勇军血战抗日，义声远震。惟以经济支绌，恐难持久。现有极可亲信之东北同志来沪求援，我国人能将款项接济，东北作战义军即可继续奋斗，使暴日疲于奔命，不能安据东北，实为救我国族之急策。"①在他们的号召疾呼下，公务员、教师、学生、卖菜的小贩和挑担的脚夫，都踊跃捐款。自 1931 年 11 月 20 日至次年 2 月 18 日，共收到捐款 12 万元之多。为援助义勇军抗日，李公朴在为东北义勇军募捐的大会上，向人们讲述义勇军打击日本侵略军的情景，呼吁各界人民出钱出力，支援浴血抗战的东北义勇军。在他的感召下，一位年轻人把他第一次得到的 200 元钱稿费全部捐了出来。

1932 年春天，李公朴和邹韬奋、戈公振、毕云程、杜重远等人发起筹办《生活日报》，提出该报的宗旨是："注重为大多数民众谋福利，不以赢福利为最后目的"，"永远具有为民族为民众的福利而奋斗的独立的精神和自由的意志"。② 并决定了负责主持该报的干部：经理部主任杜重远，副主任李公朴；总稽核毕云程；编

---

① 《援助东北义勇军之实际方法》，见《生活》周刊，第 7 卷第 3 期；《申报》，1932 年 1 月 15 日。

② 《生活》周刊，第 7 卷第 9 期。

辑部主任戈公振，副主任陈彬龢；撰述部主任吴颂皋[①]，撰述陈彬龢、邹韬奋。请李公朴担任《生活日报》经理部副主任，邹韬奋是这样说明的："他的特质是善交际，广交游，泼泼跳，从没有畏怯或灰心的时候。他的热诚和兴致之好，是朋友中难寻得到的，请他来襄助经理部，尤其是'外交'方面，我觉得异常适宜。"[②]可见邹韬奋相当器重李公朴的才能。同时他们在《申报》上刊登了招股广告，旋有两千多人投股，收到股款15万余元。《生活日报》的一切工作都已筹备完毕，但国民党当局害怕该报宣传抗日救国，抨击政府的不抵抗主义，不给登记，邹韬奋、李公朴等人只得宣布停止创办，股款全部退还。

国民党政府鉴于全国各界人民抗日救国的共同要求，于4月7日至12日，在洛阳召开国难会议，要求各党派各阶级"精诚团结"，"共图抵抗"。[③] 李公朴是国难会议秘书处13人秘书之一。[④] 据《国难会议组织大纲》规定，秘书处正副主任由国民党行政院长呈请国民政府特派之，秘书处秘书是由正副主任从各机关人员中调派的。

国难会议闭幕后，李公朴顺道到陪都西安参观。国民党政府是在淞沪抗战爆发后，迁往行都洛阳办公，并以西安为陪都。他就所见所闻，写了《潼西道上》一文。文中指责国民党政府在

---

① 吴在抗战时期是汪伪汉奸。

② 《正在积极筹备中的生活日报干部姓名的公布》，见《生活》周刊，第7卷第13期。

③ 《国难会议闭幕》，《大公报》，1932年4月13日。

④ 《国难会议记录》，第298页。

迁都洛阳以西安为陪都的情况下，才“高唱陪都建设与开发西北之大计”，积极完成潼关西安间的铁道、陕西甘肃间的汽车交通，但这不能改善西北几省因大旱而造成哀鸿遍野之现状。对国民党政府在国难时期为逃避计始重视西北开发，公开表示不满。他在沿途看到罂粟花遍地，无论男女老幼，贫富贵贱，均相率吸烟，不死于饥饿，即死于烟毒。他批评说，这都是因为鸦片在陕西为公卖品，执政者借毒物收取政费所造成的。

8 月 27 日，由全国商会联合会、上海市商会、上海钱业公会、上海银行公会发起的废止内战大同盟全国代表大会在上海举行，出席各省市团体代表 371 人，个人会员 78 人。大会通过《废止内战大同盟正式成立电》、《废止内战大同盟会章程》、《闭幕宣言》等议案，宣称“同人等鉴于内忧外患之严重，特发起废止内战大同盟会”；宣言“誓期消弭内战，共御外侮”。大会选举马相伯等人为名誉委员，吴鼎昌等 57 人为常务委员。李公朴出席了这次会议，并被推举为废止内战大同盟常务委员。他向大会报告了他在日内瓦参加国际和平协会的情形，讲述了外国人不明了中国内战之由起，以及内地各省人民对本会力量之怀疑与猜测①。

综观李公朴回国后的这段经历，一方面，他目睹了日本帝国主义对我东北、上海的进犯，由于国民党的不抵抗政策，致使东北全境沦陷，上海也遭日军侵略。同时，他也看到，国民党蒋介石坚持其“攘外必先安内”的错误政策，先后集中军事力量，对中

① 《废止内战大同盟会成立》，《申报》，1932 年 8 月 28 日。

国共产党领导的革命根据地接二连三地进行围剿，杀戮和逮捕许多革命者和爱国者。另一方面，他和许多人一样，有着陈旧的传统的错误观念，认为国民党中央、国民党政府是领导国家的正统。因此在这段时间里，他的一切活动都表现为虽然主张抗日，不满意蒋介石的不抵抗主义，但对国民党政府仍抱有幻想。民族危机日趋严重，怎样挽救国家危亡？他感到茫然彷徨。正如他后来所说："'一·二八'事变后，是我从美国回来第二年。那时中华民族已遭遇着空前的厄运，东北四省已被日本帝国主义强占了，而国内的形势还是四分五裂的状态。'团结全国各党各派的力量，为中华民族的彻底解放而斗争'，我虽有着这样的一个薄弱的概念，但还不是一个事实。"[①]一个主张反帝反封建，立志救国始终不渝的爱国者，经过各种探索，经历艰难曲折之后，一定会寻求到革命的道路。

第二节　创办《申报》流通图书馆等社会教育机构

李公朴在寻求挽救国家危亡的道路上困惑迷惘之际，注意到上海广大的学徒、店员、工人、职员，因生活工作环境的限制，饱尝着失学的痛苦；注意到被关在学校读死书的学生，在走向社会时学非所用的苦恼，而上海又是一个纸醉金迷的繁华闹市，一切不正当的娱乐和消遣，随时都会把一个青年拉向堕落的陷阱。

① 李公朴：《我与读书生活》，见《李公朴文集》，第886页。

因此，他决定办社会教育，给广大青年读书的机会，增进他们的生活技能和对社会服务的效率，使他们把个人的命运和国家民族的存亡紧密地结合起来。

经黄炎培的介绍，李公朴认识了《申报》总经理史量才。史量才(1880～1934)，名家修，中年后以字行，上海青浦县人。早年投身上海教育界，并担任过《时报》主笔。1912 年接办《申报》，自任总经理。在其悉心经营下，《申报》规模不断扩大，成为国内著名的大报，史量才本人也成为上海最大的报业资本家。《申报》的政治立场基本上是保守的，但自“九一八”事变后，面对日本帝国主义侵略和蒋介石的不抵抗政策，从维护民族资产阶级的利益出发，史量才及其《申报》的政治态度发生了变化。“一·二八”淞沪抗战爆发，史量才被推为上海市民地方维持会会长，捐巨款支援前线军需供应；《申报》也开始抨击国民党对内

李公朴和《申报》流通图书馆(包括读书指导部)全体同仁合影，前排右五为李公朴，左四为夏征农，左五为艾思奇。

镇压对外妥协的政策。1932 年是《申报》创刊 60 周年，李公朴借机向史量才建议创办《申报》流通图书馆[①]，史欣然同意，并积极筹措经费。

在史量才的资助和李公朴的主持下，1932 年 12 月 1 日，《申报》流通图书馆正式开馆，翌年 1 月 10 日正式向外借书。馆址在上海南京路大陆商场（又名慈淑大楼）3 楼 345 号。李公朴亲任馆长，负责全馆事务。他为图书馆拟定的宗旨是“以改良业余生活，灌输常识，引导失学之成人与青年对读书发生兴趣，增进其工作之技能与服务之效率”。[②] 从这个宗旨可以看出，他希望通过业余教育提高青年的文化水平和工作能力，改善他们的地位和处境，这对社会是有相当意义和价值的。在这个宗旨下，他为图书馆制定了各种规章制度。图书馆虽由李公朴负其总责，但下设总务、编审、流通、读书指导四部。总务部主要负责文书的收发保管以及会计、统计等工作。编审部的职责是，关于图书、杂志、报纸的选购、登记、审查、分类、编目索引。流通部的工作范围包括图书的出借、邮寄、收还、整理装订、抄写修订等。读书指导部主要是编著读书自学入门、读书问答及其他有关读书指导事项。并定期召开馆务会议、部务会议、图书选购委员会议等会议，讨论决定各有关事务。这对于发扬民主，集思广益，推动

① 许涤新在《碧血千秋——纪念李公朴先生殉难三十六周年》文中说：“流通图书馆的老板是《申报》老板史量才，但是向史提出建立流通图书馆这个主意的是李公朴。”又见伍康成：《李公朴先生在申报馆的工作》，《上海文史资料选辑》，第 45 辑。

② 《申报流通图书馆第二年工作报告——纪念史量才先生》，第 114 ~ 115 页。

图书馆开展工作,起了积极的作用。图书馆购买书籍的标准是,一切低级趣味的读物和不正当的图书,“决不购置”,一切青年必读的图书,“必尽量的搜罗”,其中包括一些被国民党禁止的进步书籍。考虑到工厂、商店的职员受工作时间限制,除允许个人将书借出阅读外,还允许团体借书和由图书馆给读者送书,只要读者以书信或电话告诉图书馆欲借书目,送往何地,就可以得到所要读的书。以后为方便路远的读者,还制订了以邮借代替送阅的办法。邮借办法不仅允许本埠还扩大到外埠。为了便于借阅,图书馆定期将购到的新书编成目录,发放给读者。此外,1933年3月11日,开辟了《申报》流通图书馆阅览室,陈列着上海地区的中英日文报纸20余份,南京、天津、北平、镇江、厦门、浙江、烟台、河南等23个外省市的报纸、杂志170余种,还有新加坡南洋商报等海外报纸,供读者任意阅览,了解国内外、省内外的大事。

《申报》流通图书馆是上海市唯一供群众借书和阅览的公共图书馆,因而迅速吸引了广大的读者。这些读者大多出身贫苦,未曾进过学校,也有的是中途失学。在浩如烟海的书籍中,他们不能很好的把握应该读什么书,怎么读书,怎么运用学到的知识。从图书馆成立之初,李公朴就深刻地注意到了这个问题。他认为,《申报》流通图书馆,不但要提供借阅书报的方便,而且还要指导阅读什么和怎样阅读,同时担当起帮助读者的老师、朋友、顾问的责任。起初,图书馆在每星期天下午3点举办一次“读者谈话会”,以便“本馆与读者间沟通意见”,“也给读者一个发言的机会”。举办了两次,因读者工作时间关系便中止了。

1933 年夏天，李公朴在图书馆设立了“读书指导部”，在《申报》开辟《读书问答》栏，还在借书处设立了“借书指导”。

读书指导，这是个前所未有的事业，工作范围既广又相当麻烦，一方面负责为读者解释各种各样的疑问，另一方面答复读者提出的种种问题，并要针对不同的读者对象，一个一个地指导他们怎样计划读书，怎样选择读书，怎样进行阅览，怎样解答字句的意义等等。李公朴对此非常重视，他把读书指导部作为图书馆的关键部门，把该部的工作作为图书馆的核心工作，聘请伍康成（时为中国社会科学家联盟盟员）、柳湜（中共党员）、艾思奇（时名李崇基，中国社会科学家联盟盟员，1935 年加入中国共产党）、夏征农（当时化名夏子美，为中国左翼作家联盟盟员）为读书指导部的指导，另邀请王云五、沈兹九、章乃器、陶行知、金仲华、蔡元培、陈望道、林语堂等 33 人为该部特约专门委员。读书指导部平均每天收到读者来信四五十封，有的来信长达万言。艾思奇等人对复信认真负责，回信常常有四五千言者。1933 年，全国图书馆协会在北平举行第二次年会，李公朴代表《申报》流通图书馆出席了这次会议，并向大会提交了“图书馆应共同编制《读书指导》，以作阅览者之准绳”的提案，[①]呼吁全国的图书馆为“解决大众知识上的饥荒问题”，担负起这一工作。

李公朴设立读书指导部，打破了图书馆只消极供给读者读物的现象，解除了读者在浩如烟海的书籍中茫无适从的困难，纠正了读者离开实际为读书而读书的错误认识。短短一年时间，

① 《申报流通图书馆第二年工作报告——纪念史量才先生》，第 131 页。

广大读者发生了很大的变化:读书指导部未成立以前,“他们所读的书报和他们急切的需要,不相关联。他们所需要的是有益于他们职业的知识,但是,他们所阅读的却是一些仅供消遣或是绝无价值的书籍。他们所需要的是了解中国或国际的政治经济等知识,然而,他们所最欢喜的是很平凡的小说,甚至是无聊的小说”。自从读书指导部成立后,“他们欢喜看报,并且不愿看那些无聊的小报了;他们喜欢看杂志,并且喜欢看那些很进步的杂志了。借书的,是借社会科学书籍的人增多了,甚至他们有的还在研究方法论了”。①

读书问答,是在《申报》第七版开辟一《读书问答》专栏,公开回答读者提出的带有普遍性的、有意义的问题;或由编辑针对读者提出的各种问题,归纳分类,有计划、有步骤地自行出题、自行解答。李公朴聘请柳湜、艾思奇、夏征农负责这个专栏的工作,分别担任社会科学、哲学、文学方面的问题解答。如前所说,他们三个人,一个是中共党员,另两个是“社联”和“左联”成员,他们希望通过这块园地,使广大的青年认识世界和社会发展的前途,因此尽可能地“用马克思主义的立场、观点、方法和通俗语言来解释当时社会上发生的各种问题”,②从而引导广大青年认识客观真理,投入改变现实的斗争。③ 李公朴当时虽然不知道他们的身份,但他支持他们这样做。④

---

① 《申报流通图书馆第二年工作报告——纪念史量才先生》,第72页。

② 夏征农:《创办读书出版社》,见《李公朴纪念文集》,第303页。

③ 《上海文史资料选辑》,第45辑第78页。

④ 《李公朴纪念文集》,第303页。

《读书问答》很快在社会和群众中引起强大反响，特别受到工商界青年职工的拥护和称赞，他们纷纷来信，热情地讨论他们所关心或感到困惑的问题。来信者不只限于上海一地，离上海较近的如汉口、南京、南通、苏州、无锡、宜兴，较远的云南、太原、河北、山东、河南，甚至海外的香港、东京、汉城都有读者来信，可见其影响之大。这样一来，就引起了国民党审查官员的注意。国民党政府于1931年1月31日颁布了《危害民国紧急治罪法》，随后又公布了出版法、新闻检查法等，对图书报刊实行严格审查。《读书问答》专栏开辟后，起初国民党上海市图书杂志的审查官员只是向编辑部提出警告，后来则实行变本加厉的挑剔，不断的干扰，而且态度也愈来愈恶劣。在官方的压力下，李公朴要不断地对史量才做工作，争取他的谅解和支持；不断地向报馆编辑部的负责人做耐心的解释工作，取得他们的同情；还要同国民党的审查官员斡旋，同时和艾思奇等人研究对策，商量如何更好的避开官方的干扰。《读书问答》之所以能够继续办下去，与李公朴不屈不挠的斗争和全力捍卫是分不开的。

《申报》流通图书馆开办后，李公朴和史量才商议并经他同意，于1933年3月和6月相继在上海创办了《申报》业余补习学校和《申报》妇女补习学校。① 李公朴说明开办补习学校的原因：《申报》流通图书馆开办两月以来，加入者颇形踊跃，但据观察，“有大多数市民因为基本学识欠缺，非但不能动笔，抑且阅读的

① 补习学校在国民党上海市教育局的登记名称为：上海市私立申报馆附设申报业余补习学校、上海市私立申报馆附设申报妇女补习学校。

兴趣亦无法取得”,[①]以至于不能享受《申报》流通图书馆提供的读书方便,因而决定筹设业余补习学校。他为补习学校制订的简章中,更明确地指出学校的宗旨:以对于男女有志青年,尤其是一般店员、工友、学徒,就其业余时间,授予或补充必要的基本学识和职业技能,并培养其公民资格。3月13日,第一期补习学校正式开课。史量才兼任校长,李公朴任代理校长,教员由图书馆职员及附属于申报馆的上海文库职员兼任。起初仅有教室两间(利用《申报》流通图书馆阅览室晚间空闲时间),学生83人。不料开办后,深受欢迎,报名者踵趾相接,纷纷要求扩大名额。李公朴克服经费上的困难,借用澄衷中学、留云小学等学校校舍,先后在沪东、沪西、沪南各区开办了五所分校。不到两年时间,共开办了六所业余补习学校,有学员1764人,分63学级,课程为英文、日文、俄文、德文、国文、算学、簿记,并避开学员的上班时间,分晨班和晚班,每科每周学习五小时。“浸浸乎已成为沪上惟一信誉卓著之补习学校”。[②]

6月,《申报》妇女补习学校先试办了一期暑期补习班。9月正式招生,李公朴任代校长。他在《申报妇女补习学校缘起》中说:“现在我们更深切地感觉到,目下大多数的妇女,尤其是年长失学的妇女,因为没有适当的学校可进,既不能获得独立谋生的技能,直接去服务社会,又不能取得处理家事上必需的知识,来

---

① 李公朴:《上海市私立申报馆附设申报业余补习学校缘起》,见《申报流通图书馆第二年工作报告——纪念史量才先生》,第140~141页。

② 李公朴:《上海市私立申报馆附设申报业余补习学校概况》,见《申报流通图书馆第二年工作报告——纪念史量才先生》,第138页。

改良组成社会的细胞——家庭。”[①]在稍后修正的妇女补习学校章程中更明确规定该校的宗旨为:“根据中华民国教育宗旨及其实施方针,利用余暇时间,授与年长失学妇女以补习之机会,增进其知识技能,并注意品性修养,使能改良家庭,服务社会。”[②]妇女补习学校把学员的利益放在首位,宁可学校经济上有损失,也不限年龄、不拘文化程度。全校分高级和初级两级,高级分家事、职业两科,每科两个班;初级不分科,只分两班。初级主要学习国文、算学、英文、公民、家事(卫生、保育)和唱歌;高级除学习初级的上述课程(但深度不一样)外,另加历史、珠算、缝纫刺绣、音乐、打字、商业簿记、银行簿记等。李公朴、张曼筠夫妇均为妇女补习学校学员授课,李教公民,张曼筠授家事、国画、缝纫、国文。从妇女补习学校所教授的课程注重于职业技能和家事常识两项,就足以说明李公朴创办妇女补习学校,希望广大妇女通过利用余暇时间的学习,从而担负起服务社会和改良家庭的责任。

自“九一八”事变后,史量才的政治态度逐步有了变化。他反对蒋介石的不抵抗主义,抨击国民党的军事“剿共”政策,要求结束国民党的法西斯统治,支持宋庆龄等人组织的中国民权保障同盟的活动,因而引起了蒋介石的仇视。1934 年 11 月 13 日,蒋密令特务将史暗杀。为了抗议国民党杀害史量才和纪念史量才,1935 年 8 月,李公朴把《申报》流通图书馆改名为“量才流通

① 李公朴:《上海市私立申报馆附设申报妇女补习学校缘起》,见《申报流通图书馆第二年工作报告——纪念史量才先生》,第 173 页。

② 李公朴:《上海市私立申报馆附设申报妇女补习学校章程》,见《申报流通图书馆第二年工作报告——纪念史量才先生》,第 175 页。

图书馆”，把补习学校改名为“量才业余补习学校”和“量才妇女补习学校”，并在每所学校悬挂史量才的大幅遗像。同时成立了临时董事会，由李组绅任主席董事，王云五、吴蕴初、潘序伦、李大超为常务董事，李公朴和刘湛恩、陶行知、王志莘、杜定友、徐新六为董事，从政治上、经济上、组织上和又趋保守的《申报》脱离关系。此后，在李公朴的苦心经营以及工作人员的努力下，图书馆和补习学校发展很快。据统计，自成立以来四年内，图书馆藏书由两千册增加到三万册，读者由两三百人发展到两万多人；补习学校由一所增至八所，学生由两三百人增至四千五六百人。[①]

从李公朴创办《申报》流通图书馆，开办读书指导部、《读书问答》专栏，到设立《申报》业余补习学校、妇女补习学校，再到量才图书馆和量才补习学校，它的意旨和后来很不相同。起初，李公朴希望通过这些社会教育、补习学校，给广大青年以基础知识和职业教育，提高他们的文化水平和工作能力，借以改善他们的地位和处境。但随着日本帝国主义对中国的扩大侵略，李公朴的社会教育内容发生了变化。读书指导部在指导和帮助青年人读书中，告诉他们：“在那空前的国难时代，应该读些什么书，必须要读些什么书。”[②]《读书问答》栏所登文章则“总是希望人们认识世界和社会发展的前途，以及灾难沉重的中国的出路，从而进一步认识个人在这个伟大的时代洪流中所处的地位，以及应

---

① 参见韬奋：《经历》，第121页。

② 《李公朴文集》，第887页。

该努力的方向"[1],并刊登了一些为国民党当局所不满的文章。[2]李公朴本人平时在巡视各校时,一有机会,便宣讲国民党当局的弊政,宣讲爱国主义和抗日救亡,勉励青年们要自强好学。当年在上海新亚药厂当练习生的祁和鸣,回忆他在量才分校补习英语时,曾亲耳聆听过李公朴为他们演讲为什么高年级要学英文《三民主义》。李公朴说:因为这是孙中山的英文原著,其中平均地权,节制资本和民有、民治、民享等思想,正是国民党反动派所害怕的,所不敢宣传的,希望同学们通过学习英文原著真正领会孙中山的三民主义。回忆李公朴给他们演讲陶行知改名的故事,指出陶行知原名陶知行,因在实践中认识到实践出真知,"行"比"知"更重要,故而改名。由此进一步向同学们指出:"看一个人的好与坏,革命与不革命,爱国与不爱国,不是听他的知(言),而要看他的行。"[3]此外李公朴还为他们演讲如何正确认识租界问题以及"九一八"事变等情形,犹历历如在眼前。众所周知,当时的中国,一面是日本帝国主义的侵略,一面是国民党政府的妥协退让,并对共产党人和一切爱国人士残暴镇压。在这种反革命的统治下,农村经济加速破产,民族工业日益凋敝,工人、农民和其他劳动人民日益处于饥寒交迫的境地,广大青年失业失学,生活困苦,思想苦闷,他们不满国民党的统治,迫切寻求光明的出路。李公朴的社会教育无疑使许许多多苦闷、彷徨的

---

① 《上海文史资料选辑》,第45辑第78页。

② 《上海文史资料选辑》,第45辑第82页。

③ 祁和鸣:《怀念我的老校长李公朴》,见《武进文史资料》,第6辑,1986年7月。

青年找到了光明的出路，走上了革命的道路。在后来的上海抗日救亡运动中，补习学校和图书馆的爱国青年成为一支生气勃勃、十分活跃的队伍，无论是集会游行，还是募捐，都是一支强有力的生力军。李公朴也因此引起了国民党当局的注意和嫉恨。当年曾在补习学校任教员的何济翔说，李公朴教的学生中就有不少人参加了革命，其中有一位叫李伏远的，毕业后加入了中国共产党；还有一位叫邬凌秋的女生，去了延安，解放后曾任上海一大工厂党委书记。正如胡愈之所说："你（李公朴）在上海有四五千读过补习学校的学生，有一二万流通图书馆的读者，他们都被你引上了抗日大道。"①

第三节　创办《读书生活》和读书生活出版社

还在史量才未遇刺前，国民党上海市图书杂志的审查官员就经常到《申报》馆实施干扰和破坏，指责《申报·自由谈》副刊不应该刊载许多进步作家如鲁迅等人的文章，社论中不该有一些批评当局不抵抗日本侵略的言论；指责《读书问答》栏不该刊载不满当局的文章。其中尤以《读书问答》专栏刊登的文章和国民党当局的摩擦愈来愈严重。在这种情况下，李公朴担心《申报》可能被迫取消《读书问答》专栏，担心《申报》将来会转向。他曾对当时在《申报》编《妇女园地》的胡愈之说："《申报》现在是进步的，将来也许会靠不住"，鼓动胡再办个妇女杂志。后来

① 胡愈之：《怀逝者》，生活·读书·新知三联书店 1986 年 5 月版，第 169 页。

胡办了《妇女生活》月刊。[1] 同时,《读书问答》在社会上已经建立起了广泛的读者基础,具有独立自主自成一局的条件。李公朴和柳湜、艾思奇等人商议,决定出版一个刊物,继续进行社会教育。这个新杂志便是《读书生活》半月刊。

1934 年,李公朴主编的《读书生活》半月刊创刊,《读书问答集》出版。

办杂志要筹措经费,联系印刷、发行,找房子,还得预先登记,等等一系列事务,经李公朴辛苦奔波,1934 年 11 月 10 日,《读书生活》半月刊创刊号正式出版。主编李公朴,编辑柳湜、艾思奇、夏征农、李公朴,仍是《申报·读书问答》专栏的原班人马。刊址在白保罗路和平坊 161 号。李公朴等人在《读书生活·创刊辞》中首先说明,该刊的“主要对象是店员、学徒及一切连学校

① 胡愈之:《怀逝者》,第 168 页。

那张铁门都不能走进的人”。它所强调的是,学习与生活的统一;它所担负的使命是,替旁人解释他自己发生苦闷的社会原因,并指导他解决苦闷的方法和应该怎样行动的方向,所以“我们提倡读书,但一定要读我们生活需要的书;我们提倡读书,但一定要配合我们的生活实践的读书;我们提倡读书,但一定是有正确方法的指针的读书,同时我们反对读不合我们生活需要的书,与生活隔离的读书,没有方法的读书”。创刊辞最后指出,该刊除辟有《文学讲话》、《哲学讲话》、《经济讲话》、《读书方法》、《书报介绍》等专栏外,目前特别注意以下几个栏目:(一)《短论》——向平时不大读书的人提出一个读书生活方面的正确观念,纠正和说服过去所受的一些不良的影响。(二)《科学讲话》——提供正确而又通俗的科学知识,使读者由此片断的知识渐渐进入较专门的研究。(三)《生活记录》——公布全国各地的工人、农民、小店员、小职员、学生、各方面的青年以及职业团体各种各样的实际环境中的生活情行。(四)《青年文艺指导》——鼓励大众写作。(五)《读书问答》——解除读书过程中的疑难。由发刊辞不难看出,《读书生活》半月刊在形式上虽然是个新杂志,但在性质上、内容上却是《申报·读书问答》栏的翻版,而且更向前发展了。因此,它一创刊即受到广大读者的热诚支持和爱护,仅第一期就发行了8000份。以后尽管遭到国民党当局的压迫、封锁,但每期都能销售10000多份,有时高达20000份。

李公朴试图把《读书生活》半月刊作为社会教育的一个工具,办成一个理论与实践相联系的学校,使广大工人、职员、小店员、失学失业青年懂得如何生活、如何学习,做到读书学习与社会实践的统一;反对为读书而读书,不与社会实践相结合;要求大家把做人与读书、做事与读书、求进步与读书结合起来,真正认识自然发展的规律和社会发展的规律;并下决心改造自然、改造社会,为人类增加一点幸福,做一点有益的事,因而推行了杂志"讲义化"的新的教育方法。杂志以每期连载的形式,刊登各种学科的讲座,有艾思奇的哲学讲话[1],夏征农的文学讲话,高士其的科学小品,曹伯韩的算学讲话,以及曹伯韩、廖庶谦、陈楚云合写的"社会常识读本"——《帝国主义》、《中国历史》、《妇女问题》、《民族问题》、《国际关系》、《读书常识》、《读报常识》等,向读者系统地介绍哲学、社会科学、自然科学的基本知识,讲解社会政治常识,并尽量做到通俗化。这在当时很受欢迎,许多读者拿到《读书生活》杂志后,莫不以先睹上面登的讲座为快。艾思奇的《哲学讲话》在读书生活上连载 24 期,用通俗易懂的文字,联系实际生活中的事情,深入浅出地讲解辩证唯物主义的理论,易读好懂,引人入胜。千千万万的读者由此对哲学、对马列主义理论产生了兴趣,走上革命的道路,踊跃参加抗日救国的革命大业。1935 年底,《哲学讲话》结集出版时,李公朴特意为该书题写书名并作序。他在序言中认为,"这本书是用最通俗的笔法,日常谈话的体裁,溶化专门的理论,使大众的读者不必费很大气力就能够接受。这种写法,在目前出版界中还是仅有的贡献";称

① 《哲学讲话》在《读书生活》上连载了 24 期,1935 年底结集出版,初版书名仍为《哲学讲话》,因遭国民党查禁,第四版易名《大众哲学》。解放前共印行了 32 版,影响极大。

赞该书的内容,"全是站在目前新哲学的观点上写成的","给新哲学做了一个完整的大纲,从世界观、认识论到方法论,都有浅明的解说"。他还充分肯定艾思奇为把哲学理论通俗化、大众化,花费了相当的心力。他在序言的末尾写道:这本通俗的哲学著作,"可以普遍地做我们全国大众读者们的指南针,拿它去认识世界和改造世界"。①

李公朴主编的《读书生活》杂志,得到了社会人士和中共地下党的帮助和支持。著名的爱国新闻记者戈公振写信赞扬李公朴:"努力平民教育,极佩。此种工作乃从基本补救。"②同时又说:"政治不入轨道,则事倍而功半";并表示愿意为《读书生活》半月刊写稿子。李公朴和戈公振是好朋友。1935 年 10 月 15 日,戈公振从苏联回到上海,准备参加抗日救国工作,不幸于 10 月 22 日因病逝世。李公朴非常悲伤,他和夫人张曼筠负责"戈公振治丧处"招待组工作。12 月 15 日,在戈公振公葬和追悼大会上,李公朴送挽联:

> 十载论交,道同而志切,聚少而难多,征尘甫卸,积素未消,竟尔无言长别手;
>
> 一生憔悴,薄己以厚人,苦学以强识,年华正富,赍志以没,哭君那事不伤心。③

---

① 这是 1935 年 12 月李公朴为艾思奇的《哲学讲话》所写《编者序》,见读书生活出版社,1936 年版。

② 《读书生活》,第 3 卷第 1 期;《戈公振年谱》,第 83 页。

③ 《戈公振年谱》,第 110 ~ 111 页。

此外，他还撰写了《哀念戈公振先生》，介绍戈公振的刻苦生活和自学精神，以志哀思。

杂志的编辑艾思奇、柳湜，是中共地下党派来的，他们在做李公朴思想工作的同时，埋头苦干，对组稿、审稿、定稿认真负责，与李公朴密切配合。其他左翼文化人士和中共党员，如章汉夫、钱亦石、沈志远、胡绳、薛暮桥、张庚等，也经常为该杂志撰写时事解说、社会科学理论、文学评论以及写作指导等方面的文章。在中国共产党人及其他进步人士的影响和帮助下，面对中华民族的严重危机，自1935年秋天起，《读书生活》开始发表抗日救国的文章，宣传中共抗日民族统一战线的方针；自1936年第3卷第5期开始，在杂志的封面加印了“生活斗争、民族解放、理论指导的半月刊”这句话，作为刊物的信条。《读书生活》和邹韬奋主编的《大众生活》、胡愈之创办的《妇女生活》及其他进步刊物，在响应共产党抗日救国的号召、发动群众等方面做了大量工作，在上海形成了抗日救国进步运动的文化阵地，因而遭到了国民党政府的迫害。1936年11月，李公朴因领导救国运动而锒铛入狱，《读书生活》半月刊也被查封。《读书生活》从1934年11月创刊到1936年11月第5卷第2期被停刊，共出版了50期。

1936年3月，李公朴在党内外朋友的帮助下，租下上海静安寺路斜桥弄71号，成立“读书生活出版社”，自任社长；出版社主任则由柳湜担任，编辑部主任为艾思奇，经理兼业务部主任为汪仑（“左联”盟员）。读书生活出版社正是在中华民族危急存亡最迫切的非常时期成立的，在“成立缘起”中说：“我们从中国的现实中，认明了当前文化最极迫的任务，是在唤起民众。在出版界方面，总要想法子配合这一任务。我们应出版千千万万册各种各样的读物，去供给广大的民众及到民间去做先生的人们，使他们在意识上武装起来，共赴国难。”并约法三章，保证“不出一本理论不正确的书，不印一本图销路无益大众的书”。进而规定出版范围为：1. 自然科学、社会科学、哲学、文学等通俗的基本理论书。2. 大众知识课本。3. 通俗的实际问题专门论著。4. 儿童知识小丛书。5. 翻译包括哲学、社会科学、文学理论和作品在内的世界名著。[①]

读书生活出版社成立后，首先出版了一套“读书生活丛书”，由李公朴主编，是将艾思奇、柳湜、高士其等人在《读书生活》半月刊上连载的讲座，或他们在《读书问答》专栏上发表的文章，分别编辑而成，如上述艾思奇的《哲学讲话》、高士其的《我们的抗敌英雄》、柳湜的《如何生活》等。这些书在传播马列主义、普及社会科学知识方面起到了重要作用。同时引起了中共方面的关注。1936 年 10 月 22 日，在延安的毛泽东致函西安的叶剑英等人，要他们买一批通俗的社会科学、自然科学和哲学书。特别提到要买读书生活出版社出版的《大众哲学》、《街头讲话》等书，用来提高学校和部队干部的政治文化水平。后来还出版了一套“角半小丛书”，有柳湜的《救亡的基本知识》、章汉夫等人的《联合战线论》、章乃器的《国防总动员》等。这套丛书在当时的救亡运动中产生了广泛的影响。此外，还出版了一批翻译书籍，主要是苏联的文艺理论和文学作品，如《苏联文学讲话》、《苏联艺术

① 《读书生活出版社成立缘起》，见《读书生活》第 3 卷第 10 期封底。

生活》、《在人间》、《给文学青年的信》等。他们出版的关于抗日救亡的文艺作品，主要有张庚编的《打回老家去》剧本选集；曹伯韩写的《国难记》弹词；李公朴主选，周巍峙、孙师毅校订的《中国呼声集》歌曲集等。这些文艺作品在动员群众，宣传抗日救亡，振奋民族精神方面发挥了文艺武器的作用。正如1936年7月10日李公朴在《中国呼声集》序中所说："靡靡之音到底是不能适应时代的要求了，它和中国大众的目前生活无法配合。由于国难的加深，雄壮的反帝救亡意识的歌曲，以一二年之努力，便扫荡前者而勃兴而滋长了。现在我们所听到的完全是这些热烈的吼声。"他称这本《中国呼声集》，"是救亡运动高涨的时候，极端需要的一册大众歌唱的必备书"。[①]《中国呼声集》出版后，受到热烈欢迎，连续印了两版，同时也引起国民党的注意，派特务到出版社查抄，因此，第三版出版时改名为《民族呼声集》。

读书生活出版社出版的书籍遭到了国民党的疯狂查禁。据统计，仅1937年2月11日和21日两天，国民党中央宣传部即以"诋毁中央国策，为苏匪张目"、"宣传阶级斗争"、"为苏联宣传"等罪名，查封了该社出版的《国防总动员》、《救国的基本认识》、《中国历史》、《法郎贬价问题》等10部书。[②] 反动派所扼杀的，正

---

① 《中国呼声集》，第1~2页。

② 《国民党政府1937年1月—4月查禁社会科学书刊一览》，中共上海市委党史资料征集委员会编：《"一二·九"以后上海救国会史料选辑》，上海社会科学院出版社1987年12月版，第23页。

是人民大众所拥护的，这恰恰证明了读书生活出版社的进步和革命。[①]

《读书生活》半月刊和读书生活出版社，是李公朴继流通图书馆、补习学校进行社会教育的又一块阵地，为教育广大青年如何生活、如何学习，为宣传抗日救亡，指引无数青年走上革命道路，立下了不可磨灭的历史功绩。另一方面，在实施这个教育的过程中，在中国共产党员的帮助下，李公朴也受到了深刻的教育。他在《我与读书生活》文中说："在长期的工作实践中，确实的能够发觉自己的学识浅薄。故当受到旁人批判的时候，自己是丝毫没有感觉到难堪，反而在人家正确的批判下，诚恳的接受了批判，而且改正着自己的错误。《读书生活》杂志的本身，就是一个批判、辩证、发展的杂志。由于她的不断的发展与壮大，也就不能不促进我的认识，使我的认识渐渐的清楚起来。"[②]的确是这样，李公朴从对国民党的幻想中逐渐清醒过来了。1933 年 3 月，在白色恐怖十分严重的上海，他和学术界人士蔡元培、陶行知、陈望道、黄炎培、章乃器等百余人，冲破国民党不许"宣传与

---

① 读书生活出版社为宣传抗日救国和革命理论作出了重大贡献，后来得到中共中央的充分肯定。1949 年 7 月，中共中央在关于三联书店（1948 年 10 月，根据中国共产党的指示，读书出版社、生活书店、新知书店在香港合并为三联书店）今后工作方针的指示中指出："三联书店过去在国民党统治区及香港起过巨大的革命出版事业主要负责者的作用，在党的领导之下，该书店向国民党统治区域及香港的读者宣传马列主义、毛泽东思想和党在各个时期的主张，这个书店的工作人员和邹韬奋同志等，做了很宝贵的工作。"

② 《李公朴文集》，第 891 页。

三民主义不相容之主义”的禁令，发起“马克思逝世五十周年纪念会”，带头纪念马克思，宣传社会主义。6月，在蒋介石的指使下，国民党特务刺杀了中国民权保障同盟的领导人之一杨杏佛；次年11月，又刺杀了《申报》总经理史量才，这使李公朴非常震惊和愤怒。李公朴曾和杨杏佛一起致电南京政府行政院和司法部，营救著名作家、中共党员丁玲和潘梓年，一起参加民权保障同盟营救政治犯的活动。[①] 史量才，则是李公朴创办《申报》流通图书馆和《申报》业余补习学校经济上的重要支持人之一。对于他们的惨遭不测，李公朴感触至深，悲痛异常，对国民党蒋介石草菅人命，人民生命毫无保障，感到极其愤慨。他气愤地说：“蒋介石太不像话了，他不配做孙中山的继承人！”[②]另一方面，空前严重的民族危机也促使他进一步的觉醒。如前所述，《读书生活》半月刊自第3卷第5期起在封皮上加印了“生活斗争，民族解放，理论指导”一句话，作为杂志的信条，以之与《读书生活》创刊时所说：“本刊到底是要偏重于书的一方面的，对于‘国运挽回’、‘民族解放’这些大题目，我们虽不敢将它遗忘，但衡其轻重，依据分工的原则，我们却不敢以此自任”相比，有十分明显的进步。读书与救国，显然他已把救国放在了第一位。民族矛盾和阶级矛盾的激化，使李公朴的爱国民主思想不断增强，他开始为团结御侮抗日救亡而大声疾呼！

① 《申报》，1933年5月24日。

② 《中华民国史资料丛稿》，增刊第4辑，第68页。

第四节 呼吁团结御侮

1935 年以来，日本在华北制造了一系列的挑衅事件。先是借“察东事件”，逼迫国民党二十九军撤出长城以东，察哈尔境长城外的 700 多平方公里的地区划为非武装区。接着，日本又借“河北事件”和“张北事件”，迫使国民党政府认可了后来日本所指称的“何梅协定”，并签订了《秦土协定》，把国民党驻军和势力赶出华北。日本变华北为第二个伪满洲国的侵略计划已昭然若揭，甚至妄图继续南进占领全中国。中华民族亡国灭种的惨祸迫在眉睫。一切不愿做亡国奴的人们，都在寻求挽救民族危亡的方法和途径。李公朴是爱国进步的知识分子代表之一，他不断地发表文章，揭露日本帝国主义对中国的侵略和国民党的对内镇压对外妥协政策，以及由此带来的严重的民族危机，呼吁全国各阶层人民团结起来，进行民族解放的斗争。

是年 1 月，蒋介石以徐道邻的名义，在《外交评论》第 3 卷第 5 期上发表《敌乎？友乎？——中日关系之检讨》一文，扬言“日本人终究不能作我们的敌人，我们中国亦究竟须有与日本携手之必要”；表示日本如果“以为中国国民党是发动排日势力的中心”，“以为非打倒中国国民党则中日问题无法解决，日本不能安枕”，并提出中日两国“不必拘泥过去悬案，应以诚意谋互利的解决，扫除国交上的障碍”。22 日，日本外相广田弘毅在国会发表外交政策演说，提出“日中亲善，经济提携”的对华方针。这实质上是为冈田内阁推行新的侵华政策施放的一颗烟幕弹。上年 12

月,冈田内阁确定对中国的“帝国政策”,提出一方面“扩张日本在中国的经济权益”,另一方面使华北脱离中国政府,变成第二个伪满洲国。对于广田弘毅的对华方针,蒋介石认为“亦具诚意”[①],“是中日关系好转之起点”[②],表示要“制裁一时冲动及反日行动,以示信谊”[③]。接着,蒋介石便和汪精卫联名向全国各机关、团体发布了严禁排日运动的命令。

针对国民党蒋介石对日继续推行妥协退让政策,李公朴接连发表了《读〈敌乎友乎?〉书后》和《中日经济提携的前提》两篇文章,进行批驳。他在前一篇文章中就蒋介石借中日两国因国力、兵力相差悬殊,强调为保全中国领土、主权完整,不能与日为敌,渴望中日亲善,指出,虽然我们的“整个国民经济力,距离负担近代军备的程度还相当的远,可是,我们却不能因为国民力量不足,武装准备不充分,就自己灰颓,不求上进;更不能,也不应该在不能对敌的时候,转而曲求为友。因为国际间,力量既不相等,对方一定用优胜劣败的原理来征服你,逼你走上灭亡之路。所以求和必需势均力敌才能真正言和;否则,也要是剧战之后,纵然是打了败仗,对方还不敢轻视你,总可以勉强求和”。[④] 他进而指出,如果“我们片面的自责,不但不能促起日本的觉悟,而且它更会藐视你,进攻得更厉害”,“我们无论怎样委曲求全,而‘全’终不可得”。他的结论是,“中国的土地,虽尺寸不能灭亡于

---

① 《中央日报》,1935 年 2 月 2 日。

② 《国闻周报》,第 12 卷第 7 期。

③ 《国闻周报》,第 12 卷第 6 期。

④ 《李公朴文集》,第 95 页。

任何国家,要保持国家独立与完整,这该是我们的铁则”。

至于所谓的中日亲善,李公朴从“九一八”事变以来日本对我国领土的步步侵占,并继续扩张的野心,指出,在这种情况下,“以中庸和平之道去应付”,“只能是空中楼阁,可望而不可即!”明确指出:“中日如果为友,中国方面在互有利益底下,必须坚决的保持己国的独立与自由,在平等基础上以求两国的亲交”。

在《中日经济提携的前提》一文中,李公朴深刻地揭露日本提出的所谓中日经济提携,一是为了“牢牢把握着以日本为本位的中日经济提携,或者‘日满支’经济提携”。二是“想把中国市场摆在日本的控制之下,至少须增加日本对华贸易,以补足日本对世界其他各地受排斥的损失,预备日货未来的销路”。三是为了“更进一步操纵中国金融,把中国拉进日圆支配的经济联盟中去”。四是想让中国人民忘掉日本占据东三省、轰炸上海等一切罪恶,“而且再贡献出现在所有的”,并“一切听随日本去支配”。总之,日本的中日经济提携,“是叫我们永远屈处于半殖民地经济情形之下。这是它片面的利益,于我们中国是具百害而无一利”。[1]

国民党政府在对日本帝国主义的军事、经济侵略屈服退让的同时,还限制和取缔抗日爱国运动,对宣传抗日的报纸杂志实施反革命的文化围剿。早在1931年1月,国民党政府就颁布了《危害民国紧急治罪法》,规定不准以文字图画或演说作反对国民党政府的宣传。次年11月公布《宣传品审查标准》,接着通过

---

① 《读书生活》,第1卷第12期,1935年4月25日。

《新闻检查法》。随后，1934年6月，国民党中央宣传部颁布《图书杂志审查办法》，凡被认为宣传民主、抗日，不满于国民党统治者的图书杂志，一律禁止出版。这些反动法令公布后，许多革命者和爱国者被杀害或关进监牢，其中“左联”的五位著名作家柔石、殷夫、李伟森、胡也频、冯铿被秘密杀害；大量的进步书刊被查禁，包括在全国很有影响的《生活》周刊杂志；此外，还发生了曾轰动全国的“新生事件”。1935年5月4日，杜重远创办并主编的《新生》周刊第2卷第15期上，登载了艾寒松以“易水”笔名写的《闲话皇帝》一文。其中说到现在的皇帝“有名无实”，是“古董”、“傀儡”，日本的真正统治者军部、资产阶级舍不得丢弃天皇，“是企图用天皇来缓和一切内部各阶层的冲突，和掩饰了一部分人的罪恶”。文章发表后，日本驻上海总领事石射即以“侮辱天皇，妨害邦交”为由，向上海市政府及南京政府提出抗议，要求向日本“谢罪”，封闭《新生》周刊社，判处作者及编者徒刑。在日本的压力下，国民党政府完全满足了日方的要求，向日本道歉，封闭了《新生》周刊，判处主编杜重远有期徒刑一年两个月。6月10日，国民党政府卑躬屈膝地下了一道《敦睦邦交令》，宣布“凡我国民，对于友邦，务敦睦谊，不得有排斥及挑拨恶感之言论行为，尤不得以此目的组织任何团体，以妨国交。……如有违背，应予严惩”。[①] 从此，一切报刊书籍均不再允许出现“抗日”字样，只能以“抗X”代替。

日本帝国主义的侵略魔爪由东北伸向华北，企图变全中国

---

① 《国民政府公报》，第1764号。

为它的殖民地，抗日成为全国人民政治生活中头等重要的大事。李公朴认为，要抗日首先要充分保障人民言论、出版、集会、结社自由的民主权利。然而，国民党的上述新闻、出版政策，严重的妨害了人民的抗日运动。因而他大声疾呼：改变新闻政策，解禁言论自由。他说，只有新闻解禁了，人民知道民族危机的真相，才能牺牲小我的意见，共赴国难；只有言论自由了，人民广大的发言了，“才能得到真正实践的国策的确立”，国策才能得到广大人民的拥护，才能变成举国一致的战术。[①] 1935 年 6 月 12 日，国民党立法院修正通过《出版法》，规定一切出版物均须经地方主管官署核准后，方可出版。出版法在修改期间，李公朴作为读书生活出版社和杂志社的主要负责人，与全国的新闻界、出版界一样，“表示惊惧”。他写了《办杂志人对于修改新出版法的意见》的文章，希望修改后之出版法，“不要专重取缔，致陷于摧残言论之嫌，应积极谋新闻杂志事业的提倡，对新闻杂志事业及人于以法律的保护”；并要求立法院重行制订出版法时，取消对出版物的“核准主义”，“使人民对于出版方面获得最低限度的发言的机会”；要求明确规定：“各地方官厅在没有获得中央核实前，不得擅自扣押或禁卖一切出版物。”[②]稍后，他又写了（新闻检查制度），直言不讳地批评国民党的新闻检查，“实在是一种畸形的制度”，在今日民族生死存亡的关头，“这制度没有存在的价值”，它

① 《李公朴文集》，第 145 ~ 146 页。

② 《李公朴文集》，第 121 页。

“太违反今日的民意及民族意识”。[1] 他举例说,关于中日问题的一切消息,是全国民众所迫切需要知道的,但是翻开中国报纸,不但很少有这类消息,就是有,也只是一些不关痛痒的事情。更令人气愤的是,一些外国报纸已经登载过的消息,中国的报纸也不能发表。他希望国民党“五全大会”能废止新闻检查这种不合法的制度。他还撰文公开批评具有相当销量、“中国天字号的大报”——上海《申报》和《新闻报》,保守落后。例如,11 月 28 日,日军出兵占据丰台车站,以逼迫华北五省宣布自治,如此重大的新闻,当日的《申报·时评专栏》竟“评”的是“太平洋航空正式开幕”,这显然是故意回避现实,因循敷衍。他批评天津《大公报》的《社论》、《星期评论》、《特载》等专栏,所发文章“有意无意的在逢迎敌人的意旨,对当前事态作歪曲的解说”。[2] 他指出,这固然由于国民党检查限制舆论所造成,但另一方面,这些报纸安于限制,不图突围,不图自振,离开人民的意志,放弃舆论的职责,也是一个重要原因。他希望报界成为领导民族斗争的舆论工具。

这年秋天,在日本帝国主义的操纵下,亲日派汉奸王揖唐等发起所谓“华北五省自治运动”,汉奸殷汝耕等在冀东成立所谓“防共自治政府”;国民党政府在日本的压力下,下令撤销北平军分会,准备成立所谓“冀察政务委员会”,汉奸王揖唐、王克敏、曹汝霖等均由日方提名为该会委员,华北面临着变为第二个“满洲

---

① 《李公朴文集》,第 125 ~ 126 页。

② 《李公朴文集》,第 148 页。

国”的严重危机。在此紧要关头，中国共产党驻共产国际代表团于8月1日草拟了《为抗日救国告全体同胞书》（即“八一宣言”），主张全国各党派、各界、各军队团结起来，组成抗日民族统一战线，“停止内战，以便集中一切国力（人力、物力、财力、武力等），去为抗日救国的神圣事业而奋斗”。10月1日，这篇宣言正式以中华苏维埃共和国中央政府和中国共产党中央委员会的名义发表在《救国报》（后改名《救国时报》）上。“八一宣言”（包括英译本）很快传到上海，在一些党外爱国进步人士中流传。李公朴读过宣言后，深为赞赏中国共产党的抗日救国主张，他先后发表了许多文章，响应中共的主张，呼吁停止内战，抗日救国。

他在《行动中才能有团结》一文中，援引当时阿比西尼亚（即埃塞俄比亚）人民反抗意大利的侵略战为例，指出阿比西尼亚人民为了争取民族生存，一声动员令下，一切社会的、国家的矛盾都暂时沉潜下去，全国民众精诚团结，“没有私仇，没有旧怨，只有一个共同的敌人，全国人铸成了一道钢铁的长城了”。接着，他话题转向中国，指出面对日本帝国主义的侵略，国民党政府发出的是“撤兵令”、“不抵抗令”，由此而造成“社会国家的矛盾加剧，民族力量的瓦解，‘精诚团结’变为空洞无实质的口号，民族意识消沉、枯萎，民族自信力减退，汉奸蜂起，民族耻辱增长”。[①] 这不是因为中国民族不能统一。要统一这些矛盾，表现中国的民族团结力，非有一个统一的行动不可，即全国一致对日抵抗。他发自内心喊出：现在等候的是抗日的动员令了。他在《救亡图

① 《李公朴文集》，第132页。

存的基础》这篇文章中，分析了日本进一步侵略华北的形势后，一针见血地指出，现在民族的危机，是到了无可再忍、无可再让的关头，我们不能再错过时机了，不能再回避不谈抵抗了。中国目前需要迅速缔结一个全民族阵线。“这阵线要包括最多不同主张的人，在一个共同目的下，共同行动起来，去综合统一内部的矛盾，集中分散的力量”。他更进一步的解释这个民族阵线，是“要把今日许多见解不同的人，但在不想当亡国奴，不欲中国领土尺寸的被人拿去的目标下，团结起来。这才是真的‘精诚团结’，这才能发生抵抗侵略的巨大力量，才是真正的国力”。[①] 否则，一切救亡图存都是幻想，是敷衍，是欺骗。他还写有《新的进攻的特点》、《新的进攻的总的认识》、《人民的公意》等多篇文章，呼吁“携手共同抗日救国”。

在中华民族濒临亡国灭种的危险时刻，李公朴以鲜明的立场和坚定的态度，批评国民党的对外退让、对内镇压政策，主张停止内战，团结一致，共赴国难，在国民党统治区起了振聋发聩的作用。他是救亡文化运动中的一员骁将。正如新中国成立后救国会发表的结束宣言中所指出的：“在这里应该特别提出的是救国运动的最卓越的领导者和最坚贞的殉道者邹韬奋、陶行知、李公朴、杜重远先生等，他们用了文章、诗歌、著作、讲演和组织的才能，在启发群众、教育群众的工作中，起了不可估量的作用。”[②]

---

① 《李公朴文集》，第143～144页。

② 《中国人民救国会结束宣言》(人民日报)，1949年12月19日。

第五节 积极参加救国运动

李公朴不仅仅是发表文章宣传抗日救国,他还积极的投身于抗日救国运动。

1935年12月9日,北平爆发了轰轰烈烈的学生抗日救亡运动。也就在这一天,李公朴因左臂摔伤,住进了医院。当他在医院得知消息后,不顾伤痛,起而响应。12日,他和沈钧儒、马相伯、章乃器、邹韬奋、陶行知等280余名文化界人士联名发表了《上海文化界救国运动宣言》。宣言开宗明义地说:“国难日亟,东北四省沦亡之后,华北五省又在朝不保夕的危机之下了!‘以土事敌,土不尽,敌不餍’。在这生死存亡间不容发的关头,负着指导社会使命的文化界,再也不能够苟且偷安,而应当立刻奋起,站在民众的前面而领导救国运动。”接着进一步指出,“假如到了今日还有人想用妥协、提携、亲善,甚至游说的方式,希求敌人的觉悟,那真是与虎谋皮了”。表示,“尽量的组织民众,一心一德的拿铁和血与敌人做殊死战,是中国民族的惟一出路”。最后提出八项主张:坚持领土和主权的完整,否认一切有损领土主权的条约和协定;坚决反对在中国领土内以任何名义成立由外力策动的特殊行政组织;坚决否认以地方事件解决东北问题和华北问题;要求即日出兵讨伐冀东及东北伪组织;要求用全国的兵力、财力反抗敌人的侵略;要求人民结社、集会、言论、出版之自由;严惩一切卖国贼并抄没其财产;全国民众立刻自动组织起来，采取有效的手段，贯彻我们的救国主张。[①]

与此同时，李公朴还撰写文章，热情满怀地赞扬北平学生的爱国运动是“光荣的”，向他们“敬致斗争的敬礼”。他说：“北平学生提出的主张，也是全国大众的主张；北平学生奋斗的目的，也同时是大众的。反对伪组织以及任何变相的脱离中国版图的运动，不独是学生的要求，同时是全国大众的要求。对于敌人继续不断侵略，总要有一个办法，不独是北平学生的要求，同时也是全国大众的要求。”他鼓励学生再接再厉，继续为开展抗日救亡运动而斗争。同时他提出：“请政府不得抑止爱国运动，绝对保障集会、结社、言论、身体等自由。”[②]当时，天津《大公报》却相继发表“社论”和“短论”，散布“一二·九”学生爱国运动是“学潮”，“应当收束”等错误言论。他看到后，非常气愤，在《读书生活》上发表了《是“学潮”吗？呸！》，针锋相对地反驳说，学生爱国运动“决不是简单的‘学潮’”，而是“赤裸裸的民族斗争，是在敌人新的进攻下，站在国难第一线上的知识者自发的民族反抗运动”。并严正表示，“我们拥护这一运动，我们反对有人喊出‘收束’；我们更要高声喊道，目前的学生运动‘正是其时，正是其地”’。[③]

12 月 27 日，上海文化界救国会在西藏路宁波同乡会召开成立大会，通过了《上海文化界第二次救国运动宣言》，进一步提出

---

① 《大众生活》，第 1 卷第 6 期，1935 年 12 月 21 日。

② 李公朴：《慰问北平受伤的同学们》，见《李公朴文集》，第 151 页。

③ 《李公朴文集》，第 150 页。

了建立民族统一战线,停止一切内战,释放一切政治犯等政治主张。大会选举沈钧儒、马相伯、李公朴等 27 人为执行委员。李公朴是在因伤未出席的情况下当选的。

1936 年 1 月 7 日,李公朴伤好出院,即以极大的热情和饱满的精力参加救国会的活动。

为了纪念上海淞沪抗战四周年,1 月 28 日,上海农工商学及妇女各界民众 800 余人,在市商会大礼堂举行纪念大会,李公朴和沈钧儒、何香凝、史良等 19 人被推为主席团。沈钧儒作为大会执行主席,首先报告了纪念"一·二八"四周年的意义和四年来的教训。接着李公朴、王造时等人也发表了"语多警惕"的演说。[①] 会议通过成立上海各界救国联合会,推选沈钧儒、李公朴等为执行委员,统一领导上海市的抗日救亡运动。

散会后,群情激愤的全体与会代表在李公朴、陶行知的指挥下,[②]按各界组织系统排成二列队,步行至庙行公祭淞沪抗战无名英雄墓。游行队伍到达闸北宝山路时,沿途站满了荷枪实弹的国民党军警,还有许多国民党便衣特务企图混入队伍,进行破坏捣乱。这时,李公朴充分发挥他的组织才能,机智地指挥队伍改为四人一排,手挽手并肩前进,并让纠察队队员前后照顾,保持队形严整,防止国民党特务混进队伍。游行队伍顺利到达庙行,向殉难的抗战烈士宣誓:一定要继承抗日救亡的遗志,为争取民族解放奋斗到底!

---

① 《大美晚报》,1936 年 1 月 28 日。

② 陆诒:《为抗战团结民主而奋斗》,见《沈钧儒纪念集》,第 207 页。

李公朴还写了《纪念一·二八四周年》一文。他说:“一·二八本来是中国民族斗争一幅最成熟的艺术品,可惜的是它被断送在少数人的手里,被断送在不抵抗的误国策略下,不能使这件伟大的作品更好的完成,变成中国民族解放胜利的起点。但是,一·二八的记忆,并未在大众的脑中洗淡。客观事实给与不抵抗者的残酷的暴露,更使这一段光辉的斗争的事迹,活跃在亿万人的脑里,一天天认识了这一段斗争的价值,一天天认清了一·二八一隅的抗战,就是中国整个民族惟一应走的道路。”他认为统一分散的力量,组织民族阵线,发动民族自卫战争,挽救危亡,“才是今年中国大众对一·二八先烈致了最大的敬礼,尽了自己的职责”。[①]

对于人民的抗日要求和抗日救亡活动,国民党政府千方百计的予以破坏和镇压。当上海文化界救国会成立后,国民党中央执行委员会民众训练部便策划阴谋取缔,派该部特种社团科科长胡星伯秘密赴沪,调查文化界救国会活动情况。胡与国民党上海市党部商量,决定了七项取缔文化界救国会的办法,其中第四项为:由国民党中央命令上海市政府,“量才补习学校及量才图书馆主持人李公朴以该校为机关,从事反动,立即查封并逮捕其支持人”。[②] 上海各界救国联合会成立后,更加引起国民党当局的严重不安。2 月 11 日,国民党中央宣传部发表《告国人书》,说什么救国会的成立,是共产党“欲利用文化团体及知识分

① 《李公朴文集》,第 164 页。

② 《一二·九以后上海救国会史料选辑》,第 79 页。

子，在救国的口号掩护下，作卷土重来之计”。污蔑救国会“反对中央”，“颠覆政府”，是“赤色帝国主义”的“爪牙与工具”，杀气腾腾地声称若不听劝告，改过自新，停止救国活动，“政府自不得不本蝮蛇螫手、壮士断腕之决心”，“予以最后的严厉之制裁”。[①] 20日，国民党政府颁发《维持治安紧急办法》，规定军警有权镇压抗日群众，逮捕爱国分子，取缔救亡团体和书刊。接着，在全国很有影响的救亡刊物《大众生活》被勒令停刊，主编邹韬奋被迫流亡香港。

国民党的恫吓和镇压，并没有吓倒李公朴和救国会的其他领导人，他们立志救国，早把生死置之度外。国民党中宣部《告国人书》发表后，上海文化界救国会随即发表《对中宣部告国人书之辩证》，驳斥了对救国会的种种污蔑，郑重声明：“‘三军可夺帅，匹夫不可夺志’，我们倘是中宣部一纸诬蔑文告所能恫吓得倒的人，我们早就不敢在‘救国有罪’的环境下，公然以救国相号召。”“既已经以身许国，死生原所不计”。[②] 李公朴在《读书生活》上发表了《我们的态度》，庄严表示对救亡的决心有铁一般的坚定，为了中国民族解放，“准备受敌人无情的毒弹，同时也不畏惧汉奸的暗算谋害”。[③] 这些文字光明磊落，掷地有声，不仅有力地驳斥了国民党的诬蔑和恫吓，而且表现出李公朴等救国会领袖们大无畏的牺牲精神。

① 《申报》，1936年2月12日；《救国会》，第197页。

② 《大众生活》，第1卷第15期，1936年2月22日。

③ 《李公朴文集》，第182页。

5月9日,上海各界救国联合会召开纪念21年前的"五九"国耻大会。妇女、学生、店员、知识分子等1000余人到会,由李公朴和章乃器、王造时、顾执中、史良等组成大会主席团。首由王孝英演讲,他悲愤地说:"九一八以来四年间,所丧的国权和土地,不知道要比二十一条多几倍;国民党当局承认广田三原则,比二十一条又不知道可耻几万倍;现在要用血来和日本帝国主义拼命。"王造时演讲了纪念"五九"的五点重要意义。李公朴针对上海相继成立的上海妇女界救国会、上海大学教授救国会、上海职业界救国会等抗日救国组织,总结了前一阶段救国运动的发展,强调"爱国阵线里,应加强组织"。[①] 章乃器也在会上作了演讲。大会一致通过"请政府制止华北卖国行动,解散冀察政委会";"请中央及地方当局表示抗日态度"等四项要求。最后,大会在"保障爱国运动"、"反对防共协定"、"打倒日本帝国主义"的口号声中散会。

接着,为纪念"五卅"惨案11周年,5月30日下午,上海各界救国联合会在市商会召开各界民众纪念大会。到会群众达6000余人。上海市警察局和华租界派出大批巡警探捕,布满会场,准备弹压;还有汉奸散发反动传单,企图扰乱大会,会场气氛紧张险恶。二时整,李公朴和大会主席团其他成员从容登台,宣布开会。沈钧儒、章乃器、王造时和各团体代表先后演讲后,主席团率领与会群众到江湾公祭"五卅"烈士墓。在门口,遭到手持武

---

① 《上海各界救国联合会召集悲壮热烈的五九纪念大会》,《救亡情报》,1936年5月17日。

器、严阵以待的中外警察的阻拦。这时，站在队伍最前列的沈钧儒、李公朴等主席团成员勇敢的上前交涉，警察被迫放行。与会群众四人一排，手拉着手，沿途唱着《义勇军进行曲》等救亡歌曲，高呼“打回老家去！”“打倒日本帝国主义！”“继续五卅反帝精神！”等口号，雄赳赳，气昂昂地到达江湾，向“五卅”烈士公墓致祭。

曾经和李公朴一道参加抗日救亡运动的新闻记者顾执中，在李公朴遇害35年时写文章纪念说：“每次行动，事先他总是跟沈钧儒、章乃器、王造时、史良、沙千里、邹韬奋等同志作周密的讨论和布置；等到行动起来时，他总是置身群众行列，领导群众，奋勇地在最前列游行示威，要求抗日。”①郑树惠当年曾是量才补习学校的学生，他回忆说：“每次举行爱国运动游行时，他（李公朴）总是走在队伍的前头。每次出现了什么问题，总是挺身而出，不畏强暴，不顾个人得失，大义凛然，为爱国救亡的民主事业奔走，与英租界或国民党当局进行不懈的斗争。”②他们的追忆，真实地记述了当年李公朴领导和积极投身于抗日救亡运动的情景。

救国运动以上海为中心，在全国范围内蓬勃开展，北平、南京、武汉、西安、天津、广西、山东等地纷纷成立救亡组织，开展抗日救国运动。为了将全国各地的救国力量团结起来，建立一个全国统一的救国联合阵线，进一步推动抗日救国运动，5月31日

---

① 顾执中：《浩气长存　公朴永生》，见《李公朴纪念文集》，第251页。

② 郑树惠：《怀念公朴先生》，载《伟大的民主战士李公朴》，第55页。

至6月1日,全国20余省市60多个救亡团体及十九路军代表共70余人,齐集上海,举行全国各界救国联合会成立大会。大会通过《全国各界救国联合会成立大会宣言》、《抗日救国初步政治纲领》、《全国各界救国联合会章程》等文件,并推选出救国会领导机构。全国救国联合会成立大会召开之时,李公朴因赴杭州参加史量才葬礼,未能到会。但他的热烈爱国精神和行动,受到人们深深地敬仰和拥护,虽未参加大会,仍被推选为全国各界救国联合会执行委员和常务委员,成为全国各界救国联合会的领袖人物之一。

全国各界救国联合会成立后,公开以停止内战、联共抗日相号召,抨击国民党的对内对外政策,要求改变国民党的一党专政,建立一个容纳各党各派的统一的抗敌政权,并以一个全国性的组织出现,积极开展抗日爱国民主运动。这是国民党所不能容忍的,必欲除之而后快。于是,上海市长吴铁城上演了一出"鸿门宴"。

吴铁城通过他的秘书李大超打电话给李公朴,代邀沈钧儒、章乃器和李公朴本人一起到市政府吃饭。① 饭后,吴铁城露出真相,诬指救国会是有野心的"非法"组织,"要推翻国民政府",要求他们解散救国会,并将救国会的宣言、纲领等文件及宣传品上交市政府,"以备销毁";否则,立时就把他们拘留起来。吴铁城还用嘲笑的口吻说:"嗐,你们要做民族英雄吗?那就让你们尝

① 据章乃器《我和救国会》文中说,被邀请的还有邹韬奋,但事实上这时邹韬奋在香港,可能是章记忆上的错误。

尝民族英雄的滋味吧！”[①]李公朴他们严辞驳斥了吴铁城对救国会的诬蔑，拒绝了他的无理要求，坚定地表示：“全国各界救国联合会，如同它的名称所表示的，是全国各地的救国会的代表联合组成的，我们没有权力解散它，印刷品已经统统发出去了，没有留存的了。市长要逮捕我们吗？那应当依法由法院出拘票来拘捕。市长邀我们来吃饭，就把我们扣起来，这绝不是市长应该做的，传出去是要闹笑话的。”[②]他们对吴铁城以嘲笑的姿态对待民族英雄，尤其愤慨，质问吴铁城：“国难深重，市长不嘲笑汉奸卖国贼，而嘲笑起民族英雄，这使我们感到吃惊！市长难道怕民族英雄太多吗？民族英雄有什么罪过？”李公朴更是责备李大超说：“救国会的朋友们一定会说我出卖沈老等，我无法交待。”指责他不该施用诱捕之计。李大超无话可说，呜呜地哭起来。吴铁城见利诱、威胁均不奏效，只好自寻台阶，改口要他们保证做到解散全国各界救国联合会，但再次遭到沈钧儒、李公朴等人的拒绝。他们只保证自己“一不躲避，二不逃跑”，遂起身告辞。

吴铁城一计不成，又生一计。6 月 5 日，它召集上海市大中学校校长开会，对救国会及其领袖进行攻击。他说：“现在有少数野心家，组织了一个什么全国各界救国联合会，这里面不过是二三十个人在那里包办，说得上什么全国联合会呢？这个团体简直是一个反动的东西。”他要求各校长，“负起责来，取消各学

① 章乃器：《我和救国会》，见《章乃器文集》，华夏出版社 1997 年 3 月版，第 636 页。

② 郑树惠：《怀念公朴先生》，载《伟大的民主战士李公朴》，第 55 页。

校内的救国会以及一切相似的反动组织”。[①] 企图从学校打开缺口,分化瓦解救国会。

此后不久,蒋介石又亲自出面,邀请沈钧儒、章乃器和李公朴三人到南京面谈,并派戴笠到车站迎接,安排他们住宿在豪华的中央饭店。事先,他们商定好了应付蒋的三项原则:第一,用联合战线去吸收各党各派,但不能把联合战线卖给任何党派;第二,用联合战线的机构运用各党各派的势力,但不能被任何党派利用;第三,每一个参加联合战线的人,用各自的社会、组织、政治关系来充实联合战线,但不要因自身的关系削弱联合战线的力量。同时还决定,对全国各界救国联合会的组织和宣言,决不妥协让步,但从策略上不同蒋介石发生正面冲突。[②]

在和蒋介石谈话过程中,沈钧儒、章乃器和李公朴表示很关切对日作战准备情况,请蒋指示时,蒋说:“日本人是要我们不战而屈,我现在有把握可以战而不屈。”他们三人说:“那太好了,可以立即反攻了,何以华北还要退让呢?”蒋却把矛头指向中国共产党,说什么“共产党捣乱后方”,不要国家,共产党的话不能相信。[③] 蒋企图使全国救国联合会成为国民党的一个御用工具,提出要求救国会接受国民党的领导。他们三人当即表示,只要你停止内战,发动民众,坚决抗日,那就不领导也就领导了。我们救国会是代表全国人民的意志,要求停止内战,一致抗日,谁这

① 《吴市长的谈话》,《救亡情报》,1936 年 6 月 14 日。

② 《章乃器先生的谈话》,《救亡情报》,1936 年 8 月 2 日。

③ 《章乃器文集》,第 635 页。

样做，我们就同谁团结。[1] 蒋介石的目的未能达到，谈话无结果而散。

国民党当局企图摧残救国运动，对沈钧儒、李公朴、章乃器等救国会领袖不断的利诱、威胁，但他们威武不屈，坚决顶住国民党当局压力的斗争精神，赢得了救国会同人的拥护和支持。宋庆龄写信给救国会的领袖，完全支持他们的正义行动，并表示“签名于这救国会的纲领和宣言之后，我充分支持这个纲领和宣言”。[2] 救国会的机关报《救亡情报》发表题为《粉碎一切迫害和侮蔑，巩固我们的救国阵线》的文章，指出：“我们的领袖充分地表现了他们对于民族的忠心，对于人们的热爱，对于权威的不屈，而且我们应该给他们进一步的信任，拥护他们为中华民族独立解放奋斗到底。”[3]

10 月 19 日，伟大的文化战士鲁迅逝世，全国各界群众都十分哀痛。李公朴闻讯当即前往吊唁。随后，他和读书生活出版社全体同仁怀着崇敬和沉痛的心情，录下鲁迅生前讲过的一段话，既作为挽联又以为自勉。这段话是：“用笔和舌，将沦为异族的奴隶之苦告诉大家，自然是不错的。但要十分小心，不可使大家得着这样的结论：那么，到底还不如我们似的做自己人的奴隶好。”救国会根据中共地下党负责人冯雪峰传达中共中央的指示，承担办理鲁迅丧事。经开会研究，救国会决定把鲁迅的丧事

---

① 孙晓村：《真堪衡岳比芳芬》，《沈钧儒纪念集》，第 113 页。

② 宋庆龄：《致救国阵线领袖函》，《救亡情报》，1936 年 6 月 14 日。

③ 《救亡情报》，1936 年 6 月 14 日。

下午5时，游行队伍到达万国公墓，举行安葬仪式。沈钧儒（中立者）报告鲁迅先前事略。沈钧儒右旁为蔡元培、李公朴。

办成一个向帝国主义和反动派示威的群众运动，一次反日大游行；并拟订方案：1. 组织民众为鲁迅安葬；2. 鲁迅遗体安放万国殡仪馆，让各界民众瞻仰遗容三天；3. 发动各界救国会和民众送挽联，这些挽联在送葬时作为仪仗；4. 送葬时唱挽歌；5. 安葬当天，由各界人士包括国际友人抬棺木。[①] 22日，救国会及上海其他进步团体为鲁迅送葬，从万国殡仪馆到万国公墓，送葬队伍声势浩大。李公朴穿一身白色西服，左臂戴着黑纱，和宋庆龄、蔡元培、沈钧儒、章乃器等人始终走在队伍的最前列，坚定地带领队伍前进。到达墓地，首由主席蔡元培以沉痛的语调演讲，接着沈钧儒报告鲁迅生前事略，继而宋庆龄、章乃器、邹韬奋等人相

① 胡子婴：《关于救国会和"七君子"事件的一些回忆》，见《救国会》，第460～461页。

继演说及致悼词。最后，李公朴和沈钧儒、章乃器、王造时四人，将一幅写着“民族魂”三个大字的黄绸子旗帜盖在鲁迅的灵柩上，既表示鲁迅是为民族和国家而战斗的杰出民族英雄，也表达了人民对这位伟大文学家和革命家的深切敬仰和悼念。

为鲁迅先生送葬后，11 月 12 日，李公朴又领导和参加了救国会举行的孙中山诞辰纪念大会。本来纪念会原订会址在宁波同乡会，但遭到国民党上海市当局的禁止。当开会群众簇拥在虞洽卿路宁波同乡会门前不知所措时，李公朴派来一位青年人悄悄通知人们到静安寺路（今南京西路）女青年会去开会。立即满街满巷约千余名爱国群众向女青年会涌去。李公朴精心安排、指挥到会群众一排一排地坐在草坪上，并派人指挥高唱《义勇军进行曲》等歌曲，鼓舞斗志。[①] 纪念会开始后，救国会的主要负责人都先后讲了话，而李公朴是第一个上台发言的。他以慷慨激昂的言词，首先抨击上海市当局对召开纪念会的种种非难。接着他讲述了孙中山不畏帝国主义、北洋军阀的压迫，坚强不屈，毫不妥协的精神。他说：

> 中山先生最后一次由广东到上海的时候，日本新闻记者曾以你是广东大元帅，怎么可以上上海租界的话来威吓他。可是他说，上海是中国的地方，虽然有租界，但我们中国人终究是这领土的主人，主人翁当然有踏上他自己领土的权利。怕什么？后来他北上跟段祺瑞会面，因为那时他

① 《李公朴纪念文集》，第 241 页。

是坚决主张废除一切不平等条约，要粉碎那副帝国主义者加于我们头上奴隶枷锁的，而政府当局却蒙蔽了中山先生，在那里鬼鬼祟祟和帝国主义者谈亲善讲修改条约。等到他老先生听到这种确息后，他曾毫不留情、斩钉截铁的对当时权贵说："你们既然要和帝国主义妥洽，为什么还要欢迎我北上来共商国是呢？我是坚决主张废除一切不平等条约。"他那种坚强不屈的精神，是值得我们永远纪念他，永远学习他的！

接着，李公朴又说：

> 中山先生主张联合世界上以平等待我之民族，共同奋斗，尤其主张联俄容共，这些在现在，我们大家已认为要求中华民族的解放胜利，是必然要走的途径。可是在当时，我们实不能（不）敬佩中山先生目光的远大和见解的正确。民族危机到了这样间不容发的阶段，我们要纪念中山先生，只有用加紧民族解放斗争的行动，来纪念中山先生。[①]

当时，国民党政府正和日本驻华大使川越就解决中日争端在南京举行外交谈判，日方提出华北五省自治，中日合作防共，取缔抗日运动，解散救国团体等亡华条件。李公朴的演讲，一方

---

① 《上海各界救国会举行悲壮盛大的中山先生诞辰纪念会》，《救亡情报》，1936年11月15日。

面高度赞扬了孙中山的革命精神，特别是他的联俄联共扶助农工的三大政策；另一方面则要求国民党政府停止外交谈判，团结全国力量，共同抗日。因此，这篇演讲是切中时弊的。

从日本侵略者发动"九一八"事变，强占中国东北三省，到华北事变，民族危机进一步加深，亡国灭种的惨祸迫在眉睫，而当政的国民党坚持"攘外必先安内"，对外妥协，对内用兵，对民压迫。在这种局势下，李公朴在中国共产党的抗日民族统一战线思想影响下，在同中共党员柳湜、艾思奇合作共事中所受到的帮助和启示下，他摆脱了对国民党的幻想和彷徨苦闷状态，不顾国民党的高压政策和白色恐怖，发通电、作演讲、著文章，积极宣传抗日救亡，并和沈钧儒等人一起，领导救国运动，反对国民党错误的内外政策，强烈要求停止内战，团结一致，共同御侮，为宣传和准备抗日尽到了自己的力量，作出了贡献。毫无疑问，从这时起，他已完成了从旧民主主义到新民主主义革命的转变。李公朴最终为争取一个民主的新中国而以身殉国，是和他在救国运动中奠定的这种坚实的思想基础分不开的。

第四章

爱国入狱——“七君子”之一

第一节 被 捕

正当李公朴和救国会的其他领袖一起努力进行抗日救国工作，支援绥远抗战，援助上海纱厂工人反日大罢工时，日本帝国主义、国民党将毒手伸向了他们。

自从全国各界救国联合会成立后，日本驻沪机构领事馆等，就不断向国民党当局施加压力，要求取缔抗日运动，逮捕救国会的负责人。8 月 9 日，为反对日本在华北的猖狂走私活动，上海各界救国联合会举行上海民众缉私抵货大会，会后并举行了声势浩大的示威游行。次日，日本驻上海领事寺崎，立即访问上海市政府秘书长俞鸿钧，就上海市民学生缉私抵制日货事，要求严厉取缔一切抗日救国团体。[①] 10 月 28 日，上海日本报纸《日日新闻》登载消息说："最近南京政府拟对上海抗日救国联合会加以弹压，即上海抗日救国联合会近来积极活跃，企图结成抗日救国阵线，但国民政府最近以中日国交调整名目，以中国共产党叛变者刘华（假名）之[为]中心人物，召集上海蓝衣社指导部之上海特区最高会议，讨论如何弹压抗日救国分子。最后会议如左:

① 《救亡情报》，1936 年 8 月 16 日。

(一)将王造时、章乃器、邹韬奋等数十名之抗日救国联合会首脑部,以对付史量才之手段,处以死刑。(二)收买抗日救国联合会内之动摇分子,使其发生内部分化作用。(三)绝对禁止抗日救国联合会一切言论、出版、集会等公开行动。"[①]这则消息,赤裸裸地暴露了日本反动势力对救国会领袖的仇视,也真实反映了它们蓄意取缔救国会,暗杀救国领袖,压制救国运动的阴险图谋。11月上旬,上海日商纱厂工人数万人,因不堪日本资本家的剥削压榨,举行反日大罢工,提出增加工资、保护工人权益、反对日兵进厂压迫工人等12项条件。此举得到救国会的积极支持,并成立了罢工后援会,开展募捐活动。18日,日商丰田纺织公司船津总务到上海市政府会见市长吴铁城和秘书长俞鸿钧,提出要"取缔隐藏在罢工背后的赤色分子"。同日下午,寺崎奉总领事若杉之命,再次找到俞鸿钧,要求:(一)逮捕抗日救国会的幕后人物章乃器、沈钧儒、李公朴以及其他五人;(二)搜捕共产党;(三)镇压各大学内的危险分子;(四)镇压暴行犯。[②] 俞鸿钧表示,沈钧儒等人,早已在监视之中,但是要有确凿证据才能加以逮捕。寺崎认为要等确凿证据,那将是遥遥无期的,要求立即动手,并以出动日本海军陆战队相威胁。在日本帝国主义的压力下,国民党当局终于对李公朴等人进行镇压了。

1936年11月23日凌晨两点半,十几个租界巡捕房的西探和上海市公安局的便衣特务,开着两辆汽车和一辆摩托车,来到

---

① 《沪日报造谣》,《救亡情报》,1936年11月1日。

② [日]《日中战争》(五),日本现代史资料(13),第38页。

恩园路亨昌里24号李公朴的寓所。探警又是按门铃又是敲门，急骤的电铃声和敲门声，把李家全家人都惊醒了。李公朴走到凉台上一看，前门和后门都有警探把守，他明白是怎么回事，一面冷静地告诉家人“不要怕，看样子是捕房来抓人的”；一面去开门。门一开，几个警探一拥而入，不断地问，“谁是李公朴？”李公朴说：“我是。”他神态自若，临危不惧，为了抗日救国，早已作好了被捕入狱的思想准备。经过盘问之后，李公朴被逮捕了。和他同时被捕的，还有沈钧儒、章乃器、邹韬奋、王造时、沙千里、史良六人。

是日上午，李公朴和同在上海公共租界被捕的沈钧儒、王造时、沙千里被解送到位于浙江路的江苏高等法院第二分院受审（简称高二分院）。法庭上挤满了旁听的人，律师席上坐着李公朴等四人的亲友为他们请的律师。尽管法警和探捕重重叠叠地站在法庭上，戒备森严，但法院仍不免做贼心虚，宣布：“本案情节重大，禁止旁听。”[①]旁听席上的人不得不退出。随后法庭大门紧闭，审判开始。

因李公朴、沈钧儒和王造时都是由静安寺路捕房拘捕，所以法院先审问他们三人。原告方上海市公安局，由侦缉队的薛士林作代表。薛在拿不出任何犯罪证据的情况下，指控他们三人“有反动嫌疑”、“鼓动工潮”、“危害民国”等，并要求把他们移提到内地法院去。他们三人当庭驳斥了原告的诬蔑之词，申明是全国各界救国联合会的常务委员，主张抗日救国，抗议非法逮

① 沙千里：《七人之狱》，1938年4月武汉版，第18页。

捕，并坚决反对公安局违法移提。他们三人的九位律师，轮流进行辩护，指出："（一）逮捕时无法院捕状，违反特区法院决定；（二）被告等所犯为爱国未遂罪，毫无其他证件，应立予开释。"[①] 原告方公安局既拿不出证据，又无拘票，法院被迫裁定他们三人取保释放。当他们走出法院时，守候在大门外的群众，热烈地向他们鼓掌欢呼。接着，沙千里也经法院作了同样的裁定。章乃器、邹韬奋、史良三人，因是在法租界被捕的，所以被押解在卢家湾法巡捕房。是日下午，他们被送往高三分院审问。经过斗争，也被裁定无犯罪行为，不予起诉，先交责付律师保释。国民党迫害李公朴等人的阴谋暂时遭到挫折。

李公朴回到家中，稍事停留，便出外探访朋友，当晚也未住在家里。殊不料，仅仅几个小时，高二分院和高三分院又分别发出拘票，再次对沈钧儒、李公朴等七人实施逮捕。原来23日晚，上海市公安局以李公朴等七人保释后发现有犯罪事实，并有逃亡之虞为借口，致函法院，要求重新拘捕。[②] 于是法院立即发出拘票，沈钧儒、王造时、沙千里、邹韬奋于当夜再次被逮捕，而李公朴因未在家，未能捕到；史良则事先获知消息，躲藏了起来；章乃器本已在宋庆龄的安排下，住进法国人开的广慈医院以避难，但当他得知沈钧儒等人被重新羁押时，便于当夜离开医院到高三分院出庭。

24日下午，就在高二分院即将开庭审理沈钧儒、王造时的前

---

① 《沈钧儒等昨日再度被拘》，天津《益世报》，1936年11月25日。

② 《救国无罪》，第20页。

一刻钟，李公朴毅然来到法院出庭。李公朴自投到案，粉碎了上海市公安局污蔑救国会领袖有“逃亡之虞”的谎言。开庭后，杨福麟代表公安局给他们三人捏造了莫须有的罪名，说他们“阳假救国为名，阴施捣乱工作”。[①] 公安局的律师詹纪凤，诬称他们三人“曾鼓动人民与军警冲突”，“假救国为名和政府捣乱”，[②]要求准予移提至公安局。李公朴等三人先后做了申辩，坚决要求公安局提供具体事实，拿出证据来。李公朴质问说：“公安局说我们有鼓动工潮之嫌，究竟有什么证据？”[③]辩护律师鄂森辩驳说：“现在公安局来文亦说及(有)新事实发现，如认被告有共产党嫌疑，要求移提，须提出相当证据；若无充分证据，谈不到移送。”[④]公安局代表及其律师，瞠目不知所对。评议后，庭长郁华宣布：“李公朴、沈钧儒、王造时三人寓所，均在越界筑路范围，既非在租界内逮捕，自无所谓移送，应由捕房将李等带回被捕地点，交由公安局探员带去。”[⑤]就这样，他们三人被上海市公安局“迂回曲折”、“莫名其妙”的移提过去了。25日和27日，沙千里、章乃器和邹韬奋也被引渡到公安局。

国民党当局逮捕沈钧儒、李公朴等救国会领袖，由于害怕舆论谴责，上海市公安局曾通令各报不许登载，但《立报》和《华美

---

① 上海市公安局档案，50—1—624，未刊。

② 同上。

③ 同①。

④ 同①。

⑤ 《李公朴等七人前晚保释，昨又传讯》，《申报》，1936年11月25日；《救国无罪》，第21页。

晚报》没有理会这个禁令，于当日在第一版以显著位置刊登了这个消息。迫于压力，25 日，上海市当局才正式公布逮捕李公朴等七人的"罪状"："李公朴等自从非法组织所谓上海各界救国会后，托名救国，肆意造谣，其用意无非欲削弱人民对于政府之信仰。近且勾结赤匪，妄倡人民阵线，煽动阶级斗争，更主张推翻国民政府，种种事实，均可复按。政府当局年余以来，曲加优容，苦口劝喻，无如彼等毫不觉悟，竟复由言论见诸行动，密谋鼓动上海总罢工，以遂其扰乱治安、颠覆政府之企图，业经查有实据。现值绥边剿匪吃紧之际，后方尤应巩固，不得不行使紧急处置，以遏乱萌。……"[①]欲加之罪，何患无辞。这显然是颠倒黑白，强加给沈钧儒、李公朴等人的罪名。

按照《中华民国训政时期约法》规定："人民因犯罪嫌疑被逮捕拘禁者，其执行逮捕或拘禁之机关，至迟应于二十四小时内移送审判机关审问。"[②]但李公朴等六人被押解到公安局以后，一直没有进行审理。12 月 4 日，李公朴等人刚刚吃完午饭，公安局第三科科长黄华才通知他们，立即移送到苏州江苏高等法院，并要他们赶紧收拾行李。他们要求打个电话通知家属一声，也不允准。

下午 1 时半，李公朴等六人在十几个武装人员的押解下，乘大客车沿沪锡路向苏州驶去。从汽车上，他们望见日本人经营的工厂高悬着的日本国旗，傲慢地飘荡在中国的国土上，联想到

---

① 《中央日报》，1936 年 11 月 26 日。

② 《国民政府公报》，第 786 号，1931 年 6 月 1 日。

祖国的大好河山被侵略者一天天掠夺着，山河破碎的耻辱，把他们的心都压碎了。李公朴禁不住满腔的悲愤，唱起了《义勇军进行曲》，沈钧儒、章乃器等人也跟着唱起来，押解的武装人员也深受感动。在李公朴的指挥下，“囚犯”和押解人员共同高唱：“起来！不愿做奴隶的人们，把我们的血肉，筑成我们新的长城……”几十个声音汇成一片，激昂雄壮，有如怒涛汹涌。歌罢，大家互相鼓掌。热烈的情绪，熔解了“囚犯”和解差之间的界石。[①] 快到苏州时，李公朴代表沈钧儒、章乃器等人向押解人员致告别辞，说明国难的严重和救国会团结御侮的主张。他讲到沉痛时，声泪俱下，连押解人员也感动的流下了眼泪。

到了苏州高等法院，法院连夜对李公朴等人进行了所谓的审讯。沈钧儒第一个被叫进去，其他人依次传讯。审讯的内容与在上海市公安局时大同小异，什么救国会有“反对政府”，甚至有“推翻政府”的企图，“有袒护共党嫌疑”，“鼓动工潮”，“提倡人民阵线”等等。李公朴等人各自进行了答辩。审问后，他们便被送到吴县（今苏州）横街江苏高等法院的看守分所，开始了长达八个月的牢狱生活。12 月 30 日，史良到苏州投案，被羁押于司前街女看守所，与李公朴等六人羁押处相距两三条街，约两千米。

这就是震惊中外的“七君子”事件。[②]《礼记》曰：“博闻强识

---

① 沙千里：《漫话救国会》，文史资料出版社 1983 年 10 月版，第 43 页。

② “七君子”一词，最早见于黄炎培 1936 年 12 月 2 日日记（未刊），因当时史良尚未被捕，故称李公朴等六人为“六君子”。1937 年 6 月苏州审判开始前后，“七君子”一词才在报刊上出现。

而让，敦善行而不怠，谓之君子。”出于对李公朴、沈钧儒等七位爱国领袖的尊敬，出于对他们“爱国有罪”、蒙冤入狱的同情，人们把他们尊称为“七君子”。

第二节　坚持救国无罪

入狱后，李公朴和他的战友们始终坚持救国无罪的正义立场，同国民党进行坚决斗争。

入狱的第二天，即12月5日，李公朴等人考虑到国民党对他们的残酷迫害，案子不会很快结束。为了加强团结，齐一行动，他们决定成立临时组织。沈钧儒年高德劭，被一致公推为“家长”。章乃器、王造时、沙千里和邹韬奋分别做会计、文书、卫生、监察职务。李公朴则因为办理补习学校和图书馆，擅长处理事务，①被推任事务部主任。邹韬奋在《经历》中专门有一段话描述李公朴的事务部主任工作。他说：“公朴做事务部主任，稍微知道李先生的想都要佩服他的干事的才干。他所管的是好好贮藏亲友们送来的‘慰劳品’，有的是水果，有的是菜肴，有的是罐头食物，有的是糖饼。他尤其要注意的是今天吃午饭以前有没有什么红烧肉要热一下，明天吃晚饭以前有什么狮子头要热一下（虽然不是天天有肉吃）。大家看见草纸用完了，也要大声狂呼：‘事务部主任’，所以他是够忙的。”②胡愈之追忆去看守所探望他

① 沙千里：《七人之狱》，第84页。

② 韬奋：《经历》，第112页。

们的情形时说,李公朴好像总管,似乎特别在照顾着什么。[1] 大家分工合作,把六个人的生活安排得井井有条。早晨起床后,先到天井里去活动,锻炼身体;早饭后开始工作;午饭后略为休息,再继续工作。晚上,有时个人自由活动,有时聚在一起讨论问题。个人的工作或写字,或译书,或看书、著书,各听其便。李公朴在狱中除每天坚持临摹《张黑女志》数十字和学习作诗外,还

李公朴在狱中读书

① 《胡愈之文集》,第 3 册,第 577 页。

研究国内民众教育理论与实施方面的著作。更难能可贵的是，他将狱中的生活、工作和同国民党的斗争等，逐日记下来，成《狱中日记》二册，不仅为我们提供了李公朴本人在狱中的生活思想情况，而且也为我们提供了研究“七君子”狱中情况的宝贵史料，弥足珍贵。这里特抄录李公朴狱中诗一首如下：

羁押生活不自由，不自由后才知自由的好处！自由自由，大众的企求。

羁押生活不自由，不自由也有好处；若非如此，好友怎能长欢叙。

在羁押生活中，大家利害相同；六个人是一个人，[1]彼此互谅苦衷。

在羁押生活中，并无彷徨的烦恼；因为过去的一切，没有什么做错了。

自知不易，知人更难；在羁押的生活中，友谊增进了无穷！

不要怨人不了解你，只怕你不了解人；四个月羁押生活中，我于此领悟重重！

羁押生活单调，大家不妨“胡闹”！引吭乱叫，轰然大笑，所为何事，莫明其妙！[2]

---

① 原诗句为：六个是人一人。

② 李公朴手稿原件，见《李公朴》（画传），第47页。

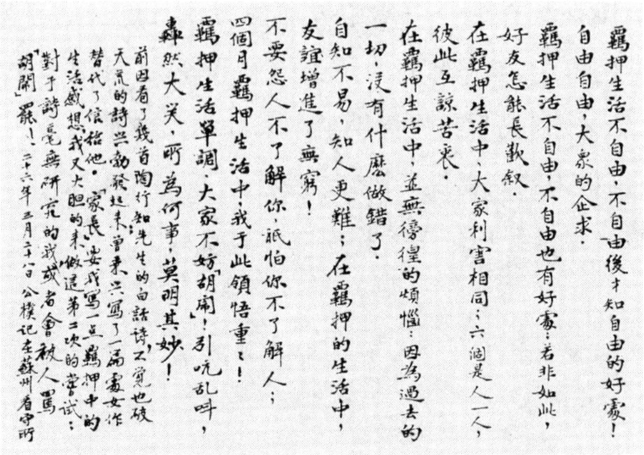
羈押生活不自由，不自由後才知自由的好處！
自由自由，大家的企求。
羈押生活不自由，不自由也有好處；若非如此，
好友怎能長歡叙。
在羈押生活中，大家利害相同；六個是人一人，
彼此互諒苦衷。
在羈押生活中，並無徬徨的煩惱；因為過去的
一切，沒有什麼做錯了。
自知不易，知人更難；在羈押的生活中，
友誼增進了無窮！
不要怨人不了解你，祇怕你不了解人；
四個月羈押生活中，我于此領悟重重！
羈押生活單調，大家不妨「胡鬧」！引吭乱叫，
轟然大笑，所為何事，莫明其妙！
前因看了幾首陶行知先生的白話詩，不覺也破
天荒的詩兴勃發起来，曾乘兴寫了一篇處女作
替代了信給他。「家長」要我寫一点羈押中的
生活感想，我又大胆的来做這第二次的嘗試；
「對于詩毫無研究的我，或者會被人罵
「胡鬧」罷！ 二十六年三月二十日 公樸記在蘇州看守所

李公朴在狱中书写的生活感想，充满了乐观的情绪。

李公朴在诗的题记中说：

前因看了几首陶行知先生的白话诗，不觉也破天荒的诗兴勃发起来，曾乘兴写了一篇处女作，替代了信给他。“家长”要我写一点羁押中的生活感想，我又大胆的来做这第二次的尝试。对于诗毫无研究的我，或者会被人骂“胡闹”罢！

李公朴等六人关押的地方，是看守所新建的一处病房，是个独立的监狱式的大庭院。一面是一列六间平房，另一面是一堵大高墙，中间是个大天井。六间平房，两间是看守住的，一间用作饭厅和会客室，其余三间每两人一间。李公朴和沙千里住一间，称为第四号室。每个房间的窗下都装有铁格子，房门是厚的木板门，门上挖有一个五寸直径的小圆洞，很粗的铁闩装在门

外。由于李公朴他们是特殊的政治犯，所以生活及居住条件远优于一般囚犯。

其实，李公朴等六人一起被羁押在上海市公安局时，他们就已经结成了一个战斗的集体。当时沈钧儒提出，“六个人是一个人”，得到李公朴等人的一致拥护。为了有一致的主张和行动，他们共同议决了三项基本原则：关于救国会团体的事，应由团体解决；关于六个人的共同事情，应由六个人共同决议解决；关于各个人的事，应由每个人自己负责。① “六个人是一个人”，就是说在羁押期间，风雨同舟，患难与共，有罪大家有罪，无罪大家无罪；羁押大家羁押，释放大家释放。倘若国民党当局再有压迫他们作脱离救国会的表示，或将他们六人分别处置时，他们就一致以绝食来抵抗。②

12 月 12 日，西安事变爆发，张学良、杨虎城两将军发动“兵谏”，扣留蒋介石，提出改组南京政府，停止一切内战，立即释放上海被捕的爱国领袖等八项抗日救国主张。国民党政府认为，张学良、杨虎城提出的八项抗日救国主张，与救国会的主张相同，八项主张之第三项，又是要求立即释放上海被捕之爱国领袖，而且救国会在事变前 20 天致电张学良，希望他火速坚决要求蒋介石援绥抗日；张学良在“七君子”被捕后，激于义愤，曾独自飞往洛阳，会见蒋介石，央请他释放“七君子”。这一切本来都是无可非议的爱国行为，国民党当局却视为救国会领袖“勾结军

① 韬奋：《经历》，第 127 页。

② 《被捕救亡诸领袖拘禁中态度坚决》，《救亡情报》，1936 年 12 月 9 日。

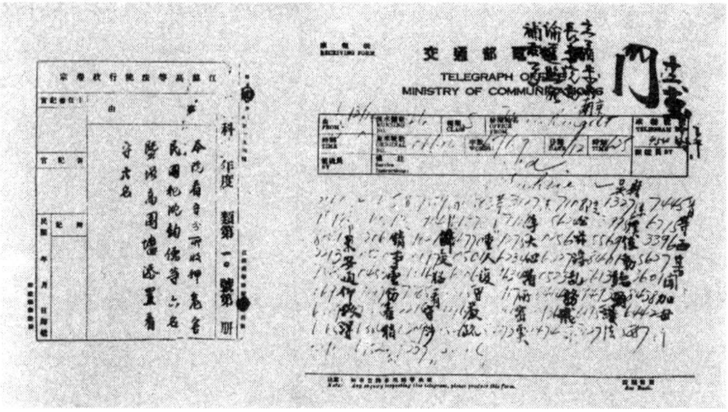

1936年12月12日西安事变发生，南京国民党政府司法行政部电饬苏州江苏高等法院对李公朴等严加看守。这是电报原文。

人，谋为轨外行动”，[①]即“煽动”西安事变，因而迁怒于李公朴、沈钧儒等人。在国民党召开的应付西安事变的紧急会议上，CC系陈果夫、陈立夫主张枪毙李公朴等六人，以警告张、杨，幸为冯玉祥所阻。[②] 这项杀人的动议虽未通过，但对李公朴等六人采取了严厉措施。南京政府司法部密电苏州江苏高等法院：“李公朴等案情重大，兹值西安事变，人心浮动，其通电尤复淆乱听闻，仰饬看守所务加派看守，严密戒护，毋得稍涉疏虞。”从12月14日起，不仅看守所门口增加了岗哨，而且宣布不许他们接见任何人，包括家属在内，并不准看报。他们见形势突然变得紧张起来，意识到在混乱的形势下，可能会发生意外的牺牲。他们一起讨论议定，如果把他们绑出去枪毙，他们要从容就义，高唱《义勇军进行

① 《救国会》，第235页。

② 《救国会》，第463页。

曲》，并高呼“打倒日本帝国主义！民族解放万岁！”等口号。

按照国民党政府法定的羁押侦讯期两个月计算，从 1936 年 12 月 4 日到 1937 年 2 月 4 日，国民党当局对“七君子”所谓的侦讯期就应该结束了。然而，江苏高等法院却裁定：对“七君子”的侦讯期延长两个月。到了 4 月 3 日，延期侦查的期限又已届满，李公朴等人收拾行装，作出狱准备。不料是日晚，他们却收到了江苏高等法院检察官翁赞年提出的“起诉书”。该“起诉书”秉承南京政府的意旨，对李公朴等 14 人[①]罗织了“十大罪状”，说他们“有意阻挠中央根绝赤祸之国策”；“不承认现政府为有统治权，并欲于现政府外更行组织一政府”；“蔑视政府，故为有利于共产党之宣传”；提倡“人民阵线”，有“国际背景、政治野心”；“抨击宪法”；煽惑工潮，“以遂其不法之企图”；“宣传与三民主义不相容之主义”；“勾结军人，谋为轨外行动”，酿成西安事变；参加以危害民国为目的之团体等。认定他们“所犯法条”为“共同以危害民国为目的而组织团体，并宣传与三民主义不相容之主义，依刑法第十一条、第二十八条，系共犯《危害民国紧急治罪法》第六条之罪”，[②]提起公诉，并“依法审判”。

此时，西安事变已和平解决，蒋介石国民党同意停止内战，联共抗日，释放爱国领袖及一切政治犯。随后国民党召开五届三中全会，其基本国策开始转变，即由内战、独裁和对日不抵抗，

---

① 除李公朴、沈钧儒等七人外，尚有救国会重要成员陶行知、张仲勉、陈道弘、陈卓（此四人未到案，受通缉）、罗青（在押）、任崇高、顾留馨（此二人在保）。

② 《江苏高等法院检察官起诉书》，上海《大公报》，1937 年 4 月 4 日。

向着和平、民主和抗日方向转变，抗日民族统一战线初步形成。在这种情况下，李公朴等人提倡全国团结，共赴国难，停止内战，一致抗日，襟怀坦白，光明磊落，理应无条件释放。国民党当局却蓄意歪曲，罗织罪名，仍然把他们的救国行动当作“危害民国”来判罪。救国究竟是有罪还是无罪，不只是李公朴等“七君子”个人的事，而且关系到整个救国运动。为坚持救国无罪，“七君子”在狱中同国民党展开了激烈的斗争。他们商定，聘请律师进行辩护和起草答辩书。

经过紧张的准备，李公朴聘请汪有龄、鄂森和陈志皋为律师，沈钧儒等人也每人聘请了三位律师，组成了一个强大的辩护律师团。“答辩状”也于6月7日刊登上海各大报。“答辩状”针对起诉书中种种诬陷不实之词，一一予以驳斥，并有力地指出：起诉书“以被告等爱国之行为，而诬为害国；以救亡之呼吁，而指为宣传违反三民主义之主义，实属颠倒是非，混淆黑白，摧残法律之尊严，妄断历史之功罪”；强烈要求依法判决七人无罪，“以雪冤狱而申正义”。①

与此同时，李公朴等人为力争救国无罪，对国民党的诱降迫降活动进行了坚决的斗争。3月26日，蒋介石派国民党浙江省党部头面人物罗霞天到苏州狱中探访，罗对沈钧儒说，只要发个声明，再到反省院办个手续，即可释放。② 沈钧儒将此情转告其

---

① 《沈钧儒等答辩状》，《申报》，1937年6月8日至15日。

② 沈谱、沈人骅编：《沈钧儒年谱》，第168页，中国文史出版社1992年5月版。

他人，他们一致认为，此举无异写悔过书，表示投降，坚决不能干。接着，国民党中央秘书长叶楚伧派上海法学院院长褚辅成以及杜月笙、钱新之出面，要求李公朴等人“应顾到党部威信”，不递辩诉状，审判时不作任何辩护或上诉，然后押送南京反省院，写具悔过书，即可到南京去做官，去庐山见蒋介石“聆训”。这一要求，再次遭到“七君子”的严正拒绝。他们认定个人自由事小，争取救国无罪的事大，宁可不出狱，决不丧失立场和有损人格。李公朴的《狱中日记》中，多处记述了他个人及沈钧儒等人力争救国无罪的坚定立场，下面从中摘录几段：

> (1937年5月4日)褚慧老[①]来告中央叶楚伧等对本案意见，令人感触殊多。……我的向来主张是抗日不反对政府，现在我却并不因为受了冤屈就改变主张。中华民族若再分裂，即无以图存。政府在文字上决议案虽有表示，[②]但事实上仍实行得不够，我们应继续促政府反省，个人坐五年牢是一件小事体。关于案件的进行，在法律方面，严格的依规定进行，尽力的依法争持，不稍顾忌。在政治方面，则尽人力以待天命，但绝不企图早几天恢复自由而做自毁立场的事。我们过去的工作若不是为自己的，那么我们现在也就不应为自己有所迁就。中国社会上的正义之气已经微弱的很，但是我们不能再自我来削弱它的力量。

---

① 即褚辅成，字慧僧。

② 指国民党五届三中全会通过的接受抗日民族统一战线政策的有关决议案。

(5月16日)今晨汝兼兄[1]与杜重远兄来述及沪传闻种种。吾人最后表示态度——我们虽急切的希望恢复自由,但以不失过去立场与个人人格为限。如其不然,则我们固早具坐牢之决心耳。开庭后,我们仍本素来主张,说我们应该讲的话。我们无论政府如何,我们共同总是立在和平统一、救亡图存的立场上,希望一切。我们一方面向各方解释误会,但决非乞怜求人情的事。同时关于法律的程序,则除非撤销公诉以外,我们总照例按步进行。我们虽不能拒绝任何强制执行的去处,但我们将誓死不签署任何有失立场与人格的书面文件。

(5月27日)关于本案,我们始终自信无罪。……如果要骗我们自动做不愿做的事,说违背初衷的话,则我们是相信那是不可能的,虽暴力也无用处。

(6月1日)判罪送反省院事,弟等绝对未同意,救国无罪,亦无反省之可言。弟等为公为私,对此点均须力争到底。……自问无罪,天下亦尽知其无罪,为国家民族前途计,亦终认救国无罪四字应令其永留于史册。

(6月9日)对本案态度,始终坚守不妨碍救国运动及不侮辱个人人格之原则,为救国无罪而努力。诚以个人受屈事小,国家前途及民族气节事大也。

(6月28日)关于悔过书一点,在最早的时候,就有人暗示过,我们曾坚决的明白说这是不可能的。……此次观叶

① 沈钧儒的长子沈谦。

（楚伧）电，竟仍谓须悔过，真不知是何用意。吾人力争人格，乃为国家民族保存正气，应早为中央如叶先生等人所详知。到庐山是蒋先生要我们去，非我们求去，今以具悔过书为我们赴庐山的条件，是直等于不要我们赴庐山耳！

（7月1日）家属来谈及各方面有入狱运动之发起，闻之甚感动。民不畏死，奈何以死惧之。为了民族的生存来力争生存的权利，与其不争而待将来受辱的死于敌人汉奸的魔手中（如现在东北同胞所受者），反不如在我自己人统治中而入狱。入狱入狱，是谁所欲。爱国有罪，入狱何辱。和平统一，和平入狱。[①]

由此可见，李公朴虽身系囹圄，仍然铁骨铮铮。为坚持救国无罪，不仅立场鲜明，态度坚决，而且正气凛然，有力地抵制了国民党的劝降迫降阴谋。他和他的战友无愧于"七君子"的称号。

第三节　法庭上的斗争

1937年6月11日，苏州江苏高等法院开庭对李公朴等人进行第一次审讯。

上午11时半，在蒙蒙细雨中，他们七人分乘四辆汽车，在全副武装的宪兵和警察的押解下，来到江苏高等法院。这时，法院

① 李公朴《狱中日记》，见《伟大的民主战士李公朴》，第80、87、91、95～96、100、103页，并据日记原件校对。

大门外早已挤满了人群，有“七君子”的家属，有上海、南京、苏州等地的新闻记者，还有上海的知名人士张元济、沈立、陶家瑶以及苏州有名望绅士张一麐和李根源，他们五人都是70多岁的老人。人们怒容满面，愤慨不平，要看看国民党政府怎样处置这批爱国犯。政府当局事前宣称审判公开进行，一看见这么多愤愤不平的群众，临时贴出布告：“停止公开，所有已发出之旁听券，一律无效。”[①]看到布告，鹄立在雨中整整等了一个上午、衣服淋得几乎湿透的人们，更加愤慨，要往法院里冲；张曼筠、胡子婴、沈粹缜等家属，气愤异常，在门外高声喊道：“为什么不公开？”“这是司法吗？”[②]坚持要参加旁听。张一麐亲自进入法院进行交涉。李公朴等被告提出强烈抗议，宣称不公审不发言；被告辩护律师也表示要保持缄默，以示抗议。法院无可奈何，被迫允许家属和新闻记者入内旁听。

审判开始后，审判长问了沈钧儒、章乃器、王造时，接下去便是审问李公朴，这时已是下午5时13分。他自信救国无罪，对审判长的讯问，从容不迫、镇定自如地作了雄辩有力的回答，在法庭上展开了一场尖锐合法的斗争。下面是当时审问李公朴的部分摘录。

审判长问：救国会做点什么事？

李公朴答：救国会的任务是站在民众的立场，要求各方

---

① 《救国无罪》，第70页。

② 《立报》，1937年6月12日。

停止内部摩擦,在中央领导之下集中一切力量抗日。

问:各党各派呢?

答:各党各派包括国民党、共产党等等。要知道民族危机已经超过党的利益,所以为国家着想,大家应该团结一致,我们以民众立场要求各党各派团结。

问:介绍谈判呢?

答:我和在中央的友人谈起,他们认为其他党派不了解中央的困难,所以觉得有用民众的地位介绍谈判的需要。这是我们的一种愿望,并无意帮助谁。

问:统一的抗敌政权呢?

答:关于这一点,许多人都不很清楚。在全救会成立后,华北局势非常危急,救国会乃作统一抗日政权的呼号,就是要充实政府抗日的力量。

问:对于国民党一党专政呢?

答:被告觉得一党专政不专政,没有关系,只要能抗日都可以。

问:对于宪法反对吗?

答:被告没有反对过。不过那时认为华北冀东伪组织、华北伪自治等事实勃起,敌人侵略日甚,所以觉得宪法没有比马上抗日来得重要。

问:用普选方法召集国民大会是什么意思?

答:国民大会是国民的,并不是少数人包办的。这点孙中山先生十三年北上宣言说得很清楚,希望国民政府的国民大会完全是孙中山先生这一遗教的实现。

问:救国会不是想另行组织抗日政府吗?

答:救国会只有主张国民政府领导一切力量,立即抗日,没有另行组织政府的意思。

问:救国会登记没有?

答:救国会的目的是抗日,不比其他团体,登记的时候,政府为了外交关系未必能明白表示准许。事实上,被告等曾经为了救国会的事情,几次见过吴市长,而且还见过蒋委员长等中央要人,他们都曾经竭诚相待,对抗日一层,更没有不同的意见。

问:罢工后援会你知道吗?

答:知道的。

问:后援会是怎样组织的?

答:在总理诞辰会上有人提议组织,我也参加。

问:西安事变你知道吗?

答:不知道。

问:那么,打电报给张学良你知道吗?

答:电报是知道的,而且那电报还打给国民政府、傅作义、宋哲元、韩复榘等,以及军事长官,请他们出兵援助。①

问:人民阵线与救国阵线有分别吗?

答:据我个人知道,人民阵线是法国、西班牙的人民团结一致,对付他自己国内资本家、地主、保皇党的阵线,目的是对内夺取政权;民族救国阵线是全民族抗日救亡阵线,除

① 指救国会吁请他们援绥抗日的电报。

卖国贼汉奸外，都应该加入，都欢迎加入的。[1]

此时辩护律师汪有龄和陈志皋起立发言，要求法院就关于罢工后援会有涉嫌煽动日厂工人罢工问题，调查是因为日本资本家的压迫而罢工的呢，还是由被告等的煽动而罢工的。遭到审判长的拒绝。李公朴也要求进行调查，取得证据。审判长摇摇手，不加置答。

李公朴充分发挥他的演说天才，把法庭当作宣传抗日的讲坛，以洪亮有力、简洁坚决的语言，明白晓畅的说理，阐述了他和救国会团结全国力量抗敌御侮的政治主张，反驳了审判长对他的讯问。邹韬奋在《患难余生记》中特别记述了李公朴在法庭上的辩驳情形。他说：

当时我们几位为着救亡运动而身入囹圄，在个人方面的利害都看得很轻，仍然注意于如何开展救亡运动，以达救国的目的。因此对于公开审问，认为是宣传救亡的一种机会，一点不肯放松。尤妙的是李公朴先生，他好像在学校时代准备演说竞赛似的，不但把所备的材料念得烂熟，而且还要在号子里大练其嗓子。他的身体本来很坚强，嗓子本来很结实，再经一练，更要震动屋瓦。在开审的那一天，我们在待审室里，就听得到他在法庭上哗啦哗啦，大家已不禁失笑。他被审问后跑出来，第一句就急急地问："我的嗓子如

---

① 《救国会》，第297～300页。

何？我的嗓子如何？”我说：“你放心，一两千听众一定会对于你的救亡伟论都听得清清楚楚。”他听了才用手拉拉他嘴旁像张飞般的那一大把胡子，把心放下，好像如释重负似的。[1]

经过长达五小时的反复审讯和辩论，江苏高等法院没有得到任何可以对“七君子”定罪的口供和依据，审判长宣告退庭，第二天继续开庭。

国民党政府原来的部署是，对李公朴等人第二天结束庭审后即当场判罪。为了挫败国民党当局随审随判、强迫送反省院的部署，李公朴等人回到看守所后，和他们的辩护律师讨论研究，决定在次日开审前，由他们七个人按照《刑事诉讼法》条文规定，以审判长拒绝对起诉书列举的事实进行调查和对证为理由，向法院提出《声请回避状》，要求主审的审判长和推事全体回避，律师也宣布罢席。这一举动打乱了司法当局的部署，使他们不得不推迟开庭。

6月25日，大雨滂沱，江苏高等法院对李公朴等人进行第二次审讯。这次开庭和第一次一样，仍戒备森严，只许家属和新闻记者入内旁听。法院方面，除检察官仍为翁赞年外，审判长则换为朱宗周，推事改为朱岳和张泽甫，书记官为管翎飞。上午11时37分，李公朴被传审。审判长问李公朴：“联合各党各派就是容共吗？”李公朴高声说：“不同的。联合各党，是‘九一八’以后、国

---

① 韬奋：《经历》，第345～346页。

难会议以来上下的共同主张。内容是化除成见，共同抗日。检察长大惊小怪，竟牵涉到容共上去了，真是不懂。”审判长十分尴尬，又问到：“救国会的宣言上和纲领上不是有建立抗日政权吗？”李公朴捋了一下长髯，气愤地看了一眼审判长，答到：“我很奇怪，现在竟有人以为共产党说过的话，别人都不能说，共产党说抗日，别人就不能说抗日。国难如此危急，共产党既然愿意抗日，我们当然欢迎。”当审判长问“你被共产党利用，你知道吗”时，李公朴反问道：“四万万人都要抗日，我相信审判长也抗日的，难道也被共产党利用吗？”审判长张口结舌，无言可对，接下来问道，“日本纱厂罢工后援会是怎样组织的？”李公朴回答说，是在孙中山诞辰纪念会上当场成立的，并直言不讳地说，“我也参加了”。又说：“如果审判长那天也参加此会，听了罢工工人的紧急呼吁，也会慷慨解囊援助他们的。”①李公朴在法庭上大义凛然，慷慨激昂的陈词，把审判长弄得理屈词穷，狼狈不堪。

下午，继续开庭审理，当检察官诬蔑“七君子”煽动西安事变时，被告和律师群起反驳，要求传讯张学良作证。李公朴不顾什么庭规不庭规，跑到翁赞年面前说：“请问检察官侦察四月，那样有利被告证据曾加调查，现请检察官另外调查。”②法庭上群情激愤，被告沈钧儒、章乃器、邹韬奋、沙千里、史良等人以及辩护律师李文杰、刘祖基等人纷纷发言，一致要求检察官就西安事变与被告的关系，向张学良调查。最后，审判长不得不宣布，“决定向

---

① 陆诒：《七君子受审旁听》，《文史资料选辑》，第73辑。
② 《更新审理沈钧儒等案》，《立报》，1937年6月26日。

军事委员会调查审问张学良的案卷,定期开审”。[1]

第二次审讯又未得丝毫结果,再次以审讯者的无理失败而告终。

随后,江苏高等法院以“证据尚未调查完备,尚有继续羁押之必要”为由,将李公朴等人的羁押期自7月5日起,再延长两个月。[2] 并于6月28日致函军事委员会调查张学良的案卷。7月6日军委会复函称,张学良只肯定沈钧儒等人的爱国行动,并没有与他们“勾结”的事情。[3] 这就给那些利用西安事变来栽赃陷害“七君子”的人一记响亮耳光。江苏高等法院这种极端不得人心的审讯,实际上再也无法继续进行下去,所以后来并未再次开庭。

第四节　声势浩大的营救运动

自从李公朴、沈钧儒等人在上海因“救国有罪”被捕后,激起了全国人民的极大义愤,全国各界爱国人士,纷纷发表宣言、函电和评论,掀起了一浪高过一浪的营救运动,要求国民党当局立即无罪释放“七君子”。

就在李公朴等人被捕的当天,即11月23日,宋庆龄即委托孙科带函给国民党军事委员会副委员长冯玉祥,请他进行营救。她在信中表示,对“七君子”无辜被捕,“殊为愤慨”,并指出:“我

---

① 《救国无罪》,第121页。

② 《救国无罪——“七君子”事件》,第120页。

③ 周天度主编:《七君子传》,中国社会科学出版社1989年8月版,第99页。

国东北失地几及六省，而绥远战事又已爆发，国难严重至此，正国民急应奋起救国之时，章先生等系救国会办事人，救国为全国国民责任，岂救国者即为共产党乎？”[①]26日，她以全国救国联合会执行委员之一的身份，公开发表声明，抗议无辜逮捕救国会七领袖，反对此等违法逮捕，反对以毫无根据的罪名横加于七领袖。[②] 稍后，她还介绍李公朴、章乃器、邹韬奋等人的家属到南京和冯玉祥接洽，商量营救办法。

11月24日，全国各界救国联合会为救国会领袖无辜被捕发表《紧急宣言》，指出：“全国各界救国联合会领袖们的行动是公开的，是大公无私的，光明正大的，可以昭之天日而无愧的。”认为国民党当局无辜逮捕救亡领袖，“实在是一种对于全国人民爱国运动的一种公开的无理摧残，在这日帝国主义进攻绥远的今天，更完全是一种在客观上助长敌人势力的行动”；表示“救国会的人士既以身许国，决不是逮捕等等足以阻遏其志的。如果当局不愿人民救国，一定要人民做垂手听命的顺民、亡国奴，那么一切不愿做亡国奴的人们，也都一定会自动起来争取他们的生存权利的”。[③] 27日，全救会再发表《告当局及国人书》，对上海市当局25日正式公布的强加于七人的罪名，一一予以批驳，严正指出：“此次敝会七领袖于一无罪证之情形下，即为市公安局会同英法租界捕房所逮捕，于法律上言之，实为非法；就领袖本身

---

① 《宋庆龄冯玉祥营救“七君子”电函选》，《民国档案》，1985年第2期。

② 《宋庆龄先生为全国各界救国联合会七领袖被捕声明》，《救亡情报》，1936年11月29日。

③ 《救亡情报》，1936年11月29日。

言之，实为无辜。”并呼吁国民党当局：“应集中全国注意力于日帝国主义者之侵略行动，及日帝国主义者对华所有之汉奸活动，勿再以赤诚之爱国者作为罪犯。”[①]要求国民党当局立即释放诸领袖。

中国共产党的《红色中华》报和巴黎《救国时报》分别发表《反对南京政府实施高压政策》、《争取救国自由》等文章和社论，营救“七君子”。前者指出：“最近上海救国领袖章乃器、邹韬奋、李公朴、王造时等先生的被南京政府将其扣押，这种行为实为全国人民所痛心疾首的。全国人民决不会为南京政府的爱国有罪政策所威胁而坐视中国的灭亡，必须再接再厉，前仆后继，来发展正在开展着的全国救亡运动。”[②]后者则号召海内外爱国同胞和救国团体一致行动起来，反对南京政府“爱国有罪的暴政”，援救爱国领袖，争取救国自由。[③]

北平、天津、成都、广州、广西、山东等地各界爱国人士和救国团体，或致电南京国民政府，或发表文章、社论，或举行群众集会，以各种不同的方式，发起了援救爱国七领袖的运动。

国民党内的一些党政上层人士，诸如在南京的国民党中央委员于右任、冯玉祥、孙科、李烈钧、蔡元培等，广西实力派人物李宗仁、白崇禧等，著名爱国将领蒋光鼐、蔡廷锴等，也都对国民党逮捕爱国领袖表示不满，纷纷采取行动，援救“七君子”。

---

① 《救亡情报》，1936 年 11 月 29 日。

② 《红色中华》，1936 年 11 月 30 日。

③ 《救国时报》，1936 年 11 月 30 日。

旅居海外的华侨以及全欧华侨抗日救国联合会、巴黎中国学生会、旅法华工总会等，也纷纷致电南京政府，要求释放致力救国活动的救国会七位领袖。此外，国际知名人士爱因斯坦、杜威、罗素等，也纷纷致电南京政府和蒋介石，对救国会领袖的被捕表示关怀，希望立即释放七位抗日志士。

然而，国民党当局对这一切抗议、呼吁都置若罔闻，不予理睬，而且加紧了对七人的迫害。江苏高等法院于次年4月对他们提起公诉，6月开庭审判。此时西安事变已和平解决，国民党召开了五届三中全会，标志着国民党已从十年内战、独裁和对日妥协，开始转向和平民主和抗战的道路，因此，对李公朴等“七君子”救国入狱案件的处置，不仅仅关系到七领袖本身的安全，而且关系到救国运动的命运，时局之发展，更“要影响整个民族的前途”。[①] 于是全国各方面掀起了新的营救抗议浪潮，强烈要求国民党当局对李公朴、沈钧儒等人宣判无罪释放。

4月11日，毛泽东致电潘汉年说，起诉“七君子”，“完全违反民意，违反两党团结对外主旨，望即入京向陈、张诸君提出严重抗议，并求迅即具体解决”。[②] 同一天，周恩来致电参加国共谈判的国民党代表张冲，指出此种作法，“大失国人之望”，希望张“进言当局，断然改变此对内苛求政策”。[③] 12月，中共中央发表宣言说，救国会领袖“以坦白之襟怀，热烈之情感，光明磊落之态度，

---

① 《救国会》，第246页。

② 《毛泽东年谱》，第668页。电文内“陈、张”指国民党谈判代表陈立夫、张冲。

③ 《周恩来年谱》，第361页。

提倡全国团结,共赴国难,停止内战,一致抗日,此实我中华男女之应尽责任与光荣模范,而为中国及世界人民所敬仰”。要求立即释放他们,并彻底修改《危害民国紧急治罪法》。[①]

全国以上海为中心,热烈开展了营救运动。其中尤以宋庆龄、何香凝等人倡导的救国入狱运动影响最为深远,感人至深,把营救“七君子”的运动推向了一个新的高潮。

在江苏高等法院对李公朴等人进行第二次审理的当天——6月25日,宋庆龄等人发表《救国入狱运动宣言》。宣言称:“沈钧儒等七位先生关在牢里已经七个月了。现在第二次开审,听说还要判罪。沈先生等犯了什么罪?就是犯了救国罪。救国如有罪,不知谁才没有罪?我们都是中国人,我们都要抢救这危亡的中国。我们不能因为畏罪,就不爱国,不救国。所以我们要求我们所拥护信任的政府和法院,立即把沈钧儒等七位先生释放。”坚定表示,如果不释放,“我们就应该和沈先生等同罪。沈先生等一天不释放,我们受良心驱使,愿意永远陪沈先生等坐牢”。[②] 是日,宋庆龄等16人还向江苏高等法院送交了状纸,表明“爱国无罪,则与沈钧儒等同享自由;爱国有罪,则与沈钧儒等同受处罚”。[③] 26日,宋庆龄、何香凝等人,邀请上海新闻界发表书面谈话,详尽地说明了他们发起救国入狱运动的动机、经过。谈话指出,如果法庭判定李公朴等爱国领袖有罪,“那就将成为

① 《解放》周刊,创刊号,1937年4月24日。

② 《救国无罪》,第129页。

③ 《救国无罪》,第128页。

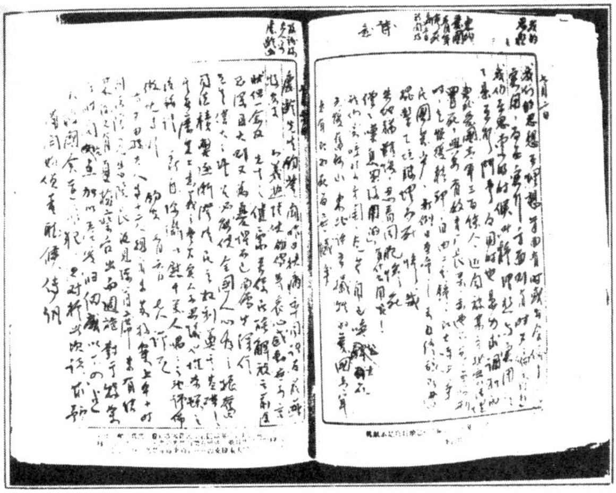

李公朴7月6日日记记载七人致宋庆龄函的信稿

世界上空前未有的冤狱了”,“而且在政治上要铸成大错”。因为沈钧儒、李公朴等人因组织和参加救国会而被判罪,那么一切参加救国会的都有罪,而且以后人民组织参加任何爱国团体,也都会有罪。“这关系就决不是沈先生等七位,而是全中国四万万五千万爱国的人民,而是整个中华民国的前途。所以七位先生事小,而抗日救国事大,救国有罪这一个恶例是万万开不得的”。①7月5日,宋庆龄扶病携带简单行李,偕同胡愈之、彭文应、胡子婴、沈兹九、陈波儿、张天翼、张宗麟等共12人,冒着溽暑酷热,到苏州准备入狱。

救国入狱运动,这在中外历史上还是第一次,而且是由宋庆龄和何香凝两位夫人发起的,由此在社会上引起强烈的反响,各

① 《“一二·九”后上海救国会史料选集》,第356页。

界人士踊跃参加。作家、导演、演员、音乐家、大学教授、教师和学生以及公司洋行职员等等，纷纷向江苏高等法院具状，愿与李公朴等爱国领袖同受处罚或同享自由。

风起云涌的救国入狱运动，给国民党当局以强大的政治压力，使他们不敢对“七君子”贸然判罪。同时，也使身系囹圄的李公朴等人深受感动，给他们以莫大的鼓舞。李公朴在7月1日的日记中写道：“家属来谈及各方面有入狱运动之发起，闻之甚感动。民不畏死，奈何以死惧之。……入狱入狱，是谁所欲。爱国有罪，入狱何辱。和平统一，和平入狱。”7月6日，他们七人联名写信给宋庆龄，对她扶病率同诸友来苏投案，深致感谢之忱，并请她保重身体。

第五节　出　狱

就在全国掀起新的营救“七君子”的浪潮时，国民党内部蒋介石与强硬分子叶楚伧等人之间，对如何处理“七君子”案也有矛盾和分歧。我们先追溯一下蒋介石最初对逮捕李公朴等人的态度。

李公朴等人羁押在上海市公安局时，冯玉祥曾密电蒋介石，认为他们热心国事，设立救国会，宣传救国，并非如某些报纸所宣传为共产党和捣乱者，“其存心可为一般人所谅解，今若羁押，未免引起社会之反感，而为日人挑拨离间之口实”；请求蒋介石电令释放，以示宽大；并表示在他们被释放后，自己愿意和李烈钧、孙科等人一起，“招其来京，共同晤谈，化除成见，在中央统一领导之下,为抗日救国努力”。[1] 蒋介石复电说:“沈钧儒、章乃器等诸人,有为中(蒋自称)所素识者,亦有接谈数次者。前曾以国家大势、救国要义向之详切劝导,乃彼等不惟不听,而言论行动反日益乖张,若非存心祸国,亦为左倾幼稚病,中毒已深,故尔执迷不悟。近更乘前方剿匪紧张之时,鼓吹人民阵线,摇惑人心,煽动罢工,扰乱秩序。……若非迅予制裁,不特破坏秩序,危害民国;即彼等自身,亦必重陷于不可赎之重大罪恶。值此国难严重,固当集中心力,爱惜人才,但纲纪不能不明,根本不能不顾,故此时处置,正所以保全彼等,使不得更趋绝路以祸国。中意除依法惩处,不令放任外,仍当酌予宽待,以观其后。务望兄等同此主张,以遏乱萌,而正视听。”[2]可见,蒋介石这时对“七君子”的态度是严厉镇压。西安事变与三中全会之后,国内和平统一的局面已成,抗日准备已在进行,蒋介石对处理李公朴等人的态度也开始发生变化。五六月间,蒋介石为了表示团结抗日,准备邀集一些社会名流在庐山开会,共商抗敌御侮、复兴民族的大计,他把“七君子”也列入邀请之列。但“七君子”仍羁押在江苏高等法院,为使他们能及时赴庐山出席会议,6 月初的一天,蒋嘱咐叶楚伧,早些结束该案,不要再拖延下去了。叶楚伧是国民党内处理“七君子”案的强硬派代表,坚持要先在苏州高等法院审讯一下,然后押解南京反省院,具结“悔过”,再由杜月笙出面保释出

---

① 《冯玉祥为营救“七君子”与蒋介石来往密电》,《历史档案》,1981 年第 1 期。

② 《历史档案》,1981 年第 1 期,第 67 页。

来，送到庐山参加会议。叶楚伧把这个办法向蒋介石汇报后，蒋皱皱眉头说：“不要这样麻烦了吧！”显然，蒋不满意叶的处理办法。叶诡称“七君子”已经同意这样安排，不会有什么问题。蒋这才点点头说：“那也好，不过到时候一定要把他们送来啊！”[①]随后，蒋介石从《大公报》社社长张季鸾那里得知，“七君子”反对进反省院，并不惜用绝食来进行抗拒，即担心“七君子”案不能顺利了结；又适逢审讯“七君子”发生申请回避波折，非常恼火，在电话里训斥了其亲信秘书陈布雷一顿。6月14日，蒋介石密电叶楚伧，“七君子”赴庐山时，“请代邀杜月笙、钱新之两君同来牯岭晤谈为盼”。[②] 蒋介石对“七君子”案已转而采取宽大怀柔政策。

7月7日，日本在卢沟桥向中国守军进攻，七七事变爆发。国内政治局势发生了很大变化，蒋介石和南京政府“主张坚决抗战，反对妥协退让”，[③]全国团结一致共同抗日的局面正式形成。由此更加证明了李公朴、沈钧儒等人在华北事变国家民族危难之际，率先奋起倡导抗日救国运动，不仅无罪，而且有功。7月30日，江苏高等法院根据蒋介石的旨意，[④]拟具裁定书，以“沈钧儒

① 《救国会》，第470页。

② 《李公朴日记》，1937年6月28日。

③ 《毛泽东选集》合订本，第316页。

④ 8月1日，沈钧儒在上海向欢迎他们出狱的群众和记者说：“我们之出狱，完全是蒋委员长的意思。”见《立报》，1937年8月2日；另《王造时自述》中说：“蒋介石于7月17日在庐山发表谈话，宣言对日抗战，并于7月底电令苏州高等法院释放我们，并要我们去南京开会。”《上海文史资料选辑》，第45辑。

等各被告危害民国一案，羁押时逾半载，精神痛苦，家属失其赡养”为词，裁定停止羁押，交保释放。[①]

31日下午，李公朴和沈钧儒、章乃器、王造时、邹韬奋、沙千里、史良胜利出狱。当他们走出看守所大门时，军乐齐鸣，爆竹喧天，受到了鹄立在烈日下的群众热烈的欢迎，欢呼声和抗日救国的口号声响彻云霄。如此场面，使七人感动得热泪盈眶。沈钧儒代表大家发表谈话说：“钧儒等今天步出狱门，见抗敌之呼声已普遍全国，心中万分愉快，当不变初旨，誓为国家民族求解放而斗争。”[②]随后他们在家属和欢迎群众的簇拥下抵达苏州花园饭店，出席由张一麐、李根源等举行的欢迎宴会。

8月1日中午，李公朴等七人回到上海。各团体代表和救国会负责人为他们举行欢迎宴会，闻讯赶来欢迎的有二三百人，并要求他们讲话。他们每个人都发表了简短的讲话。李公朴讲了要树立抗日不怕死的斗志。他说：“入狱时手枪对住我们，可是我们不怕死，死后会有成千成万的人来。华北一部分人怕死，结果还是死。现在已到最后关头，还有怕死的人倡主和论调，不论他们心地怎样，总是误国的。我们要以死争取中华民国的胜利！”[③]第二天，上海文化界救亡协会设午宴欢迎七人和自日回国参加抗战的郭沫若先生。李公朴等七人在宴会上发表共同谈话说：“关于时局问题，我等过去主张只有两个：一为团结，即全民

---

① 《救国无罪》，第187页。

② 沙千里：《漫话救国会》，第78页。

③ 《救国无罪》，第193页。

族联合战线;一为抗日。目下全国团结已有坚强基础,抗日亦已为全国一致之要求,深信在中央领导之下,必可展开极伟大之民族解放战争,而且必可取得最后之胜利。我等惟有准备牺牲一切,在民族解放战争中,尽一份人民之天职。”①

中国五千年的优秀历史文化传统,哺育了伟大的中华民族,使它产生了无数值得敬仰歌颂的英雄儿女和优秀人物,李公朴就是这伟大人物之一。牢狱无法磨损他的赤诚爱国的坚贞意志和无畏精神,相反,更加坚定了他继续奋斗的决心。出狱后,他立即投入到反对日本侵略的抗日战争之中。

---

① 《救国无罪》,第 190 ~ 191 页。

第五章

为实现全民抗战而奋斗

第一节　辗转东西两战场

李公朴等七人出狱后，国民党政府立即邀请他们到南京，“贡献一些关于救国运动的意见”。[①] 如前所述，“七君子”是主张抗日救国的知名人士，蒋介石把他们列入出席庐山谈话会的名单，因他们反对国民党的诱降活动，未能出狱，没有参加谈话会。这便是七人出狱后国民党立即邀请他们到南京的缘由。

8月3日，李公朴、沈钧儒等七人抵达南京，和杜重远一起看望了97岁高龄的爱国老人马相伯，大家一致对抗战必胜充满信心，并在马老的寓所门前合影留念。随后，马相伯特题写对联：“耻莫大于亡国，战虽死而犹生”，[②]赠送给李公朴。

次日，蒋介石仅单独会见了沈钧儒。之后，由陈立夫、邵力子、叶楚伧代表国民党中央和国民政府同李公朴等七人谈判，提出要他们同意解散救国会。他们七人坚持不能解散，同时表示，政府既已对日作战，救国会会员愿在既定国策之下，积极参加各部门的抗战工作。双方一连谈了三天，争持不下，最终无结果而

---

① 邹韬奋：《战的反面》，《抗战三日刊》，第1卷第1期，1937年8月14日。

② 《李公朴》（画传），第56页。

8月3日，“七君子”和杜重远(后排左一)一起在南京会见97岁高龄的马相伯(中坐者)，在马相伯寓所合影。

散。8月7日晚，李公朴和沈钧儒、章乃器三人先返回上海。

李公朴回到上海不到一星期，“八一三”淞沪抗战爆发。在此之前，日军已占领平津，并集结兵力，分三路沿平绥、平汉和津浦路向西、向南进犯。国民党政府积极地作了战略部署，将全国划分为五个战区：第一战区，作战区域为河北和山东北部，司令长官蒋介石兼任；第二战区，作战区域为山西、察哈尔和绥远，司令长官阎锡山；第三战区，作战区域为苏南和浙江，司令长官冯玉祥；第四战区，作战区域为福建和广东，司令长官何应钦；第五战区，作战区域为鲁南和苏北，司令长官初由蒋介石兼任，后由李宗仁继任。当时华北战场是全部抗战的中心，华北战场反抗日本侵略的战争已经打响。李公朴深切地认识到，为求抗战的持久和胜利，必须唤起民众，教育民众，动员全民族的力量，团结

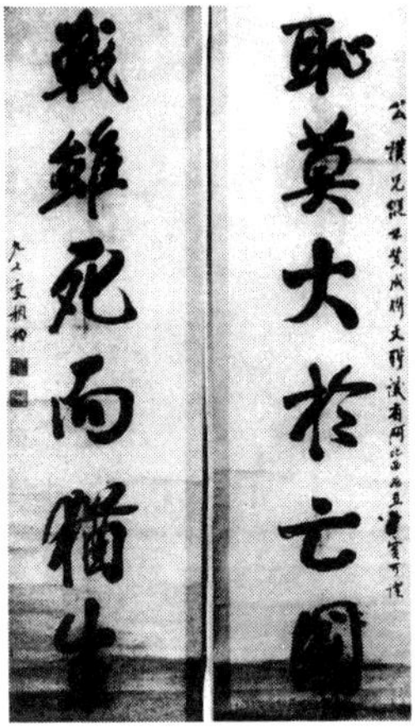

马相伯老人亲笔题写对联赠予李公朴

抗战。因此，他想了解抗战爆发后，“抗战的实践，以及军民之间在行动上是否能够配合”。① 于是，他和柳湜等人，首先踏上了烽火连天的华北战场，沿着平绥、平汉、津浦三条铁路线，历尽艰险辛苦，还要时刻躲避日机的轰炸，到了太原、大同、徐州、连云港、济南、德州，从第一战区到第二战区。他们拜见了周恩来，还会见了阎锡山、傅作义，并深入到前线阵地，了解战地实况真情，倾听士兵们对战争胜败的看法。历时一个月，对西战场作了全面的考察。随后，他又费时一个月，从接近火线的嘉定、真茹直到昆山，走遍了东战场各线。

为了打败日本侵略者，取得抗战胜利，李公朴冒着生命危险，奔赴抗战前线，做实地调查，这是他出狱前夕所写“春蚕到死丝方尽，蜡炬成灰泪始干——我们追求真理，服务人群，抗战到底，争取民族解放，均应取此态度”②的真实写照；也是他闻听天津沦陷后所书“我们要努力唤醒每个中国人有宁为抗战而死，不愿偷生而做亡国奴的决心，万众一心，必得最后的胜利”③的真实体现。他报效祖国的赤诚爱国之心，令人钦仰。

---

① 李公朴：《民众动员论》，生活书店 1938 年 1 月再版本，第 94 页。

② 《李公朴日记》，1937 年 7 月 28 日。

③ 《七人之狱》，生活·读书·新知三联书店 1984 年 2 月版，第 124 页。

通过两个月的战地考察，李公朴根据自己亲眼看到的和亲身的感受，先后发表了不少关于抗战的著作和言论，如《为全民动员告国人书》、《全民抗战的必然过程》、《怎样挽回华北危局》、《大同失守的前后》、《我所认识的牺盟》、《山东老百姓起来保卫山东》、《加紧上海战区的民众工作》、《上海战区的教育问题》、《战区民众教育计划大纲》等。这些文章或发表在李公朴任编委的《国民》周刊上，或发表在《抵抗》三日刊上。后来，李公朴把这些文章结集成册，作为上海生活书店出版的救亡文丛之一，出版了《民众动员论》。由于李公朴在这本册子中系统地阐述了民众是抗日胜利之本和抗战必胜的思想，并就当时抗战实施提出了许多具体的批评和建议，因而受到社会的欢迎和注意，曾连续再版，产生了很大影响。

中国的抗战是一场艰苦的持久战，决定战争胜负的关键，是动员和组织民众的力量参加抗战，使抗战成为全面的全民族的抗战。李公朴认为，没有全民的动员，就没有全民的战争，也就不能取得抗战的最后胜利。然而，当他考察了东西两战场后，深深地感到不安。所到之处，第一印象是战争已经打响，但无论是有钱有饭吃的人们，还是没钱靠种田过活的农民，虽然都痛恨日军，但对战事却漠不关心，认为是军人的分内事。致使在战场上救护伤兵、供应徭差、运输交通等方面，都缺少民众的帮助支持。一个典型的例子是，他们在大同期间，听说有一次捉到一个指挥敌机轰炸的汉奸，把他送到县政府，县政府不收；送到公安局，公安局不管；又送到戒严司令部，又因该部无人负责，结果这个汉奸无处可交。另一方面，大同的一些青年从事抗日的工作计划，不但得不到地方长官的支持,反而遭到反对,妨碍执行。他对当时的抗战局面作了深刻的概括,指出:“自抗战爆发一直到今日为止,我们不能讳言,我们尚未进展到真正全民族的全面抗战。战争并未按照全民族的布置。战争的动员,还只限于军事的部分。政治、经济、文化、民众的动员,不是不够,就是还未开始;其他交通、技术亦甚落后。战争的准备,战术的确定,都嫌尚带消极意味,不是积极的攻势。总括一句,今日尚没有动员全民族的力量作一系统的战争。这是当前这一阶段战争的特点,也是最大的弱点。”①他直言不讳地说,西战场战事迅速失败的主要原因,“是在于单独的军事行动,脱离了民众,是所谓政府的抗战,不是全民的抗战”。② 这当然不能归罪于老百姓,而是要彻底改变国民党反民主的一党专政,实现民主政治,保障人民有充分的民主权利。因此,他呼吁国民政府要允许民众有组织的自由,迅速颁布战时改善人民生活,优待军人家属,削减人民负担等法令,使大多数民众的最低生活有保障。他说:“老百姓有了饭吃,有了相当的民主自由,有了组织,有了接近政治的机会”,自然会风起云涌一致起来参加抗战。

李公朴在山东期间,正当日军沿津浦路南侵之时,山东险状,已是言之战栗。他建议山东省主席韩复榘,号召山东的老百姓起来保卫自己的山东,并向韩提出十项具体做法:

---

① 《民众动员论》,第3~4页。

② 《民众动员论》,第26页。

（一）动员全省人民保卫山东，提出老百姓保卫山东的口号，改变过去单独军事抗战而非全民抗战的缺点。

（二）号召全省民众自动组织团体，由省政府设立民运指导机关领导之，但绝对不能干涉民众合法的爱国运动。

（三）迅速召集各党各派以及无党派的人士团结起来，集中力量，肃清过去互相猜忌、观望怀疑、散漫等态度，在各党各派间，建立经常联系，精诚坦怀，共赴国难。

（四）加紧训练正在受训的学生，充实军队力量。

（五）举办大规模民众运动短期干部班，分发乡村，组织农民，并加紧对壮丁的政治训练。

（六）武装现有壮丁，训练游击战术，准备发动全省游击战争。

（七）迅速颁发优待军人家属、改善军人生活、减少一般民众负担等法令。

（八）运用民众组织，进行铲除汉奸运动。

（九）运送招待伤兵，救济难民。

（十）禁止工商学停业，商人投机，政府并设法统制物价等。①

李公朴相信，只要认真执行上述十项任务，全民战争就能在山东出现，山东就不会继平津之后而沦于日寇手中。由此可以看出他全民抗战的思想体系。

---

① 李公朴：《山东老百姓起来保卫山东》，见《民众动员论》，第90～91页。

李公朴在太原期间，适逢中共中央派周恩来到山西，正与阎锡山谈判八路军挺进山西抗日等问题。根据周恩来的建议，由中国共产党，八路军，山西、绥远省的政府和军队以及牺盟会和其他群众团体，共同组成“第二战区民族革命战争战地总动员委员会”。爱国将领续范亭任主任委员，中共代表程子华任人民武装部部长，南汉宸任组织部长，武新宇任动员分配部副部长，阎锡山方面由梁化之任组织部副部长，薄右丞任宣传部副部长，王尊光任动员分配部部长。李公朴被推任宣传部长，但他因急于了解有关战争全局的各种问题，只是挂名而没有到职，宣传部的工作实际上由宣传科长、秘密共产党员赵宗复负责主持。对此他深为内疚。后来他说：“在太原正式成立的这个战区动委会，在组织上，我还以委员兼负宣传部长的责任，说到这里，我很感到惭愧，因为我‘滥竽充数’，没有在实际工作上帮助动委会诸同志。尤其在临汾失陷以后，经常听到续范亭、南汉宸、程子华以及其他各部诸同志在敌人后方很艰苦奋斗地把动委会培养得异常健壮，使我在惭愧之余，又不胜其愉快与兴奋了。”[①]1939 年夏天，阎锡山对联共抗日政策发生动摇，下令解散战地总动员委员会。时李公朴正率抗战建国教学团在晋西北工作，他非常关心战动总会的工作，关心在战动总会艰苦奋战的同志们。他来到战地总动员委员会所在地岢岚县中寨村，和同志们见了面，讲了话，并一起唱抗战歌曲。[②] 战动总会结束后，宣传部坚持编印 60

---

① 李公朴：《走上胜利之路的山西》，见《李公朴文集》，第 449 页。

② 《山西文史资料选辑》，第 31 辑，第 64 ~ 65 页。

余万字的工作总结报告——《战地总动员》，李公朴参加了一些意见，“算是尽了我这挂名宣传部长一点责任”。[①]

此外，李公朴在太原期间，为了及时向国内外传发前方抗战的事实，他根据周恩来的意见，在中外新闻学社的基础上，创办了“全民通讯社”，简称“全民社”。由李公朴任社长，周思危任副社长，吴江任编辑主任，黄晫民任采访主任，李涵、方殷、梁铭涝分别任总务、编辑和采访。[②] “中外新闻学社”是抗战爆发前，天津的一些从事新闻事业和文化工作的青年人，不甘屈辱地忍受日寇铁蹄下的毒化和残杀，“决定以新闻作武器，以笔杆作大炮，为国家民族湔洗奇耻大辱，和中华民族不共戴天的敌人搏斗而成立的”。[③] 该社成立后，把华北人民的抗日事迹发向上海、香港及英美各大报纸或杂志。抗战爆发平津沦陷后，为配合抗战需要该社迁移上海。“八一三”上海抗战展开后，又绕道黄河到达太原。在李公朴的领导下，全民社一面严密地布置各地通讯网，在山西各县都有通讯员；一面派遣记者亲赴抗战前线，作战地采访，将抗战的事实与新闻向全国各地作系统的报道。由于全民社所发消息既快又真实，在太原有“五家大报和一家小报争先采用”。正当李公朴他们准备扩大抗战宣传，在上海、南京、武汉、重庆、西安、香港等地成立分社时，西线战况紧急，10 月 3 日，全民社退到晋南重镇临汾。是年底，又迁到武汉。武汉当时是全

---

① 《李公朴文集》，第 360 页。

② 《全民通讯社职员姓名履历表》，见《李公朴》（画传），第 59 页。

③ 李公朴：《全民社坚毅苦斗了三年》，中国革命博物馆藏。

国的军事、政治、经济、文化中心，为了适应新的情况，1 月 13 日，李公朴主持召开了全民通讯社社务会议，讨论研究经费问题，并通过全民社的工作方案。[1] 由此，扩大充实了全民社的工作，不但通讯网布满了全国，无论是在各战场与敌后，还是在各都市与要邑，都能看到全民社的通讯稿，而且发行网也遍布全国，甚至延伸到香港、南洋一带。同时还新成立了摄影部和资料部。拍摄的战地照片“曾经得到国外的杂志与报纸的好评”，也曾经引起了国民党中宣部国际宣传处的注意，七七抗战周年纪念日，在武汉举办了相当规模的抗战摄影展览会。总之，这时期的全民通讯社在李公朴的领导下，发播了大量战地新闻等稿件，有力地促进了全民抗战的发展，极大地鼓舞了人们的抗日斗志。

在考察东战场期间，李公朴遇到胡兰畦领导的中国劳动妇女战地服务团，了解到她们的工作主要是：第一，帮助军事当局督促地方行政人员认真做好支前工作；第二，帮助军队整顿纪律，搞好军民关系；第三，组织民众，防止汉奸；第四，安抚民众，使民众了解抗战的意义，积极配合军事行动，参加抗战工作。[2] 李公朴认为，她们所做的工作，“是目前从事民众工作者的一个极好的参考材料”，同时也是“战地民众工作迫切需要的”。当他从东战场回到上海后，他写道：“赶快发动真正的民众组织，支持自发的民众组织”，参加抗战，是我们这次观察时所深切感到的。

总之，两个月的战地考察，李公朴就所见所闻，提出的批评

---

① 《全民通讯社社务会议记录》，中国革命博物馆藏。

② 李公朴：《民众动员论》，第 95 页。

和建议，无疑是正确的。尤其是在抗战一开始，他就着眼于全面发动群众参加抗战，实行真正的全民族抗战，反对政府单纯的、片面的军事抗战路线。但是，在国民党不愿放弃一党专政，实现民主政治，开放民众运动的情况下，他的这些意见和主张，是很难做到的。

第二节 任教山西民族革命大学

抗日战争是一场伟大的民族革命战争，要战胜财力和军事技术装备都比中国雄厚优良得多的日本帝国主义，争取民族解放战争的彻底胜利，必须动员全国民众参加。但是，要使民众积极参加抗战，"无论在意义上、技能上都须予以训练"。[①] 因此，实施抗战教育是动员民众的基本条件，这是李公朴经过战地考察后进一步认定的。抗战爆发前夕，他还被羁押在江苏高等法院看守所时，总结了通过创办上海流通图书馆和业余补习学校，达到团结广大青年的经验，就清楚地认识到这一点，挥毫写下了："我们要使每个中国人认识自己有着抗日的任务，并要了解怎样能各就范围地去执行任务，更要加紧一般的政治训练，以增强抗日的力量。这样把广大群众和民族解放的斗争联合起来，把救国的工作和民主运动联合起来。"[②]

李公朴是一个正直无私，言行一致，说到做到，从不隐讳自

---

① 《李公朴文集》，第 752 页。

② 李公朴手迹，见《七人之狱》，第 124 页。

全民週刊

第一卷第一號

目錄

为争取全面全民族战争胜利而奋斗
短評三則
雙十二一週年
九國公約會議的教訓
文化運動在現階段的中心任務
掃除敗觀，建立自信
抗戰新階段的基本口號
從華北戰到全國游擊戰的前途
感懷過金陵

發行人 李公樸
發行所 全民週刊社
總經售 生活書店

中華民國二十六年十二月十一

1937年12月11日，李公朴与沈钧儒等创办《全民周刊》出版。沈钧儒任社长，柳湜、李公朴、王昆仑、张仲实、张志让、钱俊瑞、张申府等七人为编委。发行人为李公朴。

己观点的人。他认定实施抗战教育是动员民众参加抗战的基本条件，便义无反顾地投入到这一工作中。10月30日，他从上海到南京，走访了国民党党政军界要人、社会名流以及救国会同人，和他们商谈实施抗战教育等问题。11月9日，蒋介石在陵园宅邸接见了李公朴。蒋介石向他询问了“七君子”中其他六人的近况后，李公朴向蒋谈了他赴山西和华北各地的考察情况，并提出“战区教育工作及招兵区种种教育工作”。[①] 蒋对此均表示应当急办，并嘱他和陈立夫接洽。

随着国民政府撤离南京，政治文化中心转移到武汉。11月22日，李公朴乘“民权”号轮船到达汉口。据李公朴是日日记记载，他“9时半上岸，赴青年会，晤及辰夫兄，立刻决定《全民周刊》出版事”。12月11日，《全民周刊》在汉口正式出版，沈钧儒

① 《李公朴日记》，1937年11月9日，未刊。

任社长,李公朴除任编辑外还担任发行人。该刊在发刊词中指出,它现时最基本的任务是:"加强全民族的统一战线,接受抗战以来的血的教训,将单纯的政府与军队的抗战转变为全面全民族的抗战,以突破当前民族的危机。"[①]并提出摆在眼前亟待解决的问题是:改革政治机构,实现民主,开放民众运动,武装人民,改革军队等。《全民周刊》共出30期,对动员人民参加抗日救国运动,推动全民族全面抗战起了积极作用。翌年7月,该刊和邹韬奋主编的《抗战》三日刊合并,改名为《全民抗战》三日刊,继续为推进全民动员,坚持抗战到底而努力。

李公朴念念不忘他的抗战教育。他到达武汉后,曾和沈钧儒、张申府、孟宪章、胡风、马哲民、黄松龄等50人,举行抗战教育座谈会,呼吁国民政府及教育界,从速实施抗战教育,制定抗战教育方案,他们联合创立了抗战教育研究会。不久,撤退到临汾的阎锡山成立统一战线性质的"山西民族革命大学"(以下简称"民大"),阎自任校长,并派人赴汉邀请李公朴任副校长,全面主持学校教务。李公朴认为这是开展抗日教育,培养抗日骨干,训练抗日干部的好基地,欣然接受邀请。他在武汉四处奔波,号召聚集在武汉的大批革命青年到临汾报考"民大",介绍许多知名人士如何思敬、陈唯实、施复亮、贺渌汀、肖军、江隆基、侯外庐到民大任教。1938年1月3日,在救国会召开的"座谈会"第八次干事会上,李公朴报告了民族革命大学的筹备情况,他说:"山西

① 《为争取全面全民族战争胜利而奋斗——〈全民周刊〉的使命》,见《全民周刊》第1卷第1期,1937年12月11日。

民族革命大学已开始招生,它仿效抗日大学的作法,为培养救亡干部人员;课程已商定,有政治、经济、游击战、民众工作等。"①

1937年12月,李公朴与阎锡山在山西临汾创办民族革命大学,阎任校长,李公朴任教授和顾问。这是李公朴与阎锡山在"民大"时的合影。

1月上旬,②李公朴携夫人张曼筠冒着隆冬纷飞的大雪来到临汾。他们的到来,受到"民大"师生热烈地欢迎,临汾大街和校内外的墙壁上到处贴着"欢迎李公朴先生到抗日民族统一战线的'民大'来","欢迎李公朴先生到抗日前线来","热烈欢迎救国'七君子'之一的李公朴先生"等欢迎标语。阎锡山当即接见了他们,并指示在生活上要尽量给予帮助。然而,阎锡山却闭口不谈请李任职副校长之约,只是当面请他担任"民大"教授和顾问,并请他提出如何办好战时"民大"的办法。原来阎锡山仅仅为了借名人的声誉来办学,并不敢真正重用进步人士。李公朴立足于开展抗战教育,培训抗日干部,毫不顾及阎的违约,积极地投入到"民大"的创办工作中。

---

① 《救国会各个时期会议记录》,原件藏中国民主同盟中央委员会。

② 李公朴于1月6日前离开武汉去临汾民族革命大学。

1 月 17 日，由李公朴草拟，并经中共党员“民大”教务主任杜任之修改的《民族革命大学创立纲领》正式公布。纲领共十条，其主要内容如下：

（一）创立的旨趣：为了唤起民众，组织民众，训练民众，武装民众，革新行政，改造军队，保障民族革命战争之最后胜利。

（二）训练的目标：加强民族意识和社会意识，培养民族责任心和组织责任心，以期各个人能“自己负责，不容人不负责”，完成民族革命任务。

（三）训练的途径：由组织到集体行动，同时实行集体生活的自我教育，执行自觉纪律，以达到训练之目的。

（四）教育的方法：一反过去理论与实践之分离，实施教学做用合一的行动教育。

（五）教学内容：分为认识教育、组织教育、技术教育三大种类。

（六）招生资格：容纳各种程度不同之青年，并附设高中、初中及高小部，按各部文化程度的高低及学科之不同，分别编队设班。

（七）修业期限：以三个月为一期，学员以修满一期为最低标准。

（八）学员与校方的关系：基于教学做用统一之教学原则和方法，每届修业一期之学员，不论内勤外务，仍得受校方之指挥与调度。

（九）学员与社会的关系：与本战区各级政府军队及团体取密切联络，并相机协助之。

（十）教育的实验：设行政及总动员实验区，在该区内统筹并举办一切抗战救亡事宜。[1]

不难看出。李公朴为“民大”所拟办学纲领，包含有中共《抗日救国十大纲领》的政治主张，例如实行全国总动员、坚持抗日民族团结、实行抗战教育等等，这是“民大”坚持团结抗日的大方向和培养造就建国人才的基本保证。正如李公朴所说，“民大”只要按照这个纲领做下去，“它的前途一定是很光明的”，它“不仅是树立了现代抗战教育的楷模，而且是奠定了将来新教育机构与教育方法的基础”。[2]

在李公朴等人的努力下，1 月 20 日，民族革命大学在临汾正式成立。[3] 在“民大”办学纲领的号召下，全国各地进步的青年男女、归国参加抗战的南洋华侨青年和教职员工蜂拥而来，不到两个月的时间，仅学生已达 5000 余人。除“民大”本校外，又另设了三个分校。第一分校也设在临汾，第二、第三分校则设在运城。李公朴主要教授政治课。他奔波于临汾和运城之间，无论是讲大课还是做报告，他都把讲课内容立足于抗战的需要，以图

---

① 《民族革命大学创立纲领》，1938 年 1 月，见《李公朴》（画传），第 62 页；《李公朴文集》，第 840～848 页。

② 《李公朴文集》，第 859 页。

③ 《民国阎伯川先生锡山年谱长编》（五），台北商务印书馆 1988 年 9 月版，第 2072 页。

培养出优秀的民族革命战斗员。例如他向学员讲民主，讲改革政治机构，讲开展民众运动和民族统一战线等问题。因此在教授中享有很高的威望，并深受同学们的拥护和爱戴。一次，他在“民大”做演讲，讲堂里早已被同学们挤得水泄不通，只好把讲堂改在操场上。当演讲在雷鸣般的掌声中开始时，他第一句话便绷紧了全体听众的心弦，他说：“我们中华民族已经到了生死存亡的关头了，天下兴亡，匹夫有责。”他炯炯有神的双眼扫视了一下会场，深刻而又含蓄地说，“蒋先生在庐山发表谈话，说什么和平未到最后绝望，决不放弃和平；牺牲未到最后关头，决不轻言牺牲。大家好好地想一想，和平，和平，东三省送掉了，平津丢掉了，淞沪陷落了，雁门关打开了，还能再向他们乞求和平吗？现在，牺牲已到最后关头，不愿做亡国奴的人们，起来起来吧！”他慷慨激昂鼓舞人心的讲演，使会场气氛由深沉严肃变成了一股汹涌澎湃的热潮，同学们情不自禁地唱起了《义勇军进行曲》，“把我们的血肉，筑成我们新的长城……”

接下来，他随着会场的气氛引导说：“我方才还听到有人在哼唱，‘我的家在东北松花江上，流浪哪，逃亡啊’，这未免太消极了。敌人一步紧一步地逼着我们流浪、逃亡，试问，究竟流浪到哪里，逃亡到何方呢？说实在的，摆在我们面前的只有两条路，要么，挺起腰来做硬骨头，要么，俯首帖耳去当亡国奴。你们说，该走哪条路？”“誓死不做亡国奴！”全体学员一致发出狮子般的吼声。李公朴呼应说：“对，当亡国奴是可耻的。抵御外侮，救亡图存，是青年的历史任务和应走的道路。”①

李公朴的课，常使听者为之动容，振奋与感动。当年经李公朴推荐报考“民大”的学员方北雁对此记忆犹新。他说：“在听课方面，最受同学欢迎的首推李公朴。李讲话具有无穷的鼓动力，发人深思，耐人寻味，讲到生动感人之处，可以使你慷慨激昂，摩拳擦掌；讲到敌人阴险毒辣，可以使你切齿痛恨，发指眦裂。”②另一位当年“民大”的学员对此也深有感受，他回忆说：“教授中李公朴享有很高威望，他两目炯炯有神，谈吐诙谐风趣。他一出现，学员就围拢过去，问东问西，他都能给以满意的答复。他讲过《半年来的抗战形势》和《民主政治》，指出半年来战争中敌我力量的对比、变化，证明我们抗战有很大潜力，全国上下一心，敌忾同仇，建立牢固的统一战线，必然取得最后胜利。而只有发扬民主精神，才能发展和巩固统一战线。他论理有据，语调铿锵，很有说服力。”③

在“民大”，李公朴除给学员讲课之外，还坚持每天早晨和学员一起上早操、跑步、爬山坡，并和学员一起参加军训、打靶，一切从抗战实践出发，锻炼持久抗战的本领。

民族革命大学，是阎锡山在进步革命力量的敦促下成立的，当他看到大批要求抗战和进步的青年与教授投奔学校后，于是乎开始对“民大”存有戒心。如前所述，阎锡山失约不让李公朴

---

① 参见陈秋樵：《青年与救亡——听李公朴先生一次讲演》，见《武进文史资料》1983 年第 1 辑。

② 方北雁：《我在民大学习的经历》，《山西文史资料》，第 59 期。

③ 路纪宇：《参加民大学习亲历记》，《山西文史资料》，第 59 期。

当“民大”副校长;此外,托派分子张慕陶也从中破坏捣乱。张是通过阎锡山的弟弟大商人阎锡祺牵线投靠阎锡山,并在山西建立了托派组织。1936 年红军东渡时,张逃离山西。抗战爆发后潜回山西,一方面在群众面前伪装革命,另一方面破坏山西的抗日统一战线。他鼓动“民大”学生闹事,“欲赶走李公朴”。[①]“民大”这所战区新创的学校,本来就因招生人数超过预定人数,在人力和物力等方面存在着困难,加上阎锡山、张慕陶排斥进步人士,一时间学校秩序混乱,一些学员对“民大”的招考、教授、生活、学校行政、教育设备等,产生了不满与怀疑。对此,李公朴于 2 月 1 日发表了《致民大同学的公开信》,重申了创办民族革命大学的意义,捍卫与坚持“民大”十条办学原则,号召同学们“以集体的力量,最大的决心,来贯彻‘民大’的十大纲领”,“要不负‘民大’,不负山西,不负全国父老兄弟姊妹的热切期望”。最后他在公开信中高呼:“彻底改革全国教育机构,实施抗战教育!坚决执行‘民大’创立的十大纲领!同学们一致团结起来,巩固‘民大’,建设‘民大’!军民联合一致,把日本强盗驱逐出中国!”[②]

2 月中旬,日军进攻临汾,“民大”本校与一、二分校的部分学生向陕西宜川转移。由于敌兵压境,道途险阻,途中有两名学生被炸死,一名女生病死,还有四人在渡河时溺毙。[③] 张慕陶借机

① 《沈钧儒年谱》,第 204 页。

② 《李公朴文集》,第 854 页。

③ 李公朴:《告关心民族革命大学者》,《抗战》三日刊,第 69 号。

对李公朴进行人身攻击，说“李公朴欺骗青年，把他们骗到山西，在黄河淹死了几百人”。[1] 同时，到达宜川的学员因缺乏设备和教员，一部分学生情绪不稳定。当时李公朴正在西安为学校善后和安插同学多方奔走，并已介绍了五六百名学生去延安。他得知这一情况后，风尘仆仆地赶到宜川，安慰鼓励同学们克服战时困难，并亲自动手抱蒲草帮助同学打地铺，把学生宿舍整理得干净整齐；他还与厨师一起商讨改善学生的伙食，和同学们一起吃饭。学生们的情绪很快安定下来，学校也照常恢复上课。“民大”第一批学生于6月初毕业，大部分分配到牺盟会和军队工作，为抗日战争输送了首批行政军事及民运等方面的干部人才。

同时，李公朴认为，某些人故意夸大“民大”在战时迁移过程中难免发生的一些情况，实质上是攻击新的教育制度，不利于抗战教育的发展。因而撰写了《告关心民族革命大学者》一文，对一些问题加以澄清和批驳，并再次重申“民大”的十大创立纲领是战时教育的典范之一，照此做下去，“民大”成为培养抗战人才学校的伟大理想一定能够实现！

第三节　对“抗战教育”的诠释

在“民大”任教期间，李公朴曾应西安师范学校、西安高中及安吴堡西北青年救国联合会战时青年训练班的邀请，为他们先后做了《抗战教育的理论与实践》、《我们在抗战中怎样教育自

---

① 《山西文史资料》，第59辑，第66页。

己》等演讲。特别是在安吴堡青训班，他和主持人冯文彬、胡乔木畅谈抗战教育问题，并参观了青训班，对它的创办过程、组织形式、课程种类、教育方法、管理方法等方面作了详细了解。4 月，李公朴回到武汉，将这些讲演、了解的情况以及他在"民大"教学的实践进行加工整理，撰写成《抗战教育的理论与实践》，5 月，由读书生活社出版。在这本书中，李公朴系统地阐述了他关于战时教育的方针、战时教育的内容、战时教育与平时教育的关系以及怎样实施战时教育等见解。

关于抗战教育的方针，李公朴认为，山西民族革命大学创立纲领第一条，唤起民众，组织民众，武装民众，革新行政，改造军队，保障民族革命战争的最后胜利，"可以说是把握着了战时教育的方针"。他还说："我们的战时教育，一方面须培养优秀的军事、政治与精敏灵活的组织人才；一方面更须造就国防工业以及生产建设的各种技术人才，而且必须使学其所用，用其所学，以发挥每一个人的智力与才能。"[1]

关于战时教育的内容，李公朴指出，就是把认识教育（基础理论）、技术教育（专业技术）、组织教育（管理能力）"有机的配合于民族革命之需要，灵活的运用于抗日战争"。[2] 他引申教育家陶行知的"生活即教育"，说明现在我们过的是抗战生活，我们需要的也是抗战生活，所以"什么是抗战需要的，什么就是我们

---

① 《李公朴文集》，第 775 页。

② 《李公朴文集》，第 845 页。

应该学习的”。[1] 他更具体详细的提出战时应该学习的内容如下：

属于基础理论方面的有:(一)中国政治问题。(二)国际政治问题。(三)战时财政问题。(四)战时经济问题。(五)战时教育问题。(六)肃清汉奸问题。(七)民众运动问题。(八)抗日民族统一战线问题。(九)每一阶段的抗战形势问题。(十)全民抗战的总动员问题。(十一)社会科学概论。(十二)其他与抗战有关的问题。

属于专业技术方面的有:(一)防空防毒。(二)救护医院。(三)情报谍报。(四)军用工程。(五)游击战术。(六)军事学术。(七)兵器使用。(八)交通运输。(九)简易测绘。(十)救亡乐歌。(十一)其他与抗战有关的技术。

属于管理能力方面的有:(一)宣传方法。(二)组织方法。(三)训练方法。(四)行动领导。(五)集体生活的锻炼。(六)生活能力的修养。(七)其他关于管理能力的知识与技能。

怎样实施战时教育呢？李公朴认为,原则上最低限度应做到以下七点：

(一)中国化:一切教育,都要适合我国的国情,东西洋的优点当然要吸收,但必须融合于我国的实际国情中。

(二)地方化:教育目标可以一致,但教材内容和教育方法要因各地、各民族风土人情的不同,而采用地方分权制,以谋调剂。

(三)主义化:必须站在三民主义的最高原则下,巩固民族统

---

① 《李公朴文集》,第791页。

一战线，力求民族独立，民权自由，民生幸福，建立新中华的民主共和国，以促进世界大同。

（四）实用化：一切教育必须以用为目的，必须与实际的生活与抗战建国的工作打成一片，避免理论与实践分离，生活与教育脱节，做到教、学、做、用一致化。

（五）大众化：抗战胜利的基础是建筑在全民的大众身上，所以战时教育最重要的是大众化，即不分贫富，不分阶层，不分男女，都同样的有受教育的机会。

（六）革命化：使一切教育都能让受教育者建立起革命的人生观，即培养每一个中华民国的国民敢于担负起民族解放的任务，一切利益服从于民族解放的斗争，并且愿意为这一斗争的胜利而流血牺牲。

（七）战斗化："把战场变成学堂，把学堂变成战场"，使一切教育都必须一致战斗化，就是说，要有军事的技术，健强的身体，集体的行动，严密的组织，英勇活泼，迅速确实的精神，不畏艰险，耐苦沉着和机智警觉的能力。[1]

当民族危机严重的时候，战时教育当然要坚持为抗战服务的原则，但并不是说，要把学校教育全盘改弦更张，这一点在李公朴关于战时教育与平时教育的关系的论述中表现得很清楚。他说，战时教育，绝不是把学校教育取消了，平时教育不要了；也不是把学校都摆在战区里，或是要青年学生都上前线去；更不是仅仅教青年学生每天去与老百姓谈一谈天，或在原来的课程中

① 参见《李公朴文集》，第765～767页。

减少几小时的普遍课程，增加几小时的战时常识；也不是仅仅看到中国那些有机会进大学、中学、小学的青年学生，还要看到战区逃出来不愿作亡国奴的广大难民，尤其占人口80%的农民和劳苦的工人。同时他也指出，战时教育不是只顾及目前的需要，头痛医头，脚痛医脚，必须根本改革过去那些自私自利、柔弱腐化、读书做官的个人主义的教育制度，树立起一个适应现代需要的新的教育体系，彻底改革过去的教育体制、教育内容、教育方法、教育管理。但战时教育，并不是中断中国的传统文化，而是在这个基础上存其精华，去其渣滓，建设起合乎时代的新文化，不仅在抗战中它能适合需要，培养出中国广大的、优秀的、民族革命的战斗员，就是在抗战胜利以后，它仍能奠定国防教育、生产教育的基础，担负起建设新中国的伟大使命。[1]

上述李公朴关于抗战教育的理论和实践，仅是抗战爆发半年后他的一些见解，当然不是十全十美的。正如他所说，他的目的，“是希望今后的抗战教育，能够认识过去的错误，把握现实的需要，确定将来的计划，它应该是着重实用，避免空虚，有机地、灵活地和抗战建国融合起来，把生活和教育、理论和实践统一起来”。[2] 但是我们不能不承认，他的关于抗战教育的理论和实践，在民族危亡的转折关头，对于彰扬民族精神，唤醒民族意识，激励民族情绪起到了不可低估的作用。

① 《李公朴文集》，第763~764页。

② 《李公朴文集》，第753页。

第四节 参加筹建“全国抗敌救亡总会”

抗战爆发后，特别是上海、南京沦陷前后，全国各地的救国会成员有的奔赴前线和后方及敌后游击区，参加抗敌工作；有的进入陕北、苏北、华北和华中解放区，参加八路军和新四军，形势的改变和会员的离散，使抗战前救国会那种组织形式和它号召的广泛的群众运动，已不复存在。李公朴认为，在新的情况下，关于救国会的组织问题，随着抗战救国的开始，参加救亡工作的人数已大大增加，量与质与原有组织均有所不同，因此，“救国会工作已进入另一阶段”，救国会“原有的招牌与组织体系均无保持必要”，“今后之救国会已在扬弃过程中矣”。[①]

虽然在新的形势下救国会原有的组织形式已不复存在，但撤退到武汉的李公朴、沈钧儒以及其他救国会的负责人，仍然经常在一起聚会，商讨如何推进开展抗日救亡工作。这时，武汉已成为全国的政治文化中心，国民党、共产党以及全国各爱国民主党派、抗日团体和进步人士，云集于此，抗日救亡气氛非常热烈。1937 年 11 月 26 日，在汉之原救国会同人沈钧儒、刘清扬、张申府、曹孟君、沙千里等 16 人，开会讨论推进开展抗日救亡工作，决定成立一个核心组织，暂定名为“座谈会”，“以联系各地救亡工

---

① 《李公朴日记》，1937 年 11 月 10 日，未刊。

作，使得整个地有计划地积极推进”。[1] 李公朴和孙晓村本来约定出席是日的“座谈会”，但因故未出席。次日“座谈会”继续举行，李公朴出席了会议，并和何伟、黄松龄、孙晓村、刘清扬、曹孟君、沈钧儒一起被推为“座谈会”干事，负责办理“座谈会”一切事宜。12 月 1 日，干事会举行第一次会议，分配李公朴负责联系华西区的抗日救亡工作，其他华中、华北、华南、华东区分别由沈钧儒、刘清扬、曹孟君、孙晓村负责联络。12 月 11 日，在第三次干事会上，讨论了干事会的分工负责问题，决定李公朴和沙千里负责青年委员会，张申府文化委员会，曹孟君妇女委员会，刘清扬武装委员会，沙千里职工委员会，黄松龄、何伟地方委员会，沈钧儒总务组，许宝驹为秘书长。会后，各委员会立即投入工作，使各界抗敌救亡工作蓬勃开展起来。李公朴和沙千里负责的青年委员会，在几天之内已登记男女青年 200 余人，并分为游击战术、戏剧、歌咏、时事四个组，有的已经开课；青年座谈会亦已成立青年救国同盟。

与此同时，李公朴和沈钧儒、阎宝航、何自为、张含清、黄松龄、刘澜波、高崇民、徐寿轩、潘梓年、刘清扬、章伯钧、张申府、范长江、沙千里、李璜、何伟、左舜生、孟宪章、曹孟君、张西曼、王昆仑、罗隆基、王造时、杜重远、梅龚彬、孔庚共 27 人，于 11 月 30 日，在武汉举行谈话会，决定联系其他各党派人士，成立一个全国性的组织——“全国抗敌救亡总会”，作为领导全国的救亡机

① 《全国抗敌救亡总会筹备会第一次会议》，未刊，原件藏中国民主同盟中央委员会。

构，以是日到会的27人和未到会的麦朝枢、孙晓村、许德珩、程希圣为发起筹备人；并确定纲领原则为：（甲）贯彻抗战到底；（乙）实现全民抗战；（丙）革新政治机构；（丁）确定抗战政策。同时推定了宣言、章程和对国民党最高统帅部的建议书的起草人，并决定暂时以李公朴的寓所为“全总会”通信处。① 12月3日，在全国抗敌救亡总会第二次筹备会上，李公朴、李璜、王造时、刘澜波、马哲民被推为成立大会筹备员，并负责审查介绍加入之会员。同时听取了范长江、王造时、张含清分别报告宣言、建议书、简章的起草情况和内容；并通过对国民党最高统帅部的建议书的审查原则为：开放政权，实现民主政治，与民更始等。

尽管此时武汉出现了以国共合作为中心的全国各界空前团结抗战的局面，可事实上，国民党仍然没有放弃一党独裁的愿望。李公朴参加筹组的全国抗敌救亡总会本来定于12月13日举行成立大会，因国民党政府不予立案登记，只好决定暂缓成立，以后的工作以“全总会筹备会”的组织形式进行，并继续与国民党当局谈判。不久，李公朴也因赴山西民族革命大学任教，中断了和救国会同人在汉的活动。当他于1938年4月回到武汉时，武汉正处于日军积极计划并调整部署准备进攻之危急时刻。李公朴一回到武汉，便立刻投入到保卫大武汉的工作。

国民党面临日寇积极准备进攻武汉，一方面号召全国军民保卫大武汉，另一方面却害怕人民群众参加。如1月24日国民党的《扫荡报》就发表了题为《破坏思想统一犯》的社评，说什么

① 《全国抗敌救亡总会筹备会第一次会议》，未刊。

"各种工作,如组织、刊物等,应由党政方面办理",不许民间去做。武汉各业工人要求成立工会,也"未蒙允准"。工人们要求政府发给武装,"在最短期间认真训练,使能上前线作战",国民党政府也不理睬。陈诚还公开对沈钧儒说:"抗战是我们政府的事情,你们只要不妨碍我们抗战就行了。"①甚至强迫在汉各救亡团体停止活动,限期离汉,并禁止出版宣传抗日救国的刊物。在这种情况下,李公朴他们在汉成立全国抗敌救亡总会组织,国民党政府不仅不予批准,后来连他们借装甲兵团的办公地点,卫戍司令部也勒令收回。甚至国民党政府和党部的一些成员恶意中伤,称上海来的救国会成员为"海派",包办救国会等,进行挑拨离间。这引起了救国会内部成员在是否成立一个组织的问题上产生分歧。其实,早在酝酿全国抗敌救亡总会成立之初,这种分歧就已存在。当时,在广州的章乃器写信给沈钧儒、李公朴和沙千里,对于在汉口组织救亡总会提出三点意见:1. 必须单纯地站在民众立场,不要有一丝一毫党派的意味。目下一个全国性的民众组织是需要的,但是一个新党派却绝对不需要。我们想化除统一战线里的壁垒,自己是不应该有一个壁垒的。只有站在无党无派超然于各党派的纯洁的民众立场,我们才能完成伟大的时代任务。2. 必须取得党政(指国民党和国民政府——作者注)的完全了解。3. 不可匆匆成立,要使各方面各地域都有参加

① 《武汉时期救国会同人座谈会》,1938 年 5 月 29 日,未刊,原件藏中国民主同盟中央委员会。

的机会。[1] 5月27日，章乃器又打来电报，谓“当此二期抗战，稍受挫折，一切举动愈须取得中央之彻底谅解；否则，我则居心无他，人将谓我乘机别有企图”，并建议发起一个能实现抗战建国纲领的超党派组织。[2] 章乃器的来函和来电，虽然在主观上是想要维护统一战线的团结，但在国民党还没有改变对人民的压迫的情况下，这种愿望是很难实现的，而且也不利于坚持抗日，不利于抵抗国民党的反动。这一点李公朴是比较清醒的。5月29日，李公朴和沈钧儒、沙千里、艾寒松、金仲华、邹韬奋、柳湜、沈兹九、胡愈之、杜重远等救国会同人开会时发言说：“我对于乃器兄的电报，认为要得到政府的充分谅解，有些怀疑。”表示同意邹韬奋的主张，“只要我们认为对，我们就干”。同时，他对于救国会是否要成立一个推动全国抗战的组织问题开会讨论，持疑不决，表示不满意，他说：“我们可以讨论，但我们不能等一切困难解决后再来干……假定我们这样的讨论下去，那么到底要继续到几时？”坚持主张成立组织，达到推动全国抗战的目的。后几经开会，鉴于形势，成立公开的组织的确不可能，乃决定成立一个严密的骨干组织，组织名称仍用“救国会”。其《政治纲领》提出八项主张：1. 拥护领袖，拥护政府，争取抗战胜利，完成民族解放。2. 巩固全国团结，加强国家统一。3. 辅助政府，动员民众。4. 建立民主机构，发扬民治精神。5. 实现抗战言论、出版、集会、

① 《章乃器致沈钧儒、李公朴、沙千里函》，1937来12月6日，见《近代史资料》总第99号，中国社会科学出版社1999年12月版。

② 《武汉时期救国会同人座谈会》，1938年5月29日，未刊。

结社的自由。6. 发展战时生产，改善人民生活。7. 实施战时教育，发展大众文化。8. 实行生活互助，养成苦干精神。同时决定了各部门的分工和负责人：经济孙晓村、钱俊瑞、章乃器，职工沙千里，青年钱俊瑞，文化张仲实、柳湜、金仲华、邹韬奋、艾寒松，妇女史良、沈兹九、胡子婴、罗叔章、曹孟君，政治胡愈之、张志让、杜重远、沈钧儒，教育则由陶行知和李公朴负责。[①]

李公朴和救国会同人在武汉期间，筹备成立推动全国抗战的组织，由救国会同人"座谈会"到"干事会"，再到"全国抗敌救亡总会"，尽管由于各种原因，这些组织或宣布取消，[②]或最终未能成立，但这段历史却折射出李公朴和他的战友们为了加强和巩固国内团结，扩大抗日民族统一战线，以保证抗战胜利而努力奋斗的不屈不挠精神。

第五节　因宣传全民抗战遭扣押

在武汉其间，李公朴经常到学校、工厂做报告，进行抗日救国宣传和发动群众工作。

6 月初，李公朴和沙千里到汉阳兵工厂讲演，宣传全民抗战和保卫大武汉。当时该厂正在酝酿罢工。过了两天，有两个工

① 《武汉时期救国会同人座谈会》，1938 年 6 月 21 日，未刊。这时李公朴虽已被陈诚扣押，但仍指定他负责教育工作。

② 全国抗敌救亡总会筹备会成立后，原救国会成员继续举行"座谈会"，内部产生了误会，因此在 1 月 27 日的第六次座谈会上，决定结束干事会，取消座谈会。干事会从成立到结束，共举行了 13 次会议。

人打扮的人告诉李公朴说，汉阳兵工厂有几个工人代表被武汉卫戍司令部抓走了，说他们是共产党，请他设法营救。6月7日，李公朴激于义愤，来到卫戍司令部，找到陈诚说，被抓的人都是善良的工人，不过反对厂方的剥削才罢工的。要发动工人积极参加抗战，就应当保卫工人的利益。[①] 要求陈诚放了这几位工人。陈诚时任国民党政府军事委员会政治部部长兼武汉卫戍司令部总司令，和李公朴原是旧识，这时却脸红脖子粗地翻了脸，不但不放人，反而说："在抗日战争正紧张的时候，他们竟敢煽动罢工，就是破坏抗战，非枪毙他们不可。"李公朴非常气愤，当场指责陈诚说："此事完全政府做错。"[②]陈诚转而威胁说："我不止要严办他们，对于那些煽动者也不会客气。"在激烈的争辩后，陈诚以"煽动兵工厂罢工，破坏抗战"的罪名，把李公朴扣留了。

有材料证明，李公朴这次被扣留，是国民党事先已预谋好的。李公朴从山西回到武汉时日军已逼近武汉。在寇深祸极之际，他认为必须动员武汉人民起来保卫武汉，也只有武汉人民起来了，才有保卫大武汉的可能。因此他到处奔走呼号，到学校、工厂、难民收容所等场所，向群众作动员报告。自然遭到了害怕人民、压制民众的国民党的嫉恨和仇视。据时为全民通讯社记者的黄卓明回忆，他去探视李公朴时，李告诉他，经过冷静思考，认为"上了国民党反动派所阴谋策划的圈套"。[③] 因为请他营救

---

① 《中华民国史资料丛稿》，增刊第4辑，第81页。

② 《周恩来致沈钧儒信》，1938年6月8日，原件藏中国革命博物馆。

③ 黄卓明：《记两次探监中的一次》，见《李公朴纪念文集》，第259页。

被捕工人的那两个人，既不是原先邀他去兵工厂讲演的人，也没有通过任何关系，由于激于义愤，便答应了他们的请求。另外，田汉时任军委会政治部第三厅八处处长，他说，陈诚禁闭李公朴后，在政治部会议上兴奋地说："我已经把李公朴扣起来了。不管大家说我对不对，我觉得非这样做不可。"①

起初李公朴被关押在武汉卫戍司令部警卫营的禁闭室，后来转押到武昌高等法院办公室的一间屋子。他坚信宣传"全民抗战"是无罪的，坚信动员武汉人民起来参加保卫大武汉的斗争是无罪的。因此在监禁中他态度乐观，并不沮丧，准备再接受一次审讯，并准备被国民党转押到监狱里。

李公朴被扣押后，人们钦敬他在强权暴力下勇于伸张正义、坚持真理的精神，钦敬他为救援工人而自己甘冒风险的自我牺牲精神，因而得到各方面人员的大力营救。沈钧儒为此焦虑不堪，函请军委会政治部副主任周恩来协助营救。6 月 8 日，周恩来和黄琪翔副部长一日内两次和陈诚交涉，力陈拘留李公朴"无法代政治部负责，无法对外解释，而同情救国会及李先生者将因不安而引起社会波动；反对救国会者将借此来推波助澜，增加摩擦，更将不利于抗战"，②要求立即恢复李公朴的自由，并将交涉情况亲笔密函"飞送"沈钧儒。随后，沈钧儒设法搞到探监的介绍信，并要前往探望的黄卓明了解李公朴的生活情况和健康情况，同时转告李公朴，有关方面正在大力营救，不久即可恢复自

---

① 田汉：《已准备好为民主献身的公朴》，见《李公朴纪念文集》，第 220 页。

② 《周恩来致沈钧儒信》，1938 年 6 月 8 日，未刊。

由,要他保持冷静。邹韬奋、沙千里、史良以及国民党元老褚辅成、冷遹也致信陈诚,要他释放李公朴。黄炎培致电陈诚,要求准予保释。电文中说:"交公朴十年,其长其短,知之差深。但其不致有妨碍抗战行动,我敢确信。倘荷允许,炎培愿以身家保证。"①

在多方的积极奔走营救下,7 月 6 日,李公朴终获释放。

抗战前,李公朴因"爱国有罪"被国民党逮捕入狱;抗战爆发后,又因"动员民众参加抗战"被扣押,这使他开始思考,究竟谁真爱国,谁真抗日?他回顾自七七抗战到武汉失守,短短一年多的时间,国民党半壁江山沦丧,军队折损近半。而中国共产党从偏隅之地走向全国政治舞台,军力从抗战爆发时的 4 万余人猛增至 18 余万人,八路军推进华北,新四军先遣队深入苏南,开创了敌后游击战争的新局面;抗日根据地和游击区发展到 10 多个,拥有人口 5000 万以上,共产党领导的武装力量已经成为敌后战场抗击日军的主力。对比之下,他对国民党的无能相当失望,对共产党八路军和新四军的信心越来越高,他决心到延安去参观学习。

① 《黄炎培日记》,1938 年 6 月 30 日,未刊。

第六章

访问革命圣地延安

第一节　毛泽东亲切接见

延安，自从毛泽东领导的中国工农红军，经过两万五千里长征，到达这里，并建立了陕甘宁革命根据地后，便成了革命圣地，成了全国人民向往的地方。抗战爆发后，延安像一座光芒万丈的灯塔，吸引着千百万工农群众、知识分子、抗日志士，从沦陷区、从大后方、从海外各地冒着日军的炮火，冲破国民党顽固势力的封锁、阻挠，历尽艰辛，长途跋涉，来到这里，探求真理，参加革命。1938年10月，李公朴和夫人张曼筠以及姨侄张则孙从重庆出发，踏上了奔赴延安的征程。

11月5日，李公朴一行三人到达西安。沿途他们考察了一些城镇的社会生产与民众教育情形，并不失时机地做抗日宣作工作。在成都，李公朴曾在辛亥秋保路死事纪念碑前向群众演讲，宣传抗日救国。同时他们也看到，自武汉失守后，国民党的政策重点逐渐由积极抗日转向消极抗日，积极搞摩擦。在西安，这种现象尤为突出。例如，国民党顽固势力不仅在四川的梓潼、剑阁，而且在陕西的三原、耀县设卡盘查，阻挠青年到延安探求真理，参加革命。又如，西安的报纸除了国民党中央社的稿子外，其他稿子一律不登；当局检查新闻的原则是对于国民党不能

李公朴在西安与杜斌丞(右二)、孙蔚如(左一)等合影。

批评,不能建议,只许颂扬。甚至连国民党军委会政治部派来的抗敌剧团亦受到限制,而不能活动。再如,西安的公务员以及行政人员训练所里的训话,公开叫嚷"摩擦不要紧,上面会保障你们的行动"。"西安几全被防共空气所充满",[①]面对这种情况,李公朴非常忧虑,也非常痛心,他认为如果这种增加摩擦、破坏统一的情况任其发展下去,"抗战前途实不堪设想"。他在写给沈钧儒的信中说:"联络与加强前后方一切抗敌力量,以及巩固全

① 《李公朴致沈钧儒信》,1938 年 11 月 16 日于西安,《近代史资料》总 99 号,第 190 页。

国的统一阵线,为吾人过去所注意,今后更应致力于此。我目睹西安及其影响下整个大西北如甘宁青之种种动态,以及渐遍于全国尤其是川云贵等后方情形,其妨害抗战力量也实甚大,而投降入此'靠摩擦吃饭'的人也日见增多。吾人殊不能听其自然发展下去,必须唤起各方面之注意,急谋所以挽救之道。"为此,在西安他谒见了即将转赴晋南前线的八路军总司令朱德。这已不是他第一次和朱德见面。他在山西民族革命大学觉察到阎锡山对进步人士加以排斥打击时,曾到洪洞县马牧村八路军总部向朱德反映情况,受到朱德的热情接待,并同他畅谈山西战局,说明争取中间势力的重要性。那次会见,使他受到很大启发。在西安,他也会见了西北军政界首脑人物卫立煌、孙蔚如等人,以及社会知名人士杜斌丞、杨明轩、刘定五、朱庆澜①等,希望减少摩擦,一致对外。

目睹西安被"反共高于抗日"的人所把持所操纵,李公朴恨不得立刻到达延安。

李公朴等人乘坐西安八路军办事处的卡车,经过几天的颠簸,于11月24日终于来到仰慕已久的延安。

11月28日,是令李公朴幸福难忘的日子,这天晚上,毛泽东来到交际科招待所看望李公朴夫妇。李公朴夫妇抑制不住怦怦跳动的心,急忙上前迎接,同毛泽东热情握手,相互笑语寒暄。

---

① 李公朴在西安会见朱庆澜时,朱被他不辞辛苦宣传团结抗战的精神所感动,为他题词如下:"长安懒住,又向并州去。试看苦干精神定搏勇敢名誉。再逢知何处,愿一言为助,国本在黎庶。"见《丁丑书画集》,未刊,王健收藏。

走进窑洞，大家围火盆而坐。在座的还有生活书店的职员谷军，他是来投考鲁艺的。毛泽东再次表示欢迎他们来延安访问参观，并向李公朴了解国民党统治区人民的生活状况，了解出版发行方面的工作问题。李公朴一一作了回答，并向毛泽东汇报了他来延安途中的见闻，还就他所感兴趣的抗日军政大学、陕北公学、鲁迅艺术学院各校的教育方针、教学方法、教材、校风以及华北游击区的军事、政权、教育等问题，认真向毛泽东请教。[1] 毛泽东向李公朴作了详细的介绍，并对大后方的出版发行工作作了重要指示。他说："敌人在攻陷粤汉之后，还要继续进攻西安、宜昌、衡阳、南昌、韶关以及粤闽的几个重要城市的。这些地方，在目前虽然不会立刻失掉，但迟早终不免要失掉的。这样，将来我们的后方更要缩小，可以利用的后方更小。因此，书业界的工作便不得不向游击区去谋发展，同时，也是适应那边的需要，工作的地域大概可以分为华北、华中、华南三区，每区的游击根据地可以作为经营的中心地点。工作必须与当地的军队取得联络，与自己在后方的店取得经常联系是不可能的了，因为交通太困难。所以各地区的工作又必须是独立的，自印自卖，印出的书本，应该也只能是薄薄的了。"[2]最后毛泽东恳切地说，"延安是一个抗日的实验区，一切都在试验中进行工作，既无什么神秘的、了不得的好处，也没有像有些人说的那样莫明其妙的坏处。"[3]夜

① 谷军：《陪同李公朴会见毛主席》，《新文化史料》，1993 年第 6 期。

② 《李公朴》（画传），第 78 页。

③ 李公朴：《革命的摇篮——延安》，见《李公朴文集》，第 337 ~ 338 页。

渐渐深了，毛泽东该回去休息了。李公朴拿出画册请毛泽东主席题字。这画册是一部装裱精致的纪念册，叫《丁丑书画集》，又叫《长城集》。集子首页是张曼筠1937年春绘的一幅长城画，当时在狱中的沈钧儒、章乃器、沙千里、王造时、邹韬奋都为“长城画”题了词。后来还有许多名人如郭沫若、王昆仑、柳亚子、马相伯、黄炎培等的题字。毛泽东在张曼筠画的《长城》画幅上题了那首“不到长城非好汉”的旧作——《清平乐·六盘山》。毛泽东的题字至今仍保存着，成为珍贵的历史资料。

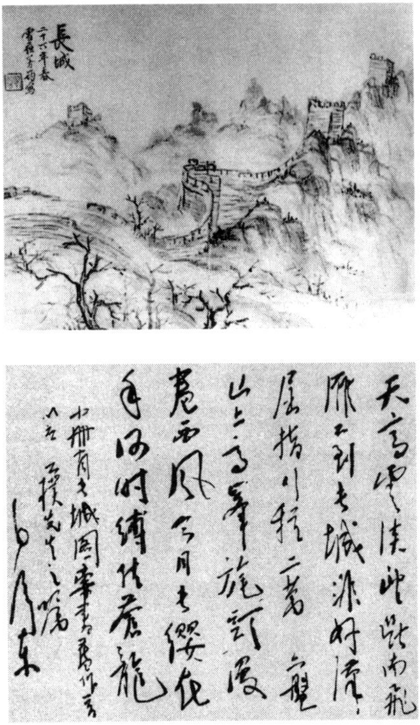

李公朴将张曼筠画的《长城》，请毛泽东主席题字。毛主席题了《清平乐·六盘山》。

毛泽东走后，李公朴和张曼筠久久不能入睡。他们回忆着毛泽东对当前局势的精辟分析和发展趋向的科学论述，谈到毛泽东亲临窑洞会见客人的谦逊精神，以及他穿的一身灰棉军衣。两人热烈地谈论着、谈论着，直到天亮。毛泽东的接见，令李公朴夫妇刻骨铭心。张曼筠在《回忆李公朴》一文中写道：“28日晚上，出人意料地，毛主席到我们的住处——交际科来了。一下子，灯光突然明亮起来,一股热流通过了我们全身。我们的心抑制不住地怦怦跳动着,急忙上前去迎接毛主席,但毛主席已经走进了窑洞。高高的个子,一身灰棉军衣,慈祥地和蔼地笑着。在上海,在武汉,在重庆,在国民党统治区,我们曾多次怀着崇敬的心情,向往着毛主席,渴望着见到毛主席啊!现在,毛主席就在我们面前,我们紧紧地握着毛主席温暖的手,久久不放。这是多么幸福的时刻啊!"又写道,"我们依依不舍地送别了毛主席,望着他魁伟的身影,慢慢地慢慢地远去。回到窑洞里,我们的心情还一直在激动着。公朴满怀激情地说,'他这么忙,想不到竟亲自来了'。接着,又自言自语地说,'共产党就是不一样啊!'"[1]毛泽东亲临窑洞,看望李公朴,可以看出,共产党毛主席对李公朴的关怀;而李公朴奔波千里,心向延安,则表现了他是何等相信共产党,敬仰毛泽东。

第二节　在延安考察学习

清清延河水,巍巍宝塔山。延安,庄严而雄伟的古城,使李公朴感到亲切、宜人,甚至觉得这里的空气也格外新鲜自由。他要在这里作仔细的考察学习。

李公朴认为要真正了解延安,仅仅通过欢迎会、晚会、街头墙报以及标语,是不够的,应该从各民众团体、学生集团中去研究,去比较它的进步与趋向。"否则只住上三天五天,走马看花

① 《中华民国史资料丛稿》,增刊第 4 辑,第 82 页。

地看了一下，抓住一些个别的、零碎的现象，就认定了延安的全部，这种只看片段，不看全面，或是拿一面来代替全面的观察法是完全不对的。以这种看法来说好，也只是皮毛，说坏也不会公道”。[1] 因此，他这次在延安不是走马观花式地转一圈，出席几个大会，发表几句演说，照几张相就算圆满成功，而是整整住了一个月。他不顾严寒，拿着一根手杖，每天奔波于沟谷纵横、墚峁交错的陕北黄土高原上，热心地到处参观访问。

他参观了延安的民众组织，包括男女自卫军、少先队、农救会、商救会、妇救会、青救会、文协会等组织，并亲自经历了从延安到安塞途中，被农民自卫军盘查路条；看到了农民自卫军自带粮食，自带工具，为扩大修筑飞机场，心甘情愿地出“公役”；目睹了少先队、儿童团帮助抗日家属挑水、拾粪、拔草、耕田；观看了由老百姓组成的民众剧团自编自演的《防空活动》，淋漓尽致地表现了日军残酷的轰炸情形和防空应有的常识。他深切地感受到，这些组织在“工作上表现得非常的活跃，并且都能合乎实际的需要，能解决实际的问题，而不是一个空架子”。

他调查了边区的地方政治，了解到边区的村长、乡长、县长都是民众根据民主原则，采取真正的民主选举方式产生的。而边区的民众对于选举，也都经过认真考虑，被人拖着鼻子跑的被动现象很少。县长的文化程度虽然不高，但都能看文件、写报告，而且对于工作负责热诚，和群众打成一片，与民众密切联系，了解民众的实际生活状况，能解决民众的实际问题。李公朴认

---

① 《李公朴文集》，第 338 页。

为,这样的县长是抗战过程中真正需要的,这样的县长才配称二个“新民之官”。

边区的建设工作给他留下了深刻的印象。诸如农业、手工业、合作社以及牛、马、骡、驴的养殖场,土布、毛衣、毛巾、皮革、袜、纸等小规模的机器制造厂等,他都一一作了调查。他的印象是:“边区政府对于生产建设的事,无时无刻不在积极推进中。”

他考察了边区的司法管理,参观了法庭、监狱,了解了边区的民事诉讼和刑事案件。他的看法是:“没有森严,没有恐怖,一切都平凡,一切都是人对待人的样子。”“边区的法律,罪犯的生活,都能合乎教育原则,都能站在教育的基础上来进行。”

延安的文化教育是他考察的重点,无论是“鲁艺”、“抗大”、“陕公”、党校、马列学院,还是边区中小学、民众识字班、冬学、夜校、随营学校,他都成了不速之客,“不请自来,不辞竟去”。① 不仅研究了他们的教学课程,而且参加过他们的座谈会、讨论会、生活检讨会。他对“鲁艺”、“抗大”的教育留下了深刻的印象。翌年他重返延安,适值“鲁艺”和“抗大”分别成立一周年和三周年,他为“鲁艺”周岁赠言:“在去年的今天,中国艺术界发生了一道光芒,这光芒一被发现就惊动了全国,振奋了艺林,它越长越大,天真活泼,坚强有力地反映出千万人的心灵,发动起千万人走上前线。这新生的力量是新阶段中抗战的支柱,是新中国艺术界的曙光。”②他为“抗大”题词:一座伟大的熔炉,燃烧在黄河

① 李维汉:《悼公朴先生》,见《李维汉选集》,第190页。

② 《李公朴日记》,1939年5月9日,未刊。

之滨，锻炼出成千成万的优秀儿女。学习八路军的求实精神，艰苦奋斗的革命作风，抗大是新战士的产生地。[1] 他对边区教育的结论是，边区在发扬战时教育，增强国防力量，造就大批抗战干部，支持长期抗战方面做出了重大贡献。

总之，李公朴认为边区的司法、行政、教育、民运等方面的实施方法，可供全国学习的地方很多。他说："为着增强抗战力量，为着奠定新中国的基础，我们应当注意这一个实验区的工作，我们应当设法取其优点，推扩到其他地方去。"[2]

当然，李公朴在参观考察中，根据自己的见解，也发现了延安存在的缺点。例如，由于缺乏专门人才，在行政管理和行政技术上尚表现得不够。又如，集体工作做得很好，个别工作就稍差，有时临时工作还妨碍了经常的工作等。惟其信之笃而爱之深，才直言批评，后来，他在宜川整理了自己的意见，并坦诚相告中共。另一方面，也可以看出他对延安的考察确实下了一番工夫，十分深入细致，因而意见也提得尖锐中肯，同时又是积极的、善意的。

在延安期间，李公朴还会见了许多老朋友，如艾思奇、柯仲平、高士其、张光年等人。同时也结识了许多新朋友，像音乐家冼星海、抗大教务长罗瑞卿等人。李公朴和冼星海是邻居，他向冼星海学唱《黄河颂》、《生产大合唱》等歌曲，由此结下深厚的友谊。他还草拟了一首教育歌，由塞克写词，请冼星海作曲。和罗

---

① 《李公朴日记》，1939 年 5 月 18 日，未刊。

② 《李公朴文集》，第 348 页。

瑞卿结识,还有一段风趣的插曲。那是在抗大举行的盛大欢迎会上,李公朴夫妇和塞克三人是贵宾。欢迎大会开始了,主持人罗瑞卿大声宣布:"今天,我们延安各界在这里隆重集会,热烈欢迎李公朴先生和塞克夫妇。"罗瑞卿乱点鸳鸯谱,惹得全场人捧腹大笑。①

俗话说,百闻不如一见。一个月的延安之行,给李公朴留下了深刻的印象。他就延安的所见所闻,写下了《革命的摇篮——延安》一文。他写道:"延安是一个实验区,是一个革命的实验区。有人说它是革命的圣地,的确,从四面八方来到延安的青年男女,真像朝圣一样,'顶礼膜拜',这是象征着一种人类的希望,人民的愿望,是谁也阻止不了的。但作为我来说,与其说它是革命圣地,还不如说它是革命的摇篮。因为许多中华民族的优秀子孙,都在这里得到孕育、成长,然后又到四面八方去发展壮大。它在历史上的巨大影响,是至为深远的。"凡是正直、诚实的爱国人士,到延安后都会对共产党产生信任,寄予希望。李公朴的延安之行,是他思想发生重大变化的重要转折点,诚如张曼筠所说:"公朴的心和共产党又近了一些。"②

---

① 孙焕英:《"天怪"塞克》,《北京晚报》,1997 年 10 月 24 日。

② 《中华民国史资料丛稿》,增刊第 4 辑,第 83 页。

第七章

驰骋华北抗日根据地

第一节　在晋西南

1939年1月初,一个雪后晴朗的早晨,李公朴和他的秘书、中共党员方仲伯等人离开延安向晋西进发。他的夫人张曼筠则留在延安,进“鲁艺”学习。张在“鲁艺”学习一年,旋因母丧回到重庆。

山西是华北的堡垒,西北的屏障,南北沟通的支撑点。如果日军控制了整个山西,那么冀、察、绥、陕、豫均将不可收拾,而且大西北将直接受其威胁。因而山西在整个抗战中的地位是十分重要的。另一方面,抗战爆发后,山西的统治者阎锡山眼见自己的旧军溃不成军,旧政权土崩瓦解,为了维护在山西的统治,在一段时间内,对于辖境内的统一战线组织采取了积极合作的态度。所以,虽然自日军的铁蹄踏入晋北天镇起到晋西临汾失陷,山西已大部沦入日军手中,然而,山西的统一战线组织牺盟会、战地总动员委员会、新军却坚持在敌后发动群众,开展游击战争,坚持抗战,建立抗日民主政权,打开了山西抗日的新局面。这是李公朴深入敌后考察晋西南的原因。

这里我们简单追溯“牺盟会”、“战地总动员委员会”和“新军”的成立。

牺盟会的全称是牺牲救国同盟会,成立于1936年9月18日。当时阎锡山统治的山西,外有日军的节节迫近,内有为阻挡红军入晋而引进的号称18万的蒋系中央军。阎锡山一方面面临日军的威胁,另一方面又担心被蒋介石吃掉,在蒋日两方面的压力下,他接受了中共提出的国共合作组成抗日民族统一战线的主张。经过和太原的地下共产党人和进步人士杜任之、宋劭文、刘岱峰等多次协商,于纪念"九一八"事变五周年之际,在太原宣布成立牺牲救国同盟会(简称"牺盟会")。不久,阎锡山又邀请中共党员薄一波来太原"共策保晋大业"。从此,牺盟会在中共的领导下,在全省各城市、乡村发动群众,组织群众,开展轰轰烈烈的抗日救亡运动。抗战爆发后,组建了革命武装青年抗敌决死队,同时各县牺盟会普遍组织抗日自卫军,武装自卫队,牺盟游击队,县大队以及区、村农救会,青救会,妇救会,儿童团等地方抗日武装团体,展开游击战,袭击日军。

战地总动员委员会的全称是第二战区民族革命战争战地总动员委员会,成立于1937年9月20日。它是在中国共产党的推动下,由共产党,八路军,山西、绥远省政府和军队以及牺盟会和其他群众团体共同组成的。如前所述,李公朴曾被推选为该组织的宣传部长,但因别的工作未能到任。战地总动员委员会成立后,在共产党八路军的领导下,根据成立宣言中提出的奋斗目标,建立区村一级的战地总动员委员会组织,深入发动群众、武装群众,组织各种群众抗日救国团体,建立村政权,组织游击支队,发展抗日武装。工作迅速展开,成绩显著。

新军,即山西青年抗敌决死队,成立于1937年8月1日。抗战爆发后，阎锡山深知光靠晋绥军抵挡不住日军的进攻，必须组织一支新军，因而同意薄一波的建议，将原有的军政训练班、民训干部教练团、国民兵军官教导团之一部，合组成山西青年抗敌决死队第一总队，由薄一波任政委，牛佩琮任政治部主任，各级军事指挥职务则由阎锡山派任。阎锡山对新军存有个人目的，各方面都给予支持，所以发展很快。先由一个总队发展到四个总队，不久又扩充为四个旅一级的纵队，还组建了工人武装自卫队，后来也发展成为纵队。新军活动于晋东南、晋西北、晋西南等地区，开展游击战，袭击日军，破坏道路，收复失地，创造了显赫的战绩。新军“已成为山西，甚至整个华北抗战的一支不可缺少的力量”。①

李公朴等人第一次渡过黄河，到达吉县时，该县刚刚遭到日军的侵掠，家家门户紧闭，鸡犬俱无，更不用说饮食了，情况也比较混乱，只好返回陕西宜川桑柏村。1月15日，李公朴等二渡黄河，再次来到吉县。在这里，他凭吊了温健公殉难处，并摄影以作纪念。2月2日，他骑马专门到温的墓地悼念。温健公原名文淦，广东梅县人，中共党员。曾被党派往阎锡山开办的军官教导团任政治总教官，也曾和李公朴一起在山西民族革命大学任教。后任第二战区政治部宣训科科长。上年12月26日，日机轰炸吉县，不幸被炸死在县城西门外，年仅30岁。凭吊温健公后李公朴又来到离县城六里远的井圪塔村，参加不甘受敌欺辱、英勇抵抗、惨遭杀害的28位村民的追悼会，瞻仰了烈士英勇牺牲的山

① 《李公朴文集》，第413页。

窑。旋应县长燕尧松之嘱，为在骇人听闻的井圪塔惨案中牺牲的28位烈士撰写了碑文。碑文高度赞扬了井圪塔村民同日军英勇斗争的精神："没有斗争，便是灭亡，所以人类生命的存在，当以能否斗争而决定。不能斗争，虽生犹死；为整个民族生命的存续而奋斗，则虽死犹生。"①同时碑文也记录了村民同日军顽强搏斗的经过和应从中吸取的教训。

从3月下旬开始，李公朴一行跋涉于临汾、汾城、襄陵、乡宁等县，于4月初又回到吉县。在这段时间里，他同这四个县的牺盟会、决死队、游击队以及区村级的抗日救国团体一起生活、战斗、工作，并出席了军政民运各类演讲会、谈话会、讨论会，对这些地方的抗日武装斗争、民众组织、统一战线有了深刻的认识。他认为：1. 地方政治一定要同军民打成一片，才能办得好，和军民的关系有多好就有多少成绩，而健全的县长是地方政治的基础。2. 军队分为三等：建立了军队政治工作，能打仗，并与民政打成一片；能打仗，但政治工作不好；既不能打仗，又无政治工作。"老百姓对军队能打仗者即感满意，对不能打仗者就一点不客气，慰劳品也不给他们"。3. 民众组织：农救会、妇救会、儿救会各县区村都有。4. 统一战线：国共两党的合作，不但合乎客观的需要，而且是有其理论根据的。李公朴说毛泽东曾经说过："一个真正的马列主义者，应该拥护一个真正的三民主义，这句话就是完全根据理论而来。"因而他认为："我们站在无党派的民族立场来谈话，也确实感觉国共是应该合作与必需合作，国民党

① 李公朴：《两渡黄河》，见《李公朴文集》，第352页。

的不健强，非独与民族有害，且亦与中共无益，这两党的诚意合作才是国家民族福利。”①他曾为吉县牺盟会的负责人写了一段话，谈国共合作之重要性。他写道：“我走了很多的地方，看了很多不同的情形，但有一件事是各地相同而绝无例外的，那就是如果这一县的军政民运等各团体能够有很好的团结和深切的了解，统一战线则自会慢慢成立起健全的组织，收到很大的工作效果；若是互相猜疑，彼此攻击，则非独抗战工作无从进行，相反的并会招致到减弱抗战力量的严重后果。这是我们每个人所要随时随地注意与警惕的。”②

李公朴此次在晋西南各地考察，应邀做了多场演讲报告。他在演讲时，用最通俗的语句和浅显的道理，说明为什么要抗日，日军为什么敢欺负我们；用麻绳做例子，说明为什么组织起来才有力量；用积谷防饥的例子，说明为什么要在日军打来之先提前准备；以及政府与民众的关系，军民相互的关系，如何进一步做教育民众的工作，组织的严密性等等，深受欢迎，反响强烈。同时他本人也受到了当地军政民的热烈欢迎，往往是演讲会结束后，大人们围住他问这问那，表现非常亲切；一些小学生有的依偎在他怀里，有的依在他膝下，牵衣执手，依依不舍。对此，李公朴常常感动得热泪盈眶。他感慨地说，老百姓对他的欢迎，“其亲热有如远道归来久别之家人，令人感动不已”，而当告别

① 《李公朴日记》，1939年4月7日，未刊。

② 《李公朴日记》，1939年4月4日，未刊。

时,老百姓依依不舍之情形,“诚非墨楮所能形容耳!”①

晋西南军民的爱国热情,争取抗战胜利的信心,八路军领导的游击队、牺盟会、决死队英勇杀敌、战果赫赫的功绩,激发了李公朴的诗情写意。他先后为一些报刊题写报头,写短文,为支队、军政干部学校写队歌、校歌。4 月 1 日,他为中心区《农民五日刊》题写报头,为《战斗导报》和《战鼓》题话作纪念,并为即将出版的战地文化写了一篇短文,题目为《伟大的战地文化》。他兴奋地写道:

> 伟大的民族革命战争,发动了我们新文化的展开,一切腐败的与落后的陈旧东西,均为这大时代的洪流所洗刷与淘汰,到处呈现着慷慨悲歌、英勇卓绝的事迹。活跃在全国各战区的儿童、妇女、工农大众,以及雄纠纠地拿着武器站在战壕里的战士的英姿,构成了最丰富最伟大的新文化的题材,制造出千百种活泼生动的教科书,创造了新文化最完整的、划时代的形式与内容。战地文化是这些新文化的缩影,是传达这些新文化的喇叭,是熔化这些新文化的洪炉。它要把这些新文化的种子,散播到我们的前方和后方,站在革命的立场,举着鲜明的旗帜,为中华民族解放而奋斗到底。时代给予它的使命是这样,我们对于它的希望也是这样!②

① 《李公朴日记》,1939 年 3 月 31 日,未刊。

② 《李公朴日记》,1939 年 4 月 1 日,未刊。

4 月 4 日，李公朴在吉县，为县牺盟会出刊的油印小报题写报头——“曙光”，希望吉县牺盟会在抗战工作中取得更大成绩。

4 月 8 日，是《黄河日报》创刊纪念日。李公朴与该报的苏光谈编辑内容，并题《黄河颂》诗四首。其中一首写道：

黄河！黄河！
民族的老友，
真理的产物，革命的源流。
你的精神永远不变，
永远是为着大众的幸福而追求。
黄河！黄河！
民族的好友。[1]

4 月 10 日，李公朴为政治保卫队二支队写队歌：

我们是老百姓穿上制服，
我们是老百姓拿起刀枪，
在吕梁山边，是我们家乡；
在敌人后方，是我们战场。
我们是政治的军队，是民众的武装，
永远是代表着大众的利益，
是在抗战中生长与健壮。

---

① 《李公朴日记》，1939 年 4 月 8 日，未刊。

是日，他还为二支队军政干部学校写了校歌：

同学们挽起手来，
英勇团结，刻苦坚强，
走进抗日的课堂。
快来加紧学习，发挥集体的力量。
学习，学习，再学习，
巩固我们的部队；
努力，努力，更努力，
扩大与加强我们的武装。
在吕梁山上打击敌人，
在吕梁山上同强盗算账（复唱头四句）。[1]

李公朴结束了在晋西南的战地考察，根据搜集到的大量的第一手资料，撰写成《走上胜利之路的山西》，1939 年 5 月由黄河出版社出版。他热情讴歌了当时山西的军事、政治、经济、文化、教育、民运等方面的进步，指出之所以有这些进步，主要有三个方面的因素：1. 山西军民坚决与山西共存亡，有誓死不渡黄河的决心与信心。2. 牺牲救国同盟会的发展与健全，发展了百万以上的会员，团结了数千以上的优秀干部，组织了近 10 万人的新军和人民武装自卫队，全省各个民众团体都在牺盟的直接领导下逐渐健全起来。3. 统一战线的巩固和扩大。同时，他也严厉地

① 《李公朴日记》，1939 年 4 月 10 日，未刊。

批评了山西日益抬头的破坏团结抗战、蓄意搞摩擦的“汉奸行为”；无情揭露了日军在山西烧杀掳掠无恶不作的暴行。总之，他对于山西抗战的发展，乃至整个抗战的胜利，寄予无限的希望。他写道：“黄河之水，正泛滥着民族革命的狂潮；太行山峰，已高举起抗战胜利的旗帜。我们跟着这条‘胜利之路’，更大踏步地向前迈进吧！”

第二节　组建抗战建国教学团

1939年4月24日，李公朴经宜川又回到了延安。他重返延安，是想得到中共的帮助，组建一支“抗战建国教学团”，到战区或内地，“宣扬民族抗战意义，教育民众抗战知识，交换抗战经验，学习抗战工作，推进抗战教育，奠定建国基础”。[①]

具实，早在一年前，李公朴就有建立这样一支组织的考虑。当时他看到抗战已爆发九个多月了，尽管有许多的宣传队、服务团等组织，努力宣传唤起民众，参加抗战，但他们“仅仅靠着单纯的鼓动”，因而“民众兴奋的情绪常常是随着他们的来而来，去而去”。同时，也由于战事的紧张，人们的注意力都集中到了前方，而忽略了民众需要教育和青年干部需要学习的重要，致使夺取抗战胜利最重要的保障——大多数民众，还没有完全动员起来。他们对于抗战的意义仍然不了解，更不用说掌握参加抗战工作所必需的一切技能。此外，大多数青年干部没有抗战工作经验，

① 李公朴：《抗战建国教学团创立缘起》，中国革命博物馆藏。

不懂得做抗战工作的方法，也缺乏必要的学习机会。这些使他萌发了建立一个流动教学团的想法。他在《组织流动教学团的一个建议》一文中说："为了加强宣传的效力，为了要以最少的人力物力到各地去普遍的就近教育广大的民众，为了在流动中建立起继续性的工作，为了不仅是自己工作，而且还要能发动他人起来工作，为了在实际工作中锻炼出机警灵活的青年干部，我想了一个流动教学团的组织方案。"①他为这个教学团拟名为"抗战建国教学团"，并为流动教学团制定了宗旨、组织章程、工作区域和工作纲领等规则。

流动教学团的宗旨为，宣扬民族抗战意义，教育民众抗战知识，学习抗战工作，推动抗战教育。要求其团员能刻苦耐劳，具有适合本团工作的技能，愿意牺牲个人利益，忠实于抗战事业，服从本团公约。

流动教学团主要由总务股、宣传股、教育股、通讯股和研究股组成。总务股下设文书、会计、庶务、交际四个小组。其主要任务是该团每到达一个地方，事前通知当地最高政府机关；到达后，负责与当地党政军警各机关接洽，根据当地的需要，以定工作范围。宣传股设立戏剧、歌咏、杂技、讲演、漫画、墙报组。其职责为，促动当地机关团体张贴墙报、漫画、标语，举办戏剧、歌咏、杂技等公演与讲演，必要时并印发传单。教育股设防空防毒、肃奸防谍、民运研究、抗战艺术组。该股任务是设法促动当

① 李公朴：《组织流动教学团的一个建议》，《全民周刊》，1卷25号，1938年5月28日。

地机关团体开办各种短期训练班，培植大量的抗战教育干部，建立抗战教育的基础。通讯股设立采访和摄影两个小组。其任务为深入调查当地的政治、经济、民运等情况，一方面作为教育民众的第一手资料；另一方面进行研讨，提出意见，建议于当地主管机关，并将各种优点写成通讯发表。同时在各地设立通讯处，布置通讯网，以便沟通各地救亡情报，和使各地党政军机关、各团体交流工作经验。研究股设立编审、材料、出版组。主要负责将在各地所搜集的材料，工作中所得的经验教训，编辑成册；或有系统的编纂发行抗战建国小丛书，供各方参考；条件允许时发行不定期刊物。

流动教学团的工作区域，采取流动性，或在战区，或在内地。每地工作时间至少半月，最多一月。

从上述李公朴为流动教学团所制定的宗旨和工作纲领来看，他是力图把教学团办成一个撒播抗战教育种子的播种机，一个传播文化的交通队，一个开辟文化的先锋队，一个抗战建国的推动机。毫无疑问，只要照此努力做去，对推动抗战建国的工作，一定会发生很大的效力！遗憾的是，他这个设想在当时并未能实现。

在晋西南几个月的战地生活，李公朴感到迫切需要成立抗战建国教学团。4 月 24 日他重返延安后，立即把组建抗战建国教学团的想法向中共中央作了汇报，并得到中共的大力支持。随后，他和组织部长胡耀邦反复商量，[1]从抗日军政大学、鲁迅艺

① 《李公朴日记》，1939 年 5 月 7 日、15 日，未刊。

术学院和陕北公学抽调了几名干部，他们是陈国珍（又名古赛）、曹吾（又名黑铃）、路奇、左丘阳、黄韦、鹿行、张戎、温夷、[①]方树民，加上李公朴本人，共10人，[②]组成抗战建国教学团。李公朴任团长。这些团员中张戎喜欢绘画和歌咏；温夷对戏剧编导工作有研究；陈国珍擅长绘画；曹吾是美术家；路奇有摄影专长，且能写文章；左丘阳对文学有研究；鹿行对文教工作有兴趣；黄韦性格热烈，个性强。从他们的爱好和专长就可以看出，这是一支为抗战建国服务的精干队伍。

抗战建国教学团组成后，随着抗战形势的变化，李公朴在建立流动教学团的宗旨、任务的基础上，从抗战建国的高度，对教学团提出更高更科学的要求。他在《抗战建国教学团创立缘起》中开宗明义指出："抗战建国已成为我国当前最重要而不可分离的两大任务。怎样动员广大的民众，使能各负其所负的责任，以实现'抗战必胜，建国必成'，已成为朝野当前最重要而又最迫切的工作了。"接下来他指出，抗战建国的民众教育方针，绝对不是在普通学校的教室里，加授几课抽象而呆板的所谓战时知识，也不是仅仅在前方开办几个训练班，而是"不仅要支持抗战，而且要准备建国"，具体地说，就是"要在广大的民族中培养出无数的英勇的抗战的战斗员，也就是建设新中国的先锋队，根本改造我民族的一切缺点，发扬我民族的一切优点"。[③] 同时，他把抗战建

① 据抗战建国教学团成员黄韦的日记，1939年6月15日，未刊。

② 后来抗战建国教学团又增加了两人，除李公朴外，共11人。见李公朴《在教学团检讨会上的发言》，未刊。

③ 李公朴：《抗战建国教学团创立缘起》，中国革命博物馆藏。

国教学团的工作方式和内容概括为四点:1. 采取灵活而具体的教育,教材不是凭空想象来的,要从抗战建国的实际行动中,从一般民众的实际生活中去收集。2. 推动和帮助各地民众以及各机关、各团体自动训练更多的抗战建国的师资。3. 尽量用各种艺术方式作为教育的手段,发挥宣传的效力,同时建立通讯联络网,保持工作的固定性和继续性。4. 就近开办训练班,就近训练青年,避免物质上、人力上和时间上的浪费。他还亲自为抗战建国教学团拟了团歌:

> 我们把学校送上门来,既当先生,也当学生。
> 必须首先当好学生,然后才能当好先生。
> 坚持抗战,反对投降;
> 坚持团结,反对分裂;
> 坚持进步,反对倒退;
> 就是我们第一课的教材。
> 我们的课堂就是战场,战场就是我们最好的课堂。①

抗战建国教学团在李公朴的率领下,经晋西北到达晋察冀边区后,李公朴又根据边区的实际情况,为教学团制订了晋察冀工作阶段的组织章程、生活公约、工作规约、学习规约、学员学习计划、采访及材料搜集工作计划纲要、教育股晋察冀边区墙报工

---

① 《李公朴》(画传),第86页。

作计划纲要等规则，[1]使教学团围绕着边区的需要，开展工作。

从李公朴设想建立一个流动教学团，到在中共的支持和帮助下，组建成一支抗战建国教学团，以及他为教学团所制订的各种规章法则，这是他抗战以来，主张把抗战教育和发动群众结合起来，把战时宣传和教育结合起来，以最少的人力物力传播更多的抗战教育种子，发动抗战力量，支持抗战思想的继续和发展，而教学团则是实现他这种主张的一个有效办法。

第三节　在晋西北

抗战建国教学团成立完毕，李公朴本来打算率团直接到晋察冀边区，因在延安遇到第二战区保安司令续范亭，热情邀请他率团到晋西北前线去，遂改变了计划。续范亭，山西崞县（今原平）人。1935 年为抗议国民党政府的对日不抵抗政策，以国民党陆军新编第一军中将总参议的身份，在南京中山陵剖腹自杀，虽然遇救，但这一忧国自杀事件，在国内引起巨大震动。1937 年回山西工作后，以抗日坚决，思想进步，靠拢共产党而著称。李公朴和续范亭是最要好的知交，欣然答应他的邀请，并约定结伴而行。[2]

1939 年 6 月 15 日，李公朴率抗战建国教学团告别延安，和续范亭及其随行人员共乘一辆卡车，向晋西北进发。临行前，他

① 李公朴：《抗战建国教学团晋察冀工作阶段手册》，1940 年 2 月，手稿本。

② 金城：《延安交际处回忆录》，中国青年出版社 1986 年 10 月版，第 84 页。

李公朴率抗战建国教学团一行10人:陈国珍(又名古赛)、曹吾、路奇、左丘阳、黄韦、鹿行、张戎、温夷、方树民于1939年6月中旬离开延安,深入华北敌后根据地。图为临行前李公朴和团员及送行者的合影。前排左二为延安交际处处长金城,右二续范亭,续之左侧为李公朴,李与续之间为张曼筠。

们和延安交际处处长金城和其他送行人员,一起在车前合影留念。

李公朴和抗战建国教学团经陕北绥德、神木,跨过黄河,首先抵达晋西北兴县。兴县是巩固和扩大统一战线的模范县,是晋西北军政民运的中心,晋西北军政民最高机关都设在这里。李公朴他们一到兴县,立即投入七七抗战三周年纪念活动,举办了三天版画展览会,同时活跃在各种纪念活动场所。教学团首先给兴县各界民众、各机关团体、各驻军留下了深刻良好的印象。随后,李公朴根据兴县迫切需要艺术干部的实际情况,开办了“兴县各界抗战艺术研究班”。参加者为各机关、团体和驻军的艺术干部,文化娱乐工作干部,政治干部和军事干部,他们都具有艺术工作经验和相当的艺术修养。开设的课程有“抗战文艺理论”、“墙报旧形式和小形式”、“通讯和报告文学”、“剧作法”、“表演术”、“舞台装置和化装”、“美术理论”、“漫画和木刻的作法”、“标语写法”、“识谱”、“练声和指挥”等11门。在教与学中,实施“教学做用合一”的原则。即每天下午由教学团的一位团员主讲某一课程(该团员对这一课程必须有研究,写出的教材必须经过对这门课程有研究或有兴趣的同志的充分讨论和修正),而参加学习的学员学过后要立即应用。例如,讲过美术后,在街头巷尾出画报;学习戏剧后,排演了三幕剧《国旗飘扬》。

在兴县,教学团还应“山西民族革命青年军官教导团”教育长刘墉之的请求,为青军团单独举办了一个研究艺术班。青军团是抗战后山西军事教育最高学府。教学团根据青军团文化水平比较整齐和是军事干部教育机关的特点,在抗战艺术研究班的课程内容上作了删增,使适合于实际工作需要。例如,在文化方面取消了“小形式和旧形式”,增添了“文艺思潮”;在戏剧方面合并了“表演术”、“舞台装置和化装”,取消了“剧作法”,增加了“戏剧运动”,其他科目也都做了相应的调整。此外,李公朴认为,一个军事干部必须了解政治工作的重要性,并掌握政治工作的方法,因此,特别给他们增加了“军队政治工作”,并亲自为他们讲演“抗战建国过程中应有的政治认识”。[①]

---

① 李公朴:《我们的工作在晋西北》,见《李公朴文集》,第357页。

除此之外,教学团还应青军团政治工作干部的要求,帮助他们训练了一队政治工作人员。

抗战建国教学团在兴县工作了两个多月,8月26日,他们离开兴县之际,李公朴以团长的名义,发表了《抗战建国教学团告别兴县各界书》。他在告别书中说,在兴县这段时间里,"我们向同志们学习了不少宝贵的经验和教训,同时也坦率的将同志们向我们所要求的贡献给大家"。他针对阎锡山日益严重的降日反共活动指出,自抗战爆发至今,日军之所以未能踏进兴县一步,主要是由于民族革命统一战线在兴县、在晋西北的巩固和扩大,由于兴县民众的觉醒和组织。但是敌人是不会放弃进攻的,正加紧政治阴谋活动。他呼吁晋西北军政民,"要格外提高政治警觉性,下定最大的决心,敌人所要说的话,我们决不说,敌人所要做的事,我们决不做,仇者所快,亲者所痛的事情,决不是我们做的"。为保卫兴县,保卫晋西北,保卫收复华北的堡垒山西,"精诚团结,巩固扩大民族革命统一战线",并"动员一切力量,组织最大的群众力量,彻底肃清敌探汉奸,为争取最后胜利而奋斗到底"。①

告别了兴县,李公朴率抗战建国教学团来到岢岚县。

岢岚县是晋西北的一个大县,山西行政第二区专员公署、牺盟中心区设在这里,还驻扎着续范亭的暂编第一师、山西工人武装自卫队等驻军。李公朴他们发现,岢岚和兴县一样,急切需要艺术干部,而当地的领导机关也有同感。经过协商,决定为他们

① 油印件,未刊,王健收藏。

举办一个“山西行政第二区军政民艺术干部训练队”，李公朴任队主任，负责教育计划的实施；其他事务及经济方面则由当地人员独立负责。

参加艺训队的成员包括暂一师、工人武装自卫队、中心区的各级干部，还有工卫队和专员公署的联合剧团以及中心区所属的流动宣传团的全体成员。年龄最大的45岁，最小的十二三岁，文化程度一般较低，但基本上是在和敌人的战斗中成长起来的干部，拥有宝贵的工作经验。根据这些客观条件，李公朴决定在课程的安排上以“简而不繁”为原则；在教材方面，尽量使其能够适合实际工作需要，并能在工作中灵活运用；在讲授中，力求通俗易懂，同时加强课外参考资料的学习和课外指导，以及加大理论在工作中的实践。为了发扬互助精神，推动全队的学习，李公朴创造了“导生教学制”，即使文化水平较高的学员担任导生，帮助个别文化水准较低者共同进步。同时，李公朴强调政治训练，他认为一个艺术工作者，如果没有坚定的政治方向，没有正确的政治认识，决不能担负起抗战的艺术工作。在艺训队开学的第一天，他为队员们作了简明扼要的国际形势报告，并指导队员如何把握国际国内政治形势的方法；在艺训队结业的那天，他又为队员们做了“抗战建国过程中应有的政治认识”的报告，“使同学把握住正确的政治方向，站在艺术的岗位上，完成民族解放的神圣任务”。①

---

① 李公朴：《抗战建国教学团告别岢岚二区各部队各机关各团体书——我们这次在岢岚的工作报告》，1939年9月30日，油印件。

艺训队共开课 20 天，除学习外，还在抗战建国教学团的指导下，出刊了六期内容丰富的墙报，五期抗战画报，开了四次晚会和一次盛大的公演。期间“九一八”八周年纪念日，教学团把艺训队编成三个宣传队，在训练地西豹峪方圆 30 里的要道处，画满了大幅的壁画，贴满了传单、标语和抗战画报。下午，纪念大会之后，艺训队公演了《血祭九一八》等剧。一天的活动，轰动了附近的村庄，吸引了众多的群众。这是抗战建国教学团运用艺术武器进行宣传工作的总结和检阅。

李公朴领导抗战建国教学团在晋西北短短四个月的活动，为适应前方工作的迫切需要，克服困难，尽最大的努力创造出新型的教育方法，帮助晋西北培养了一批艺术干部，奠定了晋西北艺术教育的基础，有力地推动了晋西北抗日统一战线的巩固和扩大。这种崇高的爱国热情深深地感动了续范亭，他称赞李公朴“为统一战线之最努力者”，并做诗相赠：

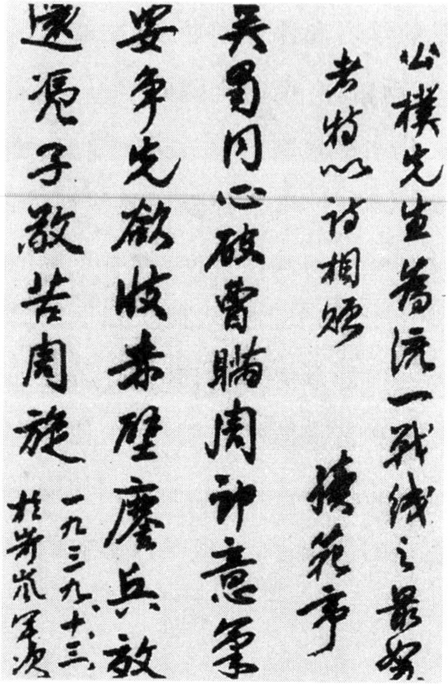

在岢岚，续范亭为李公朴题字，称赞他为统一战线之最努力者。

吴蜀同心破曹瞒，周郎意气要争先。

欲收赤壁鏖兵效，还凭子敬[①]苦周旋。[②]

第四节　在晋察冀边区

1939年10月28日，李公朴和抗战建国教学团在八路军一二〇师独立二旅五团第一连的护送下，穿过有日军重兵把守的同蒲线，翻过一道道山沟，一重重山岭，终于到达了晋察冀的中心——五台山根据地。这是中国共产党领导的敌后抗日根据地之一，也是李公朴盼望已久的地方。他激动地说，他们"踏上了插有祖国旗帜的晋察冀边区的境界，开始呼吸着抗日民主的战斗气息"。[③]

李公朴此行，冒着国民党的严重迫害，甚至生命危险。他率抗战建国教学团出发不久，蒋介石即密电第一战区河北游击总司令鹿钟麟："据报李公朴到延安后，住马列学院，与中共中央商计组织抗战建国教学团，现已就绪，于东日（1日）率男女团员40余人赴米脂，转赴晋冀鲁豫皖各省工作，拟在各地成立分团，开展赤化工作等情。特电，希严予查禁。"[④]后来，他们在通过正太路封锁线前往晋冀鲁豫抗日根据地时，蒋介石又密电在正太沿

---

① 子敬即三国时吴国名将鲁肃。公元208年，曹操率军南下，严重威胁吴国，鲁肃建议孙权，联结刘备共拒曹操。结果大破曹兵于赤壁。

② 影印件，《李公朴》（画传），第91页。《续范亭文集》第100页，该诗第四句为："子敬还须苦周旋。"

③ 《李公朴文集》，第707页。

④ 影印件，《李公朴》（画传），第83页。

线的国民党朱怀冰部，如捉到李公朴等人，立即就地枪决。与此相反，李公朴此行得到了八路军的热情支持和关心。他们一行在通过日军重兵把守的同蒲线前往晋察冀边区时，八路军一二〇师独立二旅五团团长毛绍先派了一个连担任护送任务，并对该连政治指导员钟吉龙说："这次任务很艰巨，李先生是全国知名的爱国人士，拥护并积极支持我党的抗日路线。他们是第一次去晋察冀敌后，沿途敌人封锁很严，你们一定要不惜一切代价，保证李先生一行安全到达。"[①]为保证安全，毛绍先又另外派了一名熟悉道路的交通员，协助护送。在钟吉龙连的护送下，他们安全到达五台山下的五台镇附近时，晋察冀边区还专门派部队迎接。国民党、共产党对待抗日战士两种截然不同的态度，使李公朴亲身体验到国民党的黑暗，共产党的光明。他更加相信共产党的领导一定会胜利，把中国的希望寄托在共产党的身上。[②]

李公朴率抗战建国教学团到达五台县，正好赶上晋察冀军区成立两周年纪念大会。李公朴参加了大会，并向大会赠送纪念旗一面，上书"抗战建国最前线上的挺进军"。当时，日军纠集精兵两万余人，在飞机的配合下，由平汉、津浦、正太路分兵十二路，对晋察冀抗日根据地北岳区进行毁灭性的冬季大扫荡。然而纪念会在炮火连天硝烟弥漫中仍能有条不紊地进行，这使李公朴非常振奋，他在日记中写道："在凶猛的炮火声中，大会安然

---

① 钟吉龙：《护送李公朴赴晋察冀》，《山西文史资料》，1986年第1期。

② 张则孙：《忆我的姨父李公朴》，见《李公朴纪念文集》，第356页。

地一直进行到总结闭幕。”①

在日军冬季大扫荡的日子里，李公朴和教学团的团员冒着严寒冰雪，在与日军的反扫荡斗争中，参观了五台、盂县、定襄等县的工作，听取了繁峙、代县、忻州、崞县同志们的工作报告。工作中，他们不但要走崎岖坎坷险峻的山路，还要冒着被敌人袭击的危险。一次在工作中，他们被日伪军包围，幸得八路军一二〇师师长贺龙、政委关向应派遣部队打退敌人，才得以脱险。就这样，直到晋察冀抗日军民取得反扫荡的重大胜利，他们应边区政府的邀请，顺着滹沱洪流赶回阜平县城，参加晋察冀边区政府成立两周年纪念大会。

随后，李公朴和教学团到达平西，参观了涞水县、涿县、房山县、良乡县以及宛平县的工作。在房山县，他们在护院武僧玉章和尚的带领下，爬上了上方山的主峰望海峰。站在峰顶，极目东北，日军铁蹄践踏下的北平城就在眼前，北平的父老兄弟正处在水深火热之中，李公朴感慨万分，激动不已，滚滚热泪夺眶而出。他和团员们情不自禁地吟出诗句：

恨，恨，恨，恨日寇侵略我中华；
恨，恨，恨，恨汉奸认贼做爹妈；
喊，喊，喊，卢沟桥睡狮快快醒；
杀，杀，杀，杀敌不分你我他。②

---

① 《李公朴》（画传），第 88 页。

② 苗培时：《李公朴上方望北平》，见《李公朴》（画传），第 89 页。

1940年2月7日，是旧历除夕。晚上，李公朴和他的团员们在五台县兰家庄村开了“一个坦白诚恳的自我检讨会”，总结一年来从晋西南到晋东北开展工作的情况。会后，李公朴撰写了《一年回忆录》。他回忆说，这一年中，为了研究战区教育工作，为了从事统一战线的扩大与巩固，走了很多的地方，“可以说相当胜利的完成了我们的计划”。又说：“在我的一生经历中，虽说为了工作与学习，也曾奔走过全世界，但像去年这一年情形的，可说还是第一年。这一年是步行走路最多的一年，是工作最艰苦最无把握的一年，而同时也是学习得最多，感到最愉快的一年。”①

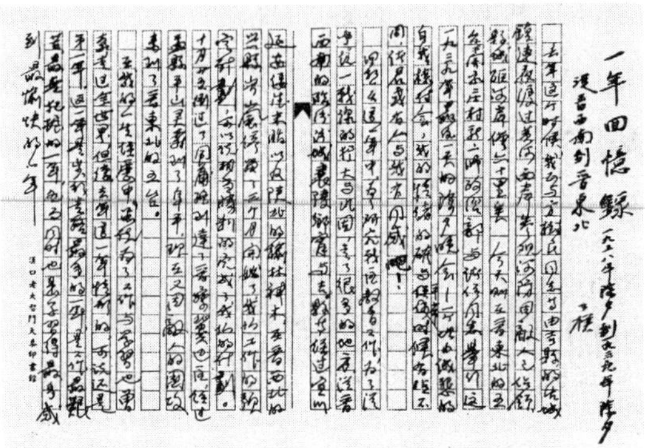
一年回忆录

李公朴撰写的《一年回忆录》。

的确是这样，在晋察冀历时六个月的日子里，李公朴走访了15个县500多个村子，过着普通一兵的生活。白天参观访问，出席各种会议；晚上读书，写作，商谈工作；遇上敌情，还要骑上战

① 李公朴：《一年回忆录》，影印件，见《李公朴》（画传），第89页。

马，紧跟部队行军作战。作为一个长期生活在城市的人，到生活、物质等条件都相当艰苦的抗日根据地坚持抗战工作，不能不说是一种生活上的剧变。但他对物质条件的艰苦却毫不在意，所关心的是如何使抗日统一战线更加巩固扩大，如何培养适合抗战建国的干部人才。他带领教学团的年轻人，斗志昂扬地通过了战火的磨砺。同战前相比，他显得更加年轻，富有更旺盛的活力和充沛的干劲。

另一方面，晋察冀边区在中国共产党的领导下，坚持抗战，坚持团结，坚持民主，政治、军事、财经、民运、文化教育等方面，呈现一片生气勃勃的气象，给他留下了深刻的印象，使他从中受到深刻的教育。特别是边区处于最困难最危险的敌后，却形成了全国抗战模范的抗日根据地，模范的抗日民主、抗日民族统一战线区，更加坚定了他为之奔走，使全国各地都实行“坚持团结抗战，反对分裂投降，坚持民主进步，反对独裁倒退”的信念。为了把华北敌后种种振奋人心的情况传达给全国人民，特别是传达给国民党统治区的人民，以增加人们对共产党领导的抗日根据地的了解，增强抗战胜利的信心，他根据自己亲自看到听到的事实和亲手搜集的当地各项可靠的材料，撰写成《华北敌后——晋察冀》一书，1940 年 9 月由山西太行文化出版社出版发行。全书由《序》、《华北是我们的》、《由城市走到农村》、《铁的子弟兵团》、《七十八县的边区政府》、《财政经济的紧急措施》、《晋察冀的人民》、《无往而不达的文化教育》、《新中国的雏型》、《后记》等十部分组成。他在书中热情地讴歌了晋察冀军民在中国共产党的领导下，坚持与开展敌后抗战，实行抗日民族统一战线政策，建立了民选的地方性的联合政府，以及经济上坚持自力更生的方针，实行减租减息政策，废除苛捐杂税，发展工农业生产，改善人民生活等欣欣向荣的景象，成为军事上、政治上、经济上、文化上先进的巩固的抗日根据地和伟大的革命阵地。因此他把夺取抗日战争的胜利，建设新中国的希望，寄托在中国共产党领导的抗日根据地。他说："模范的抗日民主、抗日民族统一战线的晋察冀，象征着中华民族解放的胜利，象征着新中国光明灿烂的前景。它的名字深深地铭刻在人们心头的深处，激荡着每一个爱国者，每一个有志气的中国人，特别是鼓舞着年轻一代的斗志，就是国际上亦对它赋予无限的关怀与荣誉。"①他并且断言，"晋察冀边区是新中国的雏型！"②

第五节 在晋冀鲁豫根据地

1940 年 5 月 4 日，李公朴和抗战建国教学团结束了在晋察冀边区的工作。晋察冀军区第四军分区司令员熊伯涛派部队护送他们，胜利通过敌人盘踞的正太封锁线，向晋冀鲁豫根据地挺进。

晋冀鲁豫边区是中国共产党在华北创建的最大的一块抗日根据地。它包括太行、太岳、冀南、冀鲁豫四块根据地；行政区域则包括山西省东南部、河北省中南部、河南北部和山东西部。八

① 《李公朴文集》，第 539 页。

② 《李公朴文集》，第 698 页。

路军前方总部和中共中央北方局都设在这里，是华北敌后抗日根据地的心脏。

李公朴一行首先抵达山西省武乡县，这里是八路军总部所在地。八路军副总司令彭德怀、参谋长左权对他们的到来，表示热烈欢迎。中共中央北方局机关报《新华日报（华北版）》刊发消息，欢迎他们的到来，并称颂李公朴是“战时教育家，年余来倍历艰辛，深入敌后各抗日根据地，考察并指导各地文教工作。想此次莅临晋东南，对此文教工作必多教益”。[①] 23 日，虽然天空飘洒着星星雨点，但八路军直属队全体文教工作同志仍为李公朴等人举行了隆重的欢迎会。会上，政治部副主任陆定一致欢迎词后，李公朴报告了他的战地考察及见闻。他说陕甘宁边区和晋察冀边区给他留下厂深刻的印象，第一，陕甘宁边区特别注重教育工作，中共中央肯拿出最大的力量和最好的干部去做教育工作；第二，晋察冀边区军政民的统一，以及军政民间严肃的分工和密切的配合，所以能无数次地粉碎了敌人的进攻，巩固了抗日根据地。他还认为，敌后抗日根据地的教育方向，完全正确，是今日中国教育的正统；创造的许多新的教育方法，为古今中外所未闻。最后他诚恳地对抗日根据地的教育提出了四点建议：1. 重视过去的经验，使其大众化，不脱离政治，不脱离现实，要适合抗战的需要。2. 应有独立性及教育本身的统一系统，当前应该由游击式的教育走上正规化教育。3. 加强各抗日根据地文教工作的密切联系，有计划地互相学习，互相交流经验教训。4. 注

① 石生：《李公朴在山西》，见《伟大的民主战士李公朴》，第 177 页。

意研究教育内容和教育方法。他的报告和建议博得与会同志雷鸣般的掌声。《新华日报(华北版)》为此还特发了关于加强文教工作的社论,表示重视和采纳李公朴的建议。

和在华北其他抗日根据地一样,李公朴率抗战建国教学团深入晋冀鲁豫各根据地,详细考察军事、政治、经济、民运及文化教育工作。6月3日,他们出席了晋冀豫边区宪政促进会。李公朴在会上讲话,高度赞扬这次会议是"晋冀豫民众力量的具体体现",指出,民众力量的发展,乃是推动抗战的主要力量。事实证明,民众增加一份力量,革命的效果就更多一分。[①] 是日,他还访问了八路军副总司令彭德怀,二人讨论了国际国内形势。彭德怀并为李公朴题字:"这样饥寒,这样忧愁,除了打破旧社会,谁也不能替你解救。"[②]勉励他继续奋斗,将抗日民族解放战争进行到底,直到建设新中国。8月,冀南、太岳、太行三个区域成立了行政联合办事处,推举杨秀峰为主任,准备把这几个区域统一起来。李公朴访问了杨秀峰,并多次向他调查三个区域的统一战线等方面的工作情况。二人倾心交谈,结下战斗情谊。杨秀峰对李公朴为国共双方的统战团结,不辞辛劳,艰苦奔走,非常钦佩,和夫人孙文淑共同为他题词,以作纪念:

统战的目的为争民族生存,建设三民主义新中国。

统战的原则必须抛开一切成见,为着有利于抗战。

---

① 石生:《李公朴在山西》,见《伟大的民主战士李公朴》,第179页。

② 影印件,见《李公朴》(画传),第91页。

统战之基础在群众，在于群众之利益，不能离开群众谈统战。

统战之道路是实施民主，改善民生，才能团结全民族，纳各党各派于一轨，发动广大群众持久抗战。

统战之态度要推诚相与，互容互让，但容让必有前提：争取抗战胜利。

统战之发展是辩证的，在民族生死关头，必须加强团结，而巩固团结又有赖于不断的斗争。为团结而斗争，则斗争有助于团结。我们不害怕这样的斗争，但反对不求团结、不顾民族利益的斗争。

在今天只有正确的把握统战原则和精神，才能够克服民族抗战所遭遇的严重困难和危机。[①]

从1939年冬到1940年春，国民党顽固派破坏团结抗战的反共活动迅速扩大，由制造小规模的军事摩擦，发展到在几个地区向根据地军民发动较大规模的武装进攻。在山西，在太行山地区，李公朴目睹了国民党制造的反共摩擦事件，也目睹了八路军从抗战大局出发，劝告顽固派停止摩擦，直至被迫自卫反击，打退顽固派的军事进攻，最终迫使顽固派停止反共武装进攻，坚持和发展团结抗战的局面。因此，他非常赞同杨秀峰关于统一战线又联合又斗争，以斗争求团结的原则。同时他也更加认识到，抗日民族统一战线工作的重要性以及做好它的艰巨性。他写

① 影印件，见《李公朴》(画传)，第92页。

道，革命中的工作，事务工作是一个重要而艰苦的工作；统一战线的事务工作是更为困难，加倍艰苦，既要切合于理论，又要无背乎实际。[1]

8月中旬，华北八路军为了打破日军进攻西安、重庆、昆明的计划，扫除笼罩国民党统治区妥协投降的空气，在敌后发动了一场空前的大规模的“百团大战”。28日，李公朴收到八路军总司令部参谋处的信件，内装“百团大战战役部署略图”。[2] 9月初，八路军胜利完成“百团大战”第一阶段的作战任务，李公朴为之欣喜，致电祝贺说：“综观历日辉煌战绩，我军伟壮阵容实为空前壮举。际此国际形势错综，日寇疯狂轰炸行都之时，不仅一举国人观听，更予全国军民无限兴奋与信心，西北赖以屏藩，抗战更划一新页。”[3]在晋冀鲁豫根据地，李公朴和抗战建国教学团的生活充满了战斗气息，正如他在一首诗中所描绘的那样：

> 一阵阵纺纱声，
> 伴着风雨呼啸，
> 窑洞中烛光摇摇，
> 有人看《纲鉴》，
> 有人读《战报》，
> 抗战三年人更少。

---

① 影印件，见《李公朴》(画传)，第89页。

② 中国革命博物馆编纂：《中国共产党七十年图集》，上海人民出版社1991年3月版。

③ 石生：《李公朴在山西》，见《伟大的民主战士李公朴》，第179页。

不羡那黄浦江边，
不羡那峨嵋山麓，
不羡那牯岭莲谷，
我却愿消夏在太行山巅，
伟大的时代呀，
充满着战斗的豪情。

人生是战斗，
没有战斗，
就没有人生，
风雨过后万里晴空，
一片碧绿的海洋，
处处都是英雄的战场。[①]

11 月，李公朴圆满完成了在华北敌后抗日根据地的工作，怀着无限留念的心情回到重庆。

---

① 《文史资料选辑》，第 86 辑，第 26 页。

第八章

在大后方推进抗战与民主

第一节　回到重庆

1940年冬，李公朴回到重庆，一家人住在北碚北温泉。

不久，国民党反动派发动第二次反共高潮，制造了震惊中外的“皖南事变”。1941年1月上旬，国民党数万大军围攻中共新四军北撤部队。新四军经过激烈战斗，9000余人牺牲3000多人，被俘4000多人，仅有2000多人先后突出重围。1月13日，新四军军长叶挺赴国民党第三十二集团军总司令上官云相总部谈判时，被扣押。副军长项英突围后，被叛变的副官杀害。事后，国民党政府军事委员会于1月17日发布通电，宣布新四军为“叛军”，“番号即予撤销，该军军长叶挺着即革职，交军法审判”。[①] 国民党反动派制造的这一反共事件，严重破坏了国共两党的团结合作，危及抗战。

国民党反共的同时，对各民主党派和民主人士也采取了高压政策。早在上年5月，国民党军委会总参谋长兼军政部长何应钦在国防最高会议上，公然诬指救国会沈钧儒、邹韬奋、沙千里

① 秦孝仪主编：《中华民国重要史料初编》第五编（二），台北中国国民党中央委员会党史委员会1981年9月版，第523页。

将于七七抗战纪念日在重庆领导暴动，如七七不成，再在10月10日“双十节”暴动。[1] 接着，国民党密令各地军警机关及下级党部对他们三人严密防范，并派密探对他们的住所进行监视。国民党并借此以“参加暴动罪”逮捕了一大批无辜的青年，有400余人惨遭杀害和受伤。随后，国民党封闭了邹韬奋创办的各地生活书店，扬言要逮捕多数是救国会成员的各地进步文化人士。2月14日，邹韬奋怀着满腔悲愤出亡香港。各民主党派及一些无党派人士的生存受到严重威胁。

皖南事变后，以国共两党合作为基础的抗日民族统一战线危机四伏。一些中间党派负责人为了调解国共冲突，争取时局好转和政治民主，同时谋取自身党派的生存与发展，遂决定成立中国民主政团同盟。在周恩来与董必武等的协助和促进下，中国民主政团同盟于3月19日在重庆成立。救国会的代表沈钧儒虽为倡议人之一，但有些发起人认为沈所属的救国会与中国共产党关系密切，国民党容易找麻烦，不同意沈钧儒和救国会参加政团同盟。[2]

救国会未能成为中国民主政团同盟党派成员之一，这与李公朴回重庆的初衷相违背。他原本是应沈钧儒电召，从华北敌后回重庆商谈成立民主政团同盟的。但救国会仍以大局为重，在没有参加同盟的情况下，仍然发表声明，表示支持中国民主政团同盟的主张，在行动上和它配合一致。1942年初，沈钧儒和救

---

① 《韬奋文集》第3集，生活·读书·新知三联书店1962年版，第261页。

② 《七君子传》，第127页。

国会才加入中国民主政团同盟。从此,民主政团同盟由青年党、国家社会党、第三党、中华职业教育社、乡村建设学会、救国会组成,史称“三党三派”。

4月13日,苏联同日本签订《苏日中立条约》,其中规定:“如缔约一方遭受来自一个或几个第三国的攻击时,缔约另一方保证在整个冲突时间内保持中立。”①条约还附有一个宣言,声明“苏联保证尊重‘满洲国’的领土完整和不可侵犯,日本保证尊重蒙古人民共和国的领土完整和不可侵犯”。② 条约的签订,一方面使苏联在以后苏德战争爆发时,避免了东西两条战线作战,集中力量首先打败最主要的敌人——德国法西斯,这在当时是符合全世界人民反法西斯斗争的利益的。但另一方面,苏联从保存自己的民族利己主义出发,承认伪满洲国傀儡政权,严重侵犯了中国的领土主权,损害了中国人民的抗日民族解放事业,也伤害了中国人民的民族自尊心,又是完全错误的。

苏日中立条约的签订,激起了中国爱国者的愤慨。4月19日,李公朴和沈钧儒、刘清扬、王造时、张申府、沙千里、章乃器、胡子婴、史良九人联名写了《致斯大林的公开信》,并一式两份,一份送交苏联驻华大使潘友新,一份送给国民党中央宣传部长王世杰交中央社发表。此信不长,全文如下:

---

① 章伯锋、庄建平主编:《抗日战争》外交卷上,四川大学出版社1997年6月版第896页。

② 章伯锋、庄建平主编:《抗日战争》外交卷上,四川大学出版社1997年6月版第897页。

苏联大使潘友新先生并请转贵国领袖斯大林先生勋鉴：

我们以中国国民的立场，谨以最恳切的热诚，致书于阁下。贵国援助被压迫民族解放运动的政策及积极援助我中国抗战的事实，使我全国民众对于贵国具有至高的景仰与无限的希望。今贵国于四月十三日与我们的侵略者日本帝国主义订立中立协定，并发表宣言相互尊重所谓“满洲国”及“蒙古人民共和国”领土之完整与不可侵犯性，显然妨害我中国领土与行政的完整，我们不能不表示莫大的遗憾。故对于我政府宣布其无效的郑重声明，绝对拥护，而深信这是我国四万万五千万同胞的公意。

我们很殷切的希望：阁下对于该项协定，能就下列三点，在相当的时机，用相当的方式，作一补充的说明，以祛除我国国民及全世界被压迫民族的疑虑。(一)尊重所谓“满洲国”是否事实上包含承认满洲伪国？(二)所谓“蒙古人民共和国”是否与一九二四年中苏协定内“苏联政府承认外蒙为完全中华民国之一部分及尊重在该领土内中国之主权”的规定发生抵触？(三)对于我国反抗日本帝国主义的战争的积极援助是否有所影响？

中国抗战自始即抱定自力更生的原则，认定日本帝国主义为惟一的敌人。对于友邦的援助固然极端欢迎与感谢，但对于友邦一时的苦衷所造成不利于我的表现，除表示否认外，亦莫不寄以极端忍耐的期待。我们深信，我们的抗战，不仅为中国的独立、自由，抑且有裨益于世界永久的和平，而且深信我们必能全国团结一致，经过长期奋斗，获得最后胜利，恢复我国领土与行政的完整。

我们为主张抗战之人，我们亦为景仰贵国之人，并且自信今后亦为能同情贵国之人。对于中苏两大民族携手向人类解放途上迈进，尤具无限的期望。故谨以至诚，略献数语，以供阁下的考虑。此信虽系我们数人签名，但我们相信能代表中国最大多数民众意见。专此，并致革命敬礼。[①]

应当肯定，李公朴等人致斯大林的公开信，对《苏日中立条约》表示遗憾和置疑，这是他们维护中国主权和领土完整的爱国表现。但事实上，条约签订之后，苏联向中国表示，其对华政策与态度没有变化，[②]而条约的签订也确实没有对苏联对华援助带来直接影响。在这种情况下，蒋介石出于继续争取苏联对华援助的现实考虑，决定采取温和态度，对外由外交部就满蒙问题声明立场外，“不对苏作其他批评，以免造成反苏印象，为敌利用”；[③]对内则尽量缩小苏日条约可能给中国抗战士气带来的影响。[④] 然而，复杂的外交局势不是一般爱国人士所能知道并及时理解的，李公朴等人当然不了解国民党当局的决策。从这一点

① 《民意》周刊，第 179 期，1941 年 5 月。

② 《外交部致胡适》，见《抗日战争》外交卷上，第 900 页。胡适时任中国驻美国大使。

③ 《王世杰致胡适》，见《抗日战争》外交卷上，第 898 页。王世杰时任中国国民党中央宣传部部长。

④ 1941 年 4 月 24 日，蒋介石就《苏日中立条约》向各地军政当局发出的密令，见《蒋介石论苏日中立条约》。

看，他们致斯大林的公开信恐被人利用，作为反苏的口实。后来，在周恩来的解释下，他们以补充内容为理由，又把公开信从国民党宣传部要了回来。

上述三件事：破坏团结危及抗战的“皖南事变”发生，救国会没有成为中国民主政团同盟的一个党派成员，和因苏日签订中立条约致斯大林的公开信，是李公朴一回到重庆即发生的。这三件事对他思想触动很大。其中尤其是国民党发动的第二次反共高潮，使他这位对国民党抗战建国抱有幻想的爱国知识分子产生了新的看法。他曾和陶行知一起谈论对“皖南事变”的态度问题，陶行知写了这样一段话：“仁者不忧，知者不惑，勇者不惧。惟其不惑，所以不忧，所以不惧。吾辈追求真理，识认真理，抱着真理为民族人类服务，有什么疑惑呢？”[①]两人互相勉励，以不忧、不惑、不惧的态度追求真理。4 月，他在夫人张曼筠所绘《怒涛》画上题诗如下：

怒涛

你这一个极大的

大到不易形容的整个儿的东西

不受任何的分化与离间

不怕任何的阻碍与打击

永远保持这整个儿的一块

扫荡了一切陈腐

---

① 影印件，见《李公朴》（画传），第 94 页。

扬弃了一切古旧的东西
永远是前进　永远是不可克服
人类进步的力量也从来是这样
也将必然是这样
你是大自然的一部分
我们也是它的一部分
都是来自一个源头
你这永远不感疲倦的战斗力量
表现着自然界伟大的动力
象征着人类解放的光明前途
更加上“我们所贡献给革命的不仅是自己的生命
而且还有集体的经验和知识”
我们应该比你更有力量
也将必然的更有力量①

诗言志。李公朴所题“怒涛诗”，既表达了他对抗战前途的担虑也表达了他不管在什么情况下，都主张团结抗战爱国的心愿和决心。

第二节　初到昆明

“皖南事变”发生后，为了防备国民党对国统区革命人士和

① 影印件，见《李公朴》（画传），第94页。

民主人士的突然袭击，中共南方局书记周恩来遵照党在国统区实行隐蔽精干，长期埋伏，积蓄力量，以待时机的政策，有计划地部署了南方局和所属地区、八路军重庆办事处和新华日报社部分工作人员的疏散和转移。同时妥善、周到地安排了民主人士、作家、学者和进步青年学生的转移，并给予具体的帮助。李公朴就是在这种情况下由周恩来亲自决定，让他经云南到缅甸，作宣传抗战工作，并指派中共党员方仲伯做他的秘书。据方仲伯回忆，周恩来给他们送来了旅途路费，并对方仲伯说："国民党顽固派迫害他们，我们就要保护他们。他们的生活和工作没有人管，我们就要管。他们可以起到我们所不能起到的作用，那就是争取中间势力，包括中等资产阶级、开明士绅和地方实力派。现在还要他（指李公朴）去做争取华侨和英美的工作。"①

临行之前，李公朴做了充分准备。他计划在缅甸举办"中国抗日战争现状"展览会，创办一份《全民日报》和恢复"全民通讯社"。因此，所带行李中，仅敌后抗日文物资料，包括全套华北版《新华日报》和重庆版《新华日报》、敌后油印的报刊、书籍及战地照片等，就装满了几大箱。这些东西，通过李公朴的远房表亲加挚友、云南中兴汽车服务公司总经理陈松茂，运到昆明。

李公朴对真理和正义的追求，有火一样的热情和锲而不舍的斗志。他到达昆明后，借等待入缅签证时机，与云南各界知名人士进行广泛接触。"皖南事变"后，为了保存党的力量，昆明地下党的部分党员撤走了，群众社团也解散了，民主运动处于低

① 《七君子传》，第436~437页。

潮。但是以云南省主席龙云为首的地方势力和蒋介石有矛盾，他们在中共中央及其南方局的统一战线工作的影响下，是赞成抗日反对内战的。龙云公开对蒋介石制造“皖南事变”表示不满，说“既打外战，又打内战，怎么可能打败日本呢？”又说，“自己设圈套消灭自己的军队，这是哪家的中央政府。”李公朴拜访了龙云，拜访了辛亥革命云南护国起义的组织者之一、时任云贵监察使的李根源，也拜访了一些社会知名人士和学者，如褚辅成、孙起孟等人，和他们一起“商谈推动此间工作之办法”。他6月5日自昆明写信给在重庆的沈钧儒、沙千里等人，说及他初到昆明的工作情形：

> 来昆明后即与印老[①]晤面，旋与各方新旧知好逐渐晤谈。龙主席亦与作一次长谈，所得印象尚佳，昨复于宴雷次长时，我亦被邀作陪。当时又得与此间许多军政负责人见面，蒋梦麟先生亦于是时晤面。从各方面观察，此间友好，尚不乏人。所谈问题，也较重庆易于具体明了……特别是许多老友，仍对我们期望甚殷，咸以在此国家民族危亟存亡之时，吾人须本过去精神，速谋挽救，发聩启聋，责无旁贷。此固令人兴奋者也。现正与此间部分知好商谈推动此间工作之办法，原则上，首先从我们自己有关之朋友做起，逐渐及于他人，并本诚恳坦白之态度，站在国家民族利益立场，

① 李根源，字印泉。

大公无私，不偏不倚，以冀对贤明当局有所贡献。[1]

同时，他利用这个时机，赴滇南的建水、石屏、个旧一带考察。建水当时是云南的民主根据地之一，李公朴和县教育界人士交谈，并参观建水建民中学，和学校的中共地下党员、民主人士合影留念。在滇南，他还会见了原台儿庄战役勇将张冲。张冲原为滇军，抗战爆发后任六十四军副军长兼一八四师师长，率部出滇抗日。台儿庄战役后，任新三军军长，因和共产党关系密切，被革军职，调回云南。后张冲寓居昆明，支持李公朴等爱国民主人士的正义斗争，精神上予以鼓励，经济上给予帮助。李公朴和张冲成了关系密切的朋友，二人经常促膝密谈。[2] 1947 年张冲在延安加入中国共产党。

国民党外交部驻昆办事处拒绝给李公朴办理出境签证，他们害怕李公朴到国外做不利于国民党的宣传。这样，他决定留在昆明。

第三节　为昆明民主运动的高涨奠基

西南地区自湘赣正面战场屡遭失败以来，已成为国民党中心所在，而云南在滇缅公路通车后，战局的转变使它成为惟一的国际联系陆上通道，因此，国民党蒋介石把它作为重要的战略后

① 《伟大的民主战士——李公朴》，第 297 页。

② 金城：《延安交际处回忆录》，第 263 页。

方加以经营。“皖南事变”后不久，蒋介石派军统局副局长康泽到昆明，一方面压迫云南当局限制中共云南地下党组织的活动，另一方面带着逮捕共产党人和办集中营的计划，积极活动。一时间，进步团体有的被打垮，有的被分化，抗战初期抗日民主活动相当活跃的昆明，进入了一个新的白色恐怖时期。

在昆明公开进行抗日民主活动困难的情况下，李公朴参加了由孙起孟发起的聚餐会。参加者还有张天放、楚图南、郑一斋、杨春洲、艾志诚、周新民、冯素陶，一共九人，戏称“九老会”。他们每半月以聚餐的形式聚会一次，相互交换对国际国内政治形势、团结抗战大局的意见和看法，畅谈爱国民主运动的开展和策略等问题。“九老会”成员杨春洲说，李公朴是“九老会”里最活跃、最积极的人物，“他接触的面较广，他得到的有关政治方面的消息较多，他成了我们大家所最喜爱的人”。[①] “九老会”队伍不断扩大，一些进步人士先后加入，实际上成了一个进行爱国活动的政治集体，对昆明的抗日民主运动起了积极的推动作用。后来，“九老会”的大部分成员都加入了中国民主同盟。

青年是推动时代巨轮前进的主要力量。为了便于在青年中进行抗日民主活动，李公朴到昆明后，住进了青年会。昆明青年会总干事王齐兴和李公朴早在大学时期即已相识，那时他们都做学生会的工作。李公朴对王说：“云南我有两位挚友，一是艾至诚，二是你。艾至诚在西坝有宽敞的别墅我不愿去住，我喜欢

---

① 杨春洲：《忆李公朴先生二三事》，见中国民主同盟云南省委员会 1981 年 7 月编印：《回忆李公朴烈士》，第 71 页。

住在青年会。”[①]王齐兴热情地欢迎他，把他作为来自远方的上宾，安排住在青年会的单独宿舍内。青年会成了李公朴进行民主、教育活动的阵地。他和青年会干事辛志超、赵亚民约同民主人士在这里开秘密会议，印刷宣传品等。

在青年会，李公朴向青年们讲延安，讲抗日根据地，甚至教唱陕北民歌，扭秧歌舞。青年们从他这里了解到中国共产党在敌后开展游击战争，挽救国家民族的真实情况，对共产党有了新的认识，把抗战胜利和建设新中国的希望寄托在中国共产党的身上。在青年会每周举行的公开时事演讲会上，他和孙起孟、辛志超等经常被邀请为青年们做时事演讲。他们对国际形势及国内政治的精湛分析，使青年们茅塞顿开，认识到国际法西斯的猖狂及国内反动派的顽固残暴只是暂时的现象，中国人民一定能够摧毁一切反动势力。每次演讲会，青年们都踊跃参加，会场装不下，“后来者只好站在走道和食堂的后面”。此外，李公朴在青年会组织青年读书会，举办青年学习讲座，出版《青年周刊》，引导大批青年走上革命道路。当年在昆明的一位青年回忆说：“在公朴同志的影响下，我积极地参加了当时昆明的学生运动和民主运动，我和其他许多青年一样逐步地走上革命道路。”[②]

当时滇南石屏县国民党特务活动猖獗，散布共产党不服从命令，破坏国共合作等谣言。中共地下党组织邀请李公朴来石

---

① 王齐兴：《在虎口里战斗——回忆李公朴先生》，见《李公朴纪念文集》，第282页。“文集”中将作者名字误为“王有兴”。

② 蒋皋南：《传播革命思想——忆公朴先生在昆明的两件事》，见《李公朴纪念文集》，第318页。

屏，利用各种合法的条件，安排他向县妇女会、中学生、小学生、教师、保甲长讲话。他介绍了解放区人人有工作，人人有饭吃、有衣穿的欣欣向荣的景象，宣传了抗日根据地党的方针、政策，讲了许多抗日英雄事迹，大大鼓舞了石屏人民的斗志，坚定了抗日必胜的信心。他特别向青年人讲解了“伟大、平凡、坚强、勇敢、刻苦、机智、坚韧、细致”16个字，强调青年人要有远大的理想，以天下为己任；要从平凡的工作中创造伟大的事业，为了救国，做到威武不屈，富贵不淫；经受住刻苦的磨炼，坚定勇敢，为真理而奋斗。并亲自教唱《二月里来》、《红缨枪》等解放区歌曲。他的夫人张曼筠也在妇女会上介绍解放区的女县长，如何从奴隶、童养媳翻身当县长，以及妇女纺纱织布搞生产，支援前线抗战等英雄事迹。他们的演讲，不仅有力地回击了国民党特务的无耻谎言，而且在白色恐怖下配合中共石屏地下党组织，培养了党团员骨干，播下了革命种子。①

石南大学附中拥有几百男女青年和教师，被云南教育界誉为“民主堡垒”，李公朴应邀到学校为师生们做报告。

时云大附中因日军轰炸昆明，疏散在离昆明120公里远的路南县，交通很不方便。李公朴和云大附中校长杨春洲等人乘滇越火车至宜良县狗街，然后步行40里，中间还爬了一个陡峻的大山坡，才到达路南县。

在云大附中，李公朴住了一个星期。他热情奔放地向全体师生介绍解放区的情况；介绍八路军游击队如何灵活运用“敌进

① 参见王静贞：《活动在敌人心脏里》，见《云南省现代史研究资料》，第7辑。

我退,敌退我追,敌驻我扰,敌疲我打”的游击战术,打得日军狼狈不堪,伤亡惨重;介绍华北平原军民建成户户相通,村村相连,能打能藏,能机动转移的地道,进行地道战,有效地打击敌人,保护自己。这些,大后方的青年都是第一次听说,个个听得津津有味,会场上掌声如雷。一次演讲时突然下起大雨来,李公朴看同学们衣服都淋湿了,提议等雨停了再讲。但同学们异口同声地喊“请讲下去,不要紧”。就这样,李公朴冒着大雨继续讲,同学们冒雨认真听。讲完后,同学们热烈地簇拥着李公朴,豪迈地嚷着:“我们听了您的报告,我们的血快沸腾了,我们一点也不觉得冷。”①望着蓬勃向上的青年学生,李公朴语重心长地提醒他们:不要忘记这里不是解放区,而是在国民党政权统治下的大后方,进行抗日民主运动,必须注意斗争策略和斗争艺术。他成为云大附中同学的好老师、知心朋友,同学们热爱他,信任他,亲切地称呼他“老青年”。

其他中学,如昆明私立五华中学等校,李公朴也经常去做演讲报告,对提高同学们的觉悟和启发他们的思想都很有作用。五华中学的老师写诗称赞他:

社会活动家李公朴,“七君子”之一倡民主。
经常到校作报告,师生受益颇不少。②

---

① 《李公朴纪念文集》,第294~295页。

② 纪勋:《怀念李公朴先生》,王健藏稿。

昆明在国民党白色恐怖的笼罩下，抗日民主活动不能公开进行，暂时处于低潮。在这样情况下，李公朴一方面积极参加“九老会”，联络抗日爱国民主人士；另一方面到青年学生中，撒播抗日民主的火种，为以后抗日民主运动高潮的到来尽了自己的力量。正如中共地下党员李文宜所说：李公朴“在抗战中期因政治环境恶劣蛰居昆明时，也从未能阻住他的活力。无论在文化界、在金融界、在教育会，青年也好，妇女也好，凡是他的朋友，他总联络起来组织一些座谈会、读书会……所以抗战末期的昆明民运之高涨，公朴同志早已为之做了些启蒙工作，奠定了民运的初基”。①

李公朴的活动，引起了国民党在云南嫡系的注意。国民党云南省党部主任委员陇体要对青年会总干事王齐兴施加压力，威胁他说：“李公朴在青年会活动，你是青年会总干事，出了任何政治事故你都有责任，今后青年会不能约李公朴讲演。”②国民党政府在昆明航空检查所的一名特务，也警告王齐兴说：“你要注意李公朴的行动，免得影响你们青年会。”面对国民党特务可能实施黑手暗害，李公朴毫不畏惧，反而提醒王齐兴，要留心特务下毒手。

在敌人的压力面前屈服后退，不是李公朴的性格。国民党禁止他做演讲，宣传抗日民主，他就改变方式，继续从事抗日民

---

① 李文宜：《敬悼李公朴、闻一多两位同志》，见《李公朴纪念文集》，第206～207页。

② 《李公朴纪念文集》，第283页。

主工作。

第四节　创办北门书屋和北门出版社

1942年12月,李公朴在朋友的帮助下,在昆明北门街住宅楼下开设了一间书店。因位于北门街,故取名"北门书屋"。

如前所述,自"皖南事变"后,国民党统治区白色恐怖严重,国民党在加紧政治控制的同时,对人民的言论、出版、著作、通讯、集会、结社等自由,加以无理的限制。在国民党严格的禁锢和封锁下,在昆明,邹韬奋主持的生活书店分店被封闭,读书出版社(即原读书生活出版社)也被勒令关闭,一些进步书店报刊遭到迫害和摧残。昆明人民,特别是昆明的青年人,因缺乏精神食粮而忧郁、沉闷。这种现象,李公朴看在眼里急在心上,他对刚到昆明的一位青年学生王健说:"这是出版战线上的一场生死搏斗,我们要斗下去,就要自己开书店,自己办出版社,开辟自己的阵地。"[①]经与王健多次商谈,决定第一步先开办一家书店,销售进步书刊,宣传革命思想,鼓舞大后方人民的斗志,为抗日民主高潮的到来积蓄力量。这便是李公朴成立北门书屋的缘由。

抗战中的昆明,由于国民党的腐败统治,物价暴涨,货币贬值,居全国之首。即使靠薪金度日的大学教授的生活也每况愈下,时在断炊之威胁中。西南联大教授闻一多为了养家糊口,除在中学兼课外,犹复不敷,又不得不挂牌刻图章。吴晗教授为了

① 王健:《李公朴与北门书屋》,见《李公朴纪念文集》,第307页。

给夫人袁震治病,忍痛卖掉珍藏多年的大量书籍。就连清华大学校长、西南联大常委梅贻琦的夫人也不得不和潘光旦教授的夫人合伙制作米糕,拿到冠生园去寄售。大学教授的生活尚且如此困难艰辛,更何况李公朴因"爱国有罪"入狱,从而被国民党剥夺了职业权利。没有经济来源,要养活一家五口(李公朴夫妇,两个上学的孩子和张曼筠的父亲),再开设书店,谈何容易!

李公朴开办书店,得到了朋友们的大力支持。房子是昆明商会会长李琢庵的房产,他主动捐出来让李公朴开书店。这是一座临街的二层小楼房,楼上两间是李公朴一家的住室,楼下一间不到 20 平方米,便是书店。书刊除了向昆明市同行批发外,还得到上海图书杂志公司等一些大书店的支援。他们的书卖出去的以四六或三七成结算,卖不出去的则如数退回。书屋有了,书也有了,李公朴他们便自制了几个竹书架,用床板做案子,北门书屋就这样开张了。

由于北门书屋是李公朴这位知名人士开办的,又卖一些进步书刊,所以尽管远离闹市,但一开张,便吸引了广大的读者。许多学校、企业、事业单位及进步人士,纷纷舍近求远,来北门购书。一些中共地下党开辟的地区,如滇南建水一带,更成为北门书屋书籍的畅销区。北门书屋的营业逐渐繁忙起来,在社会上的影响逐渐扩大。

此外,北门书屋也成为爱国青年和进步人士的学习园地。许多青年要求进步,但限于经济条件,不可能经常购买自己需要的书籍,他们把北门书屋当作阅览室,到北门书屋站上一两个钟头,如饥似渴地阅读自己需要的书刊。面积不到 20 平方米的小书屋，经常是人挤得满满的，尤其是星期天。有许许多多的青年，正是通过这种方式，启发了他们对国事、政治的关心，从而走上革命的道路。人们称颂北门书屋“是一座知识的宝库，把大后方的无数读者吸引；是一颗灿烂的星星，给正在黑暗中摸索的人们送去了一线光明；她给人以光，给人以热，给人以希望，给人以奋发向上的力量”。[①]

继北门书屋之后，1944 年 8 月，李公朴又创办了北门出版社。出版社编辑部主要由张光年（笔名光未然，中共党员）负责，约请楚图南、闻一多、赵沨、曾昭抡、潘光旦等十余人为编委。他们有的是中共党员兼知名诗人，有的是民主革命志士兼著名学者、作家、音乐家、翻译家、科学家。李公朴和他们一起负责北门出版社的出书方向，保证了在困难的环境下，出版对抗日民主运动有促进作用的书籍。北门出版社出版的第一本书是世界名著——诗集《枫叶集》，由楚图南（笔名高寒）翻译。这是一部歌唱战斗、歌唱新生的诗。李公朴望着经过努力付出辛勤出版的第一本书，有说不出的兴奋和喜悦。王健回忆说，当他手捧还散发着墨香的第一本书的时候，“见到公朴先生，见到作者，他们虽说是老出版家、老作家了，但和我的心情一样，却有着说不出来的兴奋和喜悦，我们总算为人民作了点事情，出了成果”。[②] 当时的《云南日报》报道说：“本市一部分文学者及热心文化人士，鉴于战时出版事业日趋沉寂，为救济读书界精神食粮的恐慌，特集

---

① 《北门书屋致友人书》，打印件，1985 年 5 月 15 日。

② 《李公朴纪念文集》，第 309～310 页。

1944年,北门书屋发展创建了北门出版社,组成了张光年、赵沨、楚图南、闻一多、潘光旦、曾昭抡等人的编委会。图为李公朴与编委会负责人、诗人张光年(即光未然)、音乐家赵沨合影。

资创设北门出版社。目前正大批编印新书,供给西南读者。其第一本为高寒先生选译之各国流亡诗人及爱国诗人之诗集《枫叶集》,已于日前出版,内容慷慨悲凉,不同凡响。"①

李公朴作为出版社的总负责人,他不但注意接触和联系进步作家、诗人、学者、教授以及各界民主人士和爱国的工商业者,以取得他们对北门出版社的大力支持,同时他也很重视对出版

① 《云南日报》,1944年8月15日。

社的管理。他常说，有民主就有团结，团结就是力量。他认为出版社是大家共同的事业，没有大家的积极努力是办不好的。因而他对出版社的管理采取民主制度，重视发挥广大职工的积极性。他遇事总是和大家商量，先听取大家的意见，经过讨论，然后作出决定。据出版社的一位编委说："我们建立了民主会的制度，不论是谁，只要参加工作、付出劳动的人，都有充分发表自己意见和批评自我批评的权力。"①这种民主作风，大大提高了职工的积极性和责任心，使出版社的工作蒸蒸日上，不断前进。他也十分重视对职工的教育，介绍职工阅读邹韬奋的《事业管理与职业修养》，勉励职工学习邹韬奋对文化出版事业的忠心和管理事业的才干。他自己则注意以身作则，遵守社里的各项规章制度。当时出版社虽然成立了股东会，但每年所得盈余都用来作为发展再生产之用，没有一个股东领取过利润。李公朴和出版社的职工一样，除了生活费外，没有领过正式薪金。在工作中，他身兼数职，大的方面，从

两年来北门出版社出版书刊30余种，还计划出版中小学教科书，后因李公朴不幸殉难，未能实现。这是北门出版社出版的部分图书。

① 《李公朴纪念文集》，第315页。

送书给国民党云南省党部图书杂志审查处审查,到应付、交涉审查处各种各样的刁难、挑剔、删改,甚至和审查处进行面对面的斗争;小的方面,从骑着自行车到作者家中约稿、取稿以及取书、送书等等工作,他都做过。他对出版社的工作,倾注了全部心血,可谓鞠躬尽瘁,死而后已。

北门出版社自成立至李公朴被国民党特务刺杀两年多时间,先后出版文艺作品、翻译小说、诗集、歌曲、文学评论、少数民族地区考察记、青少年读物等共30余种。其中有艾青的政治讽刺诗集《人民的歌》和《献给乡村的诗》,赵沨和白澄主编的艺术综合性丛刊《五月之歌》,张光年和叶以群主编的民主文艺丛刊第一集《文艺的民主问题》,曹靖华翻译的长篇小说《保卫察里津》,还有王健主编的少年月刊《孩子们》(自第2期开始由从事儿童文学工作的夏风担任主编),以及以求真出版社名义出版的《中学生辅导读物》等等。这些书不仅发展了西南文化教育事业,而且对于大后方的抗日民主运动起了推动作用。例如,少年月刊《孩子们》,便是李公朴针对云南少年儿童读物严重缺乏,荒诞封建读物充斥市场,提出出版的。他说:"今天大后方的学校教育,是有着许多缺点的,那些内容单调的课本和贫乏的学校生活,不但无法诱发孩子们的学习兴趣,而且有时还会束缚孩子们个性的发展。"同时他看到旧书摊上《济公活佛》、《七侠五义》、《荒江女侠》、《火烧红莲寺》等等荒唐的故事、怪诞的思想和封建的毒素,充当了"指导儿童思想的任务"。于是决定出版《孩子们》月刊。他为该月刊制定的选稿标准和编辑方针是:"除了力求生动活泼,适合孩子们的胃口外,尤其注意内容的多样性、进步性、现实性和健康性，用以增进孩子们的生活知识，提高孩子们的文化水准。”[1]该月刊适合具有高小和初中程度的孩子阅读，它一发行，便受到孩子和家长们的好评，首印3000册，很快卖完了，又加印3000册。以后每期发行6000册，销售到云南各县市，成为云南的畅销刊物之一。对此，《云南日报》报道说：“本市北门出版社为解决少年男女精神食粮的恐慌，特邀请专家编印《孩子们》丛刊。其第一集已于今日（1944年9月21日）出版。生动活泼，图文并茂，尤以内容之多样性、进步性、现实性和启发性为该书之特点，最适合高小及初中程度的孩子们阅读，或同等程度之学校选作补充教科之用，闻本市及各县中小学校预订及批购甚多。”[2]又如出版《保卫察里津》，当时国民党军湘桂大撤退，整个抗战的最后根据地——大西南受到严重威胁。大后方人心惶惶，不少人收拾细软，准备再次撤退。在这种局势下，该书的出版，对当时西南人民坚持抗战，保卫大西南起了一定的教育和鼓舞作用。再如，民主文艺丛刊第一集《文艺的民主问题》，执笔者有茅盾、何其芳、曹靖华、姚雪垠、楚图南、闻一多、李何林、徐迟等20余位作者，对当时的文艺民主问题提出了不少深刻的意见。

这里要特别说明，北门出版社的存在和发展，与重庆进步出版界的支持分不开。尤其是在重庆读书出版社工作的范用同志，是北门出版社驻重庆的义务代理人，协助北门出版社作了大量工作。

---

① 李公朴：《写给贤明的家长和教师》，《孩子们》创刊号，1944年9月。

② 《云南日报》，1944年9月22日。

还应指出的是,北门出版社还秘密印刷了一些中共的宣传品和文件。1945 年 4 月至 6 月,中国共产党第七次全国代表大会在延安召开。会上,毛泽东和朱德分别作了《论联合政府》的政治报告和《论解放区战场》的军事报告,国民党当局封锁消息,扣留了刊登有这两个报告的《新华日报》。为了使大后方的人民能够及早看到中共的重要文件,李公朴冒着生命危险,秘密翻印了数千册,在昆明发行。

抗日战争胜利后,李公朴即开始筹划北门出版社的搬迁工作。他托吴大琨带了一麻袋北门出版社出版的书刊到上海,托一位朋友在进步人士内部举办了一次小型的书刊展览会。[①] 不久,他派张光年到北平筹办出版社分社。张在北平再版了部分北门出版社已出版过的书。正当出版社北平分社的工作打开局面时,李公朴不幸在昆明殉难。为了继承李公朴的遗志,张曼筠和王健曾到上海、香港筹划出版社的重建工作。沈钧儒、郭沫若、茅盾、胡愈之、柳亚子、连贯、黄洛峰、徐伯昕等人,为了纪念这位为民主事业而牺牲的斗士,于 1948 年初在香港联合发起募捐基金,帮助张曼筠筹建"公朴出版社"。后因国内形势发展迅速,中共中央发布"五一口号",号召各民主党派、各人民团体及社会贤达,迅速召开新政协会议,讨论并实现召开人民代表大会,成立民主联合政府。上述大部分发起人及张曼筠响应中共的号召,相继离开香港,"公朴出版社"的筹备工作因而中止。

---

① 吴大琨:《嘱咐》,见《李公朴纪念文集》,第 321 页。

第五节　贫困的生活和革命的乐观主义

提起西南联大教授闻一多在昆明时为养家糊口，挂牌治印和在中学兼课的事，无人不知。在国民党的腐朽统治下，这样的苦日子不是闻一多一家才有。李公朴一家又何尝不是呢！

这里，我们先叙述一下李公朴的家庭生活。

李公朴和张曼筠是在“打倒列强，打倒军阀”的北伐战争中相识而结婚的，他们的婚姻是新式的。婚后他们一直和张曼筠的外婆、父母及姨侄住在一起。一家人相互敬重，生活美满幸福。

1929 年李公朴和张曼筠的长女谷声出世，5 岁时不幸夭折。1931 年 10 月次女出生，当时正值日军侵占我国东北三省，为国家多难之时，李公朴遂以“男”与“难”谐音，给女儿取名“国男”，希望她长大后像男儿一样，为国效命。[1] 1933 年 5 月，长子出生时，祖国内忧外患日益严重，李公朴为儿子起名“国友”，“友”和“忧”谐音，寓意儿子将来为国担忧。

李公朴非常喜欢自己的儿女，但又不溺爱，从小启发他们的爱国热情和民族自强心。在儿女懂事后，他给孩子们讲取名的来历，要他们记住国家多难，为国分忧。同时注意培养他们的胆量和勇气。国男回忆说，她 3 岁时，每逢星期天，父母都带她到公

---

① 张国男：《严师与慈父——回忆我的父亲李公朴》，见《父母必读》，1984 年第 12 期；《人民政协报》，1996 年 7 月 25 日。此处有关李公朴的家庭生活均参见张国男的文章，不再一一注出。

园玩。一次，父亲把她放到1米多高的石雕怪兽上，她被吓哭了。父亲对她说："胆小的孩子最没出息，国男，你是做个勇敢的孩子，还是做个没出息的孩子？"当她回答要做个勇敢的孩子时，父亲又对她说："对，怪兽这东西，你越怕它，它越吓唬你。你看，你不怕它，它就不敢咬你了吧。"在父亲的鼓励下，她不但不害怕了，而且在石雕怪兽上爬上爬下，要父亲给她照相。有时，李公朴也带着儿女去游泳，他故意让孩子们在水里扑腾，呛上几口水，以锻炼他们对水的适应能力。后来在昆明，李公朴经常带儿女到洱海游泳，教导他们"在风浪中才能锻炼坚强的意志"。在李公朴的教诲下，在风浪中游泳成了姐弟俩的兴趣。国男在中学时获得了昆明市中学生游泳冠军。一直到今天，年过70岁的张国男仍然每星期坚持游泳三次，身体健康，精神焕发，全然不像70岁的老人。她说："这都得益于我父亲的培养和教育。"①

国男小学毕业，她家附近有几所学习条件较好的中学，但李公朴却让她上了云南大学附属中学。云大附中一方面政治上进步，有"民主堡垒"之称。另一方面，这所学校离她家20多里，每星期来回要步行40多里；校舍简陋，住在阴森森的破庙里；生活艰苦，学生需自己挑水、种菜。李公朴为了让女儿接受进步思想教育，在艰苦环境中得到锻炼，为她选择了云大附中。同时他还经常给国男讲延安、边区老百姓开荒种地艰苦奋斗的事迹。张曼筠也给国男讲她自己在延安一边学习，一边搞生产的亲身感受。国男政治上得到了锻炼，生活上树立了吃苦耐劳的作风，初

---

① 作者访问张国男记录。

中毕业,“变成了一个敢闯敢冲,不怕艰苦,不信鬼,不信邪,敢与胆大的男生比高低的‘假小子”’。

李公朴作为一家之主,却没有家长作风。按照中国的传统观念,子女随父姓,天经地义。但他的女儿却随母姓,叫张国男;儿子则随父姓李。这是李公朴夫妇在儿女入幼儿园时,征求并尊重他们的意见定下的。平时在家里,如果李公朴本人做错事,他也当着全家人做自我批评。一次,李公朴对夫人做的菜有些挑剔,引起忙碌了一上午的张曼筠心中不快,饭也没吃好。晚上开饭时,李公朴在全家人面前做自我批评,向夫人表示道歉。结果全家人这顿饭吃得特别高兴。对此,张国男深有体会,她说:

李公朴有个美满幸福的家庭。图为1935年李公朴全家在上海合影。前排右一为李公朴岳父张筱楼,左二为岳母,中坐者为岳母之母。前排右二为女张国男,左一为子李国友,后排右一李公朴,左一张曼筠,中立者为姨侄张则孙。

“从我懂事那天起，我就感觉到我在父母亲面前是有发言权的。我们公认父亲是权威，但家里的事情都要征求我们的意见。有时大家发生争执，他也从不以家长压人，而是分出谁是谁非，谁说得对就听谁的。这一点逐渐形成我们全家的习惯。”

家里的生活虽然并不富裕，但李公朴生性豪放开朗，热情活泼。他喜欢游泳、打球、骑马、唱歌、跳舞，这一切都感染着家庭。只要空闲，他便带着夫人、孩子，和朋友一起打网球，或游览形状奇特的石林，或领略西山昆明湖迷人的风光。

李公朴被国民党特务暗杀时，张国男年仅 15 岁，李国友也才 13 岁，他们随母亲回到上海。国男因参加学生运动被学校当局“勒令退学”。[1] 1947 年他们全家到了香港。翌年秋，辗转到达华北解放区。在这里，国男和国友都参加了中国共产党领导的新民主主义青年团，后来又都光荣地加入共产党。

李公朴的家庭生活，也反映了他的情操。下面，我们还是转入本节话题。

1941 年 6 月李公朴夫妇及儿子到昆明时，因城内房租昂贵，住在郊外西坝。狭小的屋子堆满了书籍和稿件，家具简陋，处境艰苦。[2] 这年秋天，他们才由乡下搬进城内，住在绥靖路。这里的房子窄小破旧，进屋的小巷环境也不清洁。[3] 12 月，他们在昆明商会会长李琢庵的援助下，搬到了北门街。后来李公朴的岳

---

① 张国男:《我的父亲李公朴》，见《李公朴纪念文集》，第 373 页。

② 陆诒:《从上海滩到华北战场——追忆李公朴先生》，见《李公朴纪念文集》，第 244 页。

③ 潘大逵:《当之无愧的“公仆”》，见《李公朴纪念文集》，第 279 页。

父和女儿也从重庆来到昆明,一家人生活更加困难。

李公朴在1944年2月17日写给沈钧儒的信中说:“旧历年以来,此间一切物价又突飞猛进……经济生活近虽更为困难,然因旧友不时资助,最近尚可维持。现计划再有一次书画展览。在展览之前则就已成立书画社方面设法以资弥补。过去两月书画社亦有两万元收入,除去开支对家用亦不无少补。至于书店(指北门书屋),则仅望其能应付本身开支。”[①]从这封信里,一方面我们可以看出,李公朴一家生活之贫困;另一方面,我们也了解到他一家在昆明的生活,除依靠亲戚朋友帮助外,主要靠卖书画所得。他的岳父张筱楼是著名的国画家,尤擅长画梅花,有人形容说,走进李公朴家里,满壁琳琅,仿佛置身香雪之海。他的夫人张曼筠的画,“虽处处表现其闺阁秀丽之气,但绝非纤弱,且于秀丽中表现雄浑磅礴,实为闺秀画家中所仅见者”。[②] 再加上李公朴在他们画幅上工整有致的亲笔题词。这样,书画被云南的达官贵人、富商巨贾买去点缀书房客厅,李公朴则以此贴补家用。信中提到的书画社,是指李公朴组织的“三艺金石书社”。“三艺”有书法家、云南大学文学院院长胡小石,国画家张筱楼和女儿张曼筠,摄影家、云南大学附中校长杨春洲。书画社卖出的作品,除本身开支外,对李公朴的家用也有小补。然而,在那物价飞涨的年代,人们吃饭都有困难,像书画这种高雅艺术又有多少买主呢?李公朴一家生活仍相当拮据。一次,他和吴晗、闻一

---

① 据《李公朴日记》原件,1944年2月17日。

② 《云南日报》,1943年8月10日。

多、张光年等人为一件事情打赌，他提议说，输者出一点钱买肉吃。由此可见，他们家有多少天没有见过肉了。[1] 抗战胜利后，大后方各单位和个人纷纷准备复员，李公朴却从重庆回到了昆明。上海，他曾在那里领导抗日救亡运动，并因此而被捕入狱，现在抗战胜利了，他怎能不盼望尽快回到上海呢？他对吴晗说："全家到上海是不可能的，不要说生活，连住处也无办法。"他的女儿张国男看到西南联大的师生分批迁回北平、天津，也希望到北平读书。但平时儿女眼中的慈父，此时却因经济困难，无法答应女儿的要求。[2]

尽管生活困苦，但李公朴始终充满着革命乐观主义精神。这是熟知李公朴的人，对他一致的看法。他的家里常常是高朋满座，昆明的民主人士都喜欢来这里聊天，讨论问题，或举行各种小型集会。外地来昆明的民主人士和文化界人士把他的家当做中转站、联络点。如萨空了从四川集中营释放后来到昆明，经常在他家与各方朋友会面；赵丹从新疆监狱出来到昆明，在他家里和昆明文化界的朋友集会，控诉盛世才对革命人士惨无人道的迫害。当时和他住隔壁的潘大逵在《当之无愧的"公仆"》一文中说："我们的住房常作为（民）盟小组会场。好些进步人士亦常在此聚会。我记得赵丹、张光年、赵沨、刘宪章、方仲伯等人都常到他家来，成为了民主人士在昆明的'民主之家'了。"曾多次得到李公朴帮助的刘思慕动情地回忆说，1935 年他们一家在上海

---

① 吴晗：《哭公朴》，见《李公朴纪念文集》，第 132 页。

② 《李公朴日记》，1946 年 6 月 13 日。

遭特务通缉，经李公朴夫妇冒险掩护，他们才免遭逮捕。1941 年太平洋战争爆发后，他们夫妇从印尼间关逃回昆明，又成了北门书屋的座上客，从而接近了民盟。[1] 田汉回忆说："公朴家里真是每天座客常满，我在他家里参加过好几次愉快的座谈。"[2]当时田汉率"新中国剧社"和"四维儿童剧团"在昆明进行抗日宣传，受到反动派的阻挠。李公朴关心支持演出，经常自己花钱买票观看，研究演出的节目以及在观众中间的反响，向"剧社"贡献了许多宝贵的意见。

李公朴的家虽远离闹市，却接近大学区，因而这里也成为青年和学生聚会的地方。每到周末，大学里的年轻小伙、姑娘们聚会他家，或开诗歌朗诵会，或音乐欣赏会，有时二者兼而有之。每逢此时，李公朴则活泼得像个青年，"听到舞曲就兴致勃勃地拉着夫人或在座的姑娘们翩翩起舞；有时兴奋得忘记了周围的环境，放开嗓子高唱陕北歌曲，一面唱一面带着孩子们扭秧歌"。[3] 一位海外归来的年轻人因车祸受伤在他家食住了好几个月，亲眼目睹李公朴家里，常常有许多相识和不相识慕名而来的大学生、社会上的青年人，无拘无束地同他谈笑，"满腔热情期待公朴先生给以指点些什么，又向他打听些抗日救亡、争取民主和平的重大国事，然后高高兴兴地带着公朴先生给予他们的鼓舞

① 《沈钧儒纪念集》，第 172 页。

② 田汉：《已准备好为民主献身的公朴》，见《李公朴纪念文集》，第 222 页。

③ 《李公朴纪念文集》，第 314 页。

和力量离去。可是用不了多久，他家的会客厅里，又是高朋满座了”。[①]

即使在经济拮据的情况下，李公朴仍然帮助和接待了大批来昆的各界朋友，他乐于助人之难。他喜欢抽烟，为经济起见，抽烟斗。偶尔有人送他一两包香烟时，他决不吝惜，都拿出来和朋友一起分享。吴晗的夫人袁震是个长期病号，当时昆明请医生看病，不但医药费很贵，而且还得先付一笔押金，给吴晗精神上、经济上造成了沉重的负担。李公朴有个当大夫的朋友，经常免费给张曼筠看病。他知道吴晗的处境后，请这位医生给袁震看病，减轻吴晗的负担。1942 年，在日本骑兵追击和日机追踪扫射下，中共党员张光年和一批华侨文人、华侨青年从缅北翻山越岭回到昆明，受到李公朴等人的热情接待。张光年等人因经长途跋涉，身上已经不名一文，他和赵沨夫妇借住在郊区。李公朴赶来慰问，“每天为他们的事情奔走筹划”，热情地要他们每天到他家里吃饭，并从郑一斋[②]那儿给他们每人带来 50 元零用钱。不久，李公朴利用和云大附中校长杨春洲的关系，介绍张光年和赵沨到路南县云大附中教书。李公朴的盛情使张光年深为感

---

① 伍虹：《青年人的良师益友——缅怀尊敬的李公朴先生》，见《李公朴纪念文集》，第 347 页。

② 郑一斋，虽为云南富商，但思想进步。上海读书生活出版社的创立和发展，昆明读书生活出版社的创办，以及《资本论》在中国的首版，郑一斋都给予了资金援助。1942 年不幸被美军吉普车撞伤致死。李公朴撰写了悼文《新中国的商人》，并和张曼筠、光未然（张光年）、赵沨谱写歌曲《你的光辉永不灭》，以示追悼和纪念。

动,他把自己视做李公朴家中的一员。他回忆说:“在路南逢寒暑假回昆明休息时候,特别一年后云大附中迁到昆明郊区龙头村,每逢周末进城时候,我几乎都是公朴家每天不缺的常客。我们一同分析面临的局势,研讨当前的工作,接待本地或外地来访的文化界朋友们。公朴是精力过人的,他几乎每天骑着自行车在城内外奔走,或参加各种集会,或到工厂学校演讲,或找人商谈工作,或为各地来昆的文化界人士解决工作上、生活上的实际困难。回到家里,常是座上客满,谈笑风生,从不知道疲倦。我从公朴先生的胸怀开朗,博闻广识,献身革命事业和助人为乐的精神,深受感动和教益。”①

“来日大难,不易预料,但朋辈自信均能冲过去。饿死则或有可能,自弃则必然决无其事”。“我们已早预见到政治、经济的双重压迫,将愈迫愈急。我们是准备一切来接受这时代洪炉的考验。”②这是李公朴自昆明写给沈钧儒信中的一段话,也是他为推动大后方的抗战和民主,不畏经济生活贫困,保持革命乐观主义精神的真实写照。

---

① 张光年:《怀念李公朴同志》,见《李公朴纪念文集》,第 269 ~ 270 页。

② 《李公朴致沈钧儒信》,1944 年 2 月 17 日,据原件。

第九章

新的起点

第一节　加入中国民主同盟

李公朴曾在一篇日记中写道："我深信我的信念与现在企图从事的一些文化教育工作，是不会与任何进步的政党政策相抵触的。""我觉得我现在仍是不需加入什么政治组织与任何党派的关系"，因为"这种团结的工作也是要有人致力的"。[①] 抗战以来，李公朴一直认为自己致力于团结统战的工作，不需要参加什么政治组织和党派，把从事团结抗战的工作和参加无产阶级政党分割开来。然而国民党的腐败统治，促使他在爱国主义思想的基础上，认真思考，探寻正确的政治道路。

1943 年 3 月 10 日，蒋介石发表《中国之命运》小册子，公然反对民主，鼓吹一个主义、一个党、一个领袖。说什么中国不是缺少民主自由，而是自由太多，"成了一盘散沙"，因此要建设"法治国家"，实行专制制度。公开声明国民党统治的根本特点就是"一党专政"，"党外无党"，全国国民要"共同集中于三民主义的信仰之下，一致团结于中国国民党的组织之中"；并攻击中国共产党领导的抗日军队和抗日民主根据地是"封建军阀武力割据，

① 《中华民国史资料丛稿》，增刊第 4 辑，第 87 页。

破坏统一,妨碍建设”,扬言必须铲除这种“变相的军阀和新式的封建”。[①] 显然,蒋介石打着三民主义统一全国的旗号,打击中国共产党和民主进步力量,企图把中国完全置于他和国民党的独裁统治之下。自蒋介石《中国之命运》小册子出笼后,李公朴经常坐在长湖边沉思,回顾他为了推动全民族的抗战,努力追求民主和自由;回忆他访问过的延安,考察过的抗日根据地,对于民主的阶级性有了进一步的认识。他针对蒋介石在《中国之命运》中的谬论,于1943年10月10日武昌起义纪念日挥笔写下了《民主与领袖的关系》。特别强调民主的问题,特别强调民主与领袖的问题,指出:“只有真正的民主,才能产生真正的领袖,才能保障民主精神。只有真正实行民主,才能避免领袖脱离大众的恶果。民主与领袖相依而不相背,毫无冲突之点。人人说民主,究有几人有民主精神,有民主修养,真正理解民主,理解民主与领袖的关系呢?”[②]

这年5月,中共南方局为了加强对云南的统战工作,先后派周新民和李文宜来到昆明。在周新民来昆之前,董必武根据党中央的统战政策,要他在昆广交朋友,扩大爱国反帝的民族统一战线,争取抗战的最后胜利。不久周新民等人成立了民主政团同盟第一个地方组织昆明支部,最初只有七个人,他们是罗隆基、潘光旦、潘大逵、周新民、杨怡士、唐筱冥和李公朴。李公朴

① 蒋介石:《中国之命运》,见《先总统蒋公全集》,台北中国文化大学出版部1984年10月版。

② 中国革命博物馆编:《浩然正气》,人民出版社1991年版,第399~400页。

加入支部的介绍人是周新民和潘大逵。他入盟后,热心盟务工作,积极培养介绍进步人士参加民盟组织。然而,政团同盟主要吸收三党三派的成员为盟员,限制了大批无党派民主人士入盟,阻碍了同盟的发展。李公朴曾和昆明支部向重庆总部提出,“为团结全国民众,尽力推进民主运动,加强抗战力量”,应当取消“政团”两字,使之成为政治主张相同的个人大联合,而不仅是以政团为单位的联合体。在向总部建议的同时,李公朴和中共地下党员张光年以及同盟支部委员多次商量,率先突破“团体盟员制”的清规戒律,吸收了一批中上层知识分子、爱国民主人士和进步的文化人入盟。如当时昆明文化界、教育界的知名人士吴晗、闻一多、楚图南、冯素陶等,相继入盟;中上层人士云南省主席龙云、云南省宪兵司令部副官长刘达夫等,也成为民盟的秘密盟员。他们的加入,扩大了支部的组织范围和社会基础,壮大了革命力量,进一步推动了民主运动的高涨。

1944 年 9 月,中国民主政团同盟在重庆举行全国代表会议,采纳昆明支部等的建议,决议将“中国民主政团同盟”改组为“中国民主同盟”,取消“政团”二字,由团体会员制改为个人参加。11 月,民主政团同盟昆明支部召开全体盟员大会,决定将昆明支部改为云南省支部,选举李公朴和罗隆基、周新民、楚图南、费孝通、潘光旦、潘大逵、闻一多、吴晗为委员;罗隆基、周新民、潘大逵、吴晗分别为主任、组织、宣传、青年委员。[①] 12 月，民盟云南省支部机关刊物《民主周刊》创刊，李公朴为编委之一。

加入中国民主同盟，使李公朴的政治活动有了一个民主政党作为组织后盾。从此，他与共产党的关系更加密切，在为争取中国的光明和进步的斗争中，成长为一个坚强的民主战士。

第二节　响应中国共产党的号召

1944 年，国际国内形势发生了根本的变化。在世界反法西斯的主要战场上，苏联红军开始反攻。在东方，美国军队在太平洋战场上不断取得进展。日本为了援救入侵南洋的军队，急需打通中国大陆上的交通线，于这年 4 月发动豫湘桂战役。在日本的进攻面前，由于国民党政府仍然奉行积极反共、消极抗日的政策，短短几个月的时间，郑州、洛阳、长沙、衡阳相继失陷，在日军的追击下，败退入黔，整个抗战最后的根据地——大西南受到威胁。与国民党的大溃败相反，共产党领导的华北、华中、华南各根据地普遍发起对日、伪军的局部反攻，巩固扩大了解放区。处

---

① 此据民盟中央文史委员会：《中国民盟简史》（1941～1949），中国青年出版社 1991 年 3 月版，第 22 页。另据中国民主同盟中央文史资料委员会编、1981 年 11 月内部印行的《中国民主同盟四十年》，第 10 页，中国民主政团同盟昆明支部改组为中国民主同盟云南省支部，选李公朴、闻一多、罗隆基、潘光旦、周新民、潘大逵、楚图南、吴晗、杨怡士为执行委员；选举罗隆基、周新民、李公朴、吴晗、潘光旦为主任、组织、宣传、青年、财务委员，杨怡士为秘书处主任。

于水深火热的国统区人民，更加清楚地认识到，只有以共产党为领导核心的人民民主力量，才能打败日本侵略者，解放全中国；夺取抗日战争的最后胜利，必须结束国民党一党专政，成立举国一致的真正的民主政府。9月15日，林伯渠代表中国共产党在国民参政会上正式提出“废止一党专政，建立联合政府”的主张。这个主张受到全国人民的热烈拥护，国民党统治区人民掀起了新的争取民主的高潮。

10月10日，是辛亥革命三十三周年纪念日。中共云南省工委和民盟组织商量，决定利用这一法定节日，举行群众大会，响应中共中央结束国民党一党专政，成立联合政府的号召。同时也取得了省主席龙云的赞成和支持，将会场设在省城内较为安全的昆华女中操场。

是日，昆明各界群众5000余人出席大会，李公朴既是大会主席团成员，又担任大会司仪。他走上主席台，以嘹亮激动的声音宣布大会开始。首由闻一多演讲《组织民众与保卫大西南》。台上闻一多的演讲慷慨激昂，激动人心，台下的听众屏息聆听，有的甚至热泪盈眶。突然，人群中传出“砰砰”两声巨响，有人惊呼“手榴弹！手榴弹！”群众惊散，一些妇女小孩被挤倒撞伤，叫喊哭嚷，会场秩序顿时大乱。这时几个特务跑到主席台上，抓住李公朴要殴打，云南大学学生自治会组织的维持秩序的同学，急忙上前阻挡。特务拳足交加，打伤了几个学生，李公朴也被打伤，面部出血，长衫被撕去半截。[1] 面对特务行凶，他毫不畏惧，轻轻

---

① 《李公朴纪念文集》，第319页。

地抚摸了一下面颊，沉着镇定地向人群大声喊道："不要乱，不要惊慌！"并把特务燃放的爆竹展示于众，揭露特务企图放鞭炮扰乱大会的卑鄙伎俩。人们被他的勇敢精神感动了，会场很快安静下来，大会继续进行。会议中途特务第二次捣乱会场，秩序又乱了。李公朴再次挺身而出，维护秩序，并在龙云派出的宪兵协助下，沉着指挥，使会场再次恢复平静，秩序更镇静，更整齐，更严肃，直至散会。李公朴临危不惧，沉着指挥双十节纪念大会，使大会得以圆满成功，得到朋友们的称赞。会后，闻一多向他的夫人高孝贞连声不绝地赞扬说，李公朴"临危不惧，指挥有方，真是个人才！"[①]吴晗在《哭公朴》一文中回忆是日开会情形说："正当讲演进行中，突然一声爆炸，听众辟易奔走，秩序乱了。是公朴，他在讲台上用洪大的声音，指挥纠察员维持秩序。一会儿，特种人员第二度捣乱会场，被群众拘捕，人心激昂，一片喊打声，秩序又乱了。是公朴，出来维持秩序，制止群众，和宪警办交涉。他在台上，在会场中，跑上跑下，用手势，用呼吁的口气，和平的交涉，终于使这会开成功。参加的人不但没有被爆炸声、殴打声吓退，反而更坚定、更踊跃地来参加，来坚持这大会程序的完成。散会时的人数要比开会时增加了三分之一，黑压压满场子都是人。"[②]

会上，李公朴和楚图南、吴晗、罗隆基也分别作了《改善士兵

---

① 闻黎明等编：《闻一多年谱长编》，湖北人民出版社 1994 年 7 月版，第 767 页。

② 《人民英烈——李公朴、闻一多先生遇刺纪实》，第 233 页。

生活与当前政治问题》(后以《改善士兵生活》为题,公开发表)、《言论自由与身体自由》、《中苏邦交与国共问题》、《改革政治的方案》的演讲。这些都是如何争取抗战胜利和民主建国的重大问题,和中国共产党的主张遥相呼应。

李公朴的演讲开门见山地说,从整个世界反法西斯战争的形势来看,胜利的确在望了!但从中国今日的战争形势来看,日军对河南、湖南、广西的侵略,并且将要威胁到贵州、四川和云南的安全。为什么会造成国内外战争形势的如此发展和悬殊呢?"决不是日本鬼子的法力无边,也决不是中国人民的抗战不力,而是在我们的抗战阵营中间存在着许多严重的问题。这些问题一天不解决,胜利便一天不会来到"。词锋所向,十分明确。国民党积极反共,消极抗日,政治腐败,造成军事上的大溃败。

士兵肩负着保卫国家生存和保卫同胞生命的重任,改善士兵生活也是严重的政治问题之一。接下来,他讲了抗战前线士兵的生活和待遇问题。他说,人类最大的牺牲莫过于牺牲自己的头颅,最大的贡献莫过于贡献自己的生命。抗战以来,牺牲最大、贡献最大的莫过于在前线拼头颅流鲜血的抗战士兵。然而,这些为国家牺牲最大的、贡献最多的抗日士兵却遭受着非人的待遇。他引用褚辅成等参政员在第四届国民参政会上提案中的一段话,揭露部队中的腐败黑暗和抗日士兵遭受的非人待遇。

> 军粮规定每人每日二十六两,本可够食,因自军需局至特务长,层层克扣,量已不足,犹复故意掺石,并缩短吃饭时间,限制吃饭碗数,使其咸有饥而不得果腹、食而不能下咽

之苦。甚有因先盛一次，或多吃一碗，竟被长官调至公开场所，任意打骂，侮辱不堪。饭既如此，菜尤恶劣，经常无油，有时盐也缺乏，而以辣椒粉和白水代之。士兵衣服大多破烂露体，污垢满衣，甚有冬着夏衣，夏穿棉服。其住宿亦多在湿地，不但无床，且有无毯者，每至夜深气冷，辄互相抱睡借以御寒……如此生活，较囚犯已有过之，何怪其面黄若土，骨瘦如柴；又何怪其常闹胃病，多患肺疾。后方医院虽已林立，每遇病兵或伤兵，则以满员或无药为藉口，若切实调查，医院仍多空房，药品早成商货。所以士兵生病，只有活活等死，决无诊治之机会。甚有尚未绝气，即剥去其军服后弃于荒郊，而任其日晒雨露，鸟啄狗食，血肉淋漓，肢体离异的现象。据昆明青年会军人服务部调查，昆明西车站附近，四月份上半月曾发现士兵尸体一百七十余具，多未掩埋……①

李公朴还摘录了国民政府军事委员会颁发的“为改正新兵征补弊端的指示要点”（这个要点刊在 4 月 16 日昆明《中央日报》上），揭露政府人员和部队官长管理抗日士兵的黑暗腐败：3. 侵吞教育、医药、草鞋、行军各费。4. 侵吞（限制、掺杂、克扣）军粮，不顾士兵饱饿，任令由饥至病。5. 迟发薪饷挪款经商。6. 兵无被服（盗卖、调换、欠发），不顾士兵寒暖，任令由病至死。8. 忽视营舍，简易设备，不顾士兵睡眠。9. 借故没收、售卖入营新兵

① 《李公朴文集》，第 932 页。

财物;不顾士兵利益。10. 侵蚀士兵教育经费,不随收随训,即训即育。13. 奴役新兵抬轿及背挑规定以外之物品。14. 强迫士兵行军,鞭笞虐待。15. 遗弃病兵,脱光衣服,甚或未死枪杀及活埋。这是国民党官方所承认的,更具有说服力。

李公朴借国民参政员和国民党官方的话,向听众讲述了抗日士兵遭受着衣不蔽体,食不果腹,变成了叫花子、变成了囚犯、变成了病鬼的惨绝人寰的非人待遇。他一针见血地说,虐待欺负抗日士兵,这也是中原战役以来一连串的溃败,直到今天的黔、川、滇的最后防线受到威胁的必然恶果。

最后,他呼吁,要督促政府下大决心,做大改革,把抗战士兵及其家属从非人的待遇中拯救出来。他说:"改善士兵生活的问题,仍然不得不是一个政治问题。枝枝节节的改革是无济于事的。良好的方案通过腐烂的政治机构和层层贪污的官员,事实上比不做更坏。根本的方法还是改组目前的政府,[注意:是'改组'不是'推翻',是加强不是破坏。凡是愿使政府走向民主之路的党政人(士),对于这个名词请不要害怕,不要曲解。]实行民主政治。"①在这里李公朴以改善抗日士兵生活,明确提出改组国民党政府,实行民主政治,与中国共产党的号召相呼应。

大会最后一项,由闻一多朗读大会宣言。这个宣言由罗隆基起草,闻一多修辞润色,并和李公朴一起誊录。宣言热烈响应中共中央废止一党专政,建立联合政府的号召,强烈要求"国民党立即宣布结束党治,还政于民";"立即召集国是会议,组成全

① 《李公朴文集》,第 935 页。

民政府”；并提出“新政府的人选应包括全国各党派之代表及全国无党无派才高望重之人”；新政府应立即实行保障人民身体、言论、集会、结社等自由，立即释放一切政治犯，改善财政及经济政策，提高士兵待遇，调整军事编制，平均分配全国军队（包括八路军和新四军）的装备与供应。①

大会结束后，李公朴和与会群众高呼着“保卫大西南”的口号，举行了大游行。这次大会在大后方产生了不小的影响，西南各地如重庆、成都、贵阳等城市纷纷集会响应，表示要“迎着昆明的巨浪前进！”

12 月 25 日，是云南省护国起义纪念日。下午，云南的护国元老、各界代表、知名人士和大中学师生、工人、职员、中下级军官数千人，聚集在云南大学操场上，举行盛大的纪念会。李公朴、闻一多、吴晗等人组成大会主席团，李公朴并担任大会总指挥。护国元老黄斐章、由云龙、白小松，唐继尧的儿子唐筱冥，大学教授吴晗、闻一多分别讲话。他们痛斥窃国大盗袁世凯，表彰蔡锷领导的云南护国运动的功勋，强调要发扬护国运动的不朽精神，维护中国的民主政治。会上一致通过了《云南各界护国起义纪念大会宣言》，郑重提出三项要求：结束一党训政，召集人民代表会议，组织联合政府。这次大会，不仅公开宣言响应中国共产党的号召，而且以痛斥袁世凯继承护国精神，抗议蒋介石的专制独裁，其意义非常重大。会后，举行了声势浩大的游行，李公朴精神抖擞，和游行群众一起，高呼着“打倒专制独裁，实行民主

① 《昆明各界双十节纪念大会宣言》，原件存中国革命博物馆。

政治”等口号，行进在大街上。游行结束回到家中，他对夫人张曼筠说：“我不感到饥饿，不感到疲劳，只觉得全身发热。这就是人民的力量，民主的力量。”[①]

第三节　勇敢解剖自己

李公朴在昆明的民主运动中起着重要的作用，自然会遭到国民党的仇视。昆明“双十节”群众纪念大会后，国民党政府组织部长陈果夫致军事委员会办公厅函中，引述云南省党部呈文说，李公朴等人，“演讲内容，均系反对本党及攻击现政府之荒谬论调。……该等最后并通过宣言，内容多系攻击现政府，极尽狂妄之言词”。[②] 随后，他们对李公朴软硬兼施，先是拉拢，继而威胁。

1945年春的一天，国民党特务头子刘健群来到李公朴的家里，对他说，蒋介石很关心他，希望他到重庆去，可以在教育界委以重任。显然，这是蒋介石的调虎离山计，企图以高官利诱李公朴离开国民党统治区的“民主堡垒”——昆明。李公朴当即明确表示：“我的事业在昆明，我要在这里发展文化教育，我离不开。”[③]利诱不成，刘健群又施以威胁，强调让他去重庆是蒋介石的意思，否则“留在昆明很不安全”。刘的意思很清楚，不去重

---

① 《中华民国史资料丛稿》，增刊第4辑，第89页。

② 云南师范学院一二·一运动史编写组编：《一二·一运动史料汇编》，1980年3月印行，第3辑，第216页。

③ 张光年：《怀念李公朴同志》，见《李公朴纪念文集》，第274页。

庆，留在昆明有生命危险。刘健群以为施以恫吓，李公朴就会畏祸离昆。然而，真正的战士是无所畏惧的，他坚持留在昆明。刘健群的阴谋未能得逞，满脸不高兴地走了。

其实，这已不是刘健群第一次劝李公朴到国民党政府去做官。早在抗战爆发不久，即1937年11月，李公朴结束了华北、华东战场的考察工作，来到南京，会见了一些党政军要人和社会名流，就战区教育、招兵区特种教育以及国共两党团结抗战等问题进行商谈。当他和刘健群晤谈时，刘劝他"勿在做客串工作，应到政府里面来努力"。他当时是怎么回答的尚不得而知，但他当天的日记对此记述说："这真是天晓得，我们岂是要客串，乃因政府中并未找我们做事，或是请有名目而无工作可做之职位。朋友不常见，不了解者有如此哉。"[①]当时国共合作已经形成，到国民政府内从事抗战工作，无可非议。但从刘健群两次劝说李公朴到国民党政府做官，李公朴两次截然不同的态度，可以看出，他思想的变化是多么大啊！几年之间，他从致力社会教育，到反抗日本侵略，反对蒋介石消极抗战、积极反共的反动政策，直至加入民盟，积极贯彻中国共产党的主张，与党的关系日益密切，最终成为了一名坚强的民主战士。

威胁利诱不成，刘健群又唆使西南联大的三青团展开谣言攻势，并在校园内张贴大量标语，说什么"李公朴已被收买，即将赴渝出任要职"[②]，"李公朴要去重庆当教育部长了"。谣言也传

---

① 《李公朴日记》，1937年11月10日，未刊。

② 《李公朴纪念文集》，第275页。

到闻一多、吴晗、楚图南的耳中，他们信以为真，并出于对战友的爱护，找到李公朴，气愤地拍起桌子质问他："为什么出卖民盟?"[①]来自敌人的造谣诽谤吓不倒李公朴，但是朋友内部不公正的指责，他感到委屈，认为是污辱了他的人格。第二天，了解事情真相的张光年(头一天，李公朴已知道刘健群来昆的事，他找中共党员张光年商谈了对付手段。)分别走访了闻一多、吴晗和楚图南，向他们说明了事实。这几位襟怀坦荡的革命民主主义者，深怀歉意地向李公朴作了检讨。

李公朴是个社会活动家，他善于和各种不同出身、经历和社会职业的人士接触和交往，例如工商界、地方士绅、宗教界乃至国民党的军政人员，向他们宣传中共抗日救亡、统一战线的主张，传达贯彻共产党的意图和方针政策。中共充分利用他这一长处，发挥了别人一时难以起到的作用。中共党员方仲伯说，党给他的任务就是帮助李公朴作"中间派"的工作，争取中间派同情我党，走向进步。在昆明，"李公朴在这方面做了大量的工作，有些工作是我们党不可能去作的。如龙云的副官长、昆明市的市长以及护国元老白小松、禄国藩、杨耿光、缪云台等等。当然，他在政治上是有分寸的"。[②] 和李公朴一起战斗并十分了解他的史良说，他态度和蔼，广交朋友，善于求同存异，也善于从大处着眼，又有组织才干，所以他常能发挥较大的作用。他是社会活动家，各方面人都能联系，能沟通文化界和职业青年团体，把各方

---

① 《李公朴纪念文集》，第 275 页。

② 方仲伯致周天度信，1988 年 10 月。

面的民主力量组织起来。李公朴能够团结各方人士,扩大抗战民主力量,这正是他的优点和长处。然而确也引起了一些人的误会和偏见,认为他有“江湖气味”,“社会关系复杂”,“同什么人都往来,简直不可捉摸”。[1] 有时对于朋友的不理解,李公朴也很苦恼,甚至暗自掉泪。为了民主革命事业,他忍辱负重,努力工作。他经常以下面这段格言勉励自己:“仁者不忧,知者不惑,勇者不惧。惟其不惑,所以不忧,所以不惧。吾辈追求真理,认识真理,抱着真理为民族为人类服务,有什么疑惑呢?”吴晗在《哭公朴》文中记述说:“我记得,过去受了国民党中伤的毒,公朴蒙受了多少谣言的灾害诽谤、中伤。朋友中为了爱护他,曾引起极严厉的指责、批评,有时闹得面红耳赤,声色俱厉。可是公朴,他绝不激动,不怀恨,安详地含着眼泪解释,他哭。他用最有力的武器来回答这些莫须有的诽谤、中伤,他在加倍的工作。他说能批评他的人,是他最光荣的朋友、同志。”[2]

事情虽然清楚了,但李公朴的心情却不能平静。他想到,不久前为了向国统区的人民宣传解放区的声音,北门出版社冒着危险翻印了毛泽东、朱德在中共“七大”上的报告——《论联合政府》和《论解放区战场》,但外间却传言北门出版社是书商,窃取版权赚钱,不了解真相的闻一多为此言辞尖锐地责备他。后经冯素陶、楚图南说明北门出版社在宣传中共中央的声音,才消除误会。想到此,他坐不住了,他找来中共党员张光年,通过他向

---

① 方仲伯致周天度信,1988 年 10 月。

② 《李公朴纪念文集》,第 130 页。

党倾诉衷肠。自从张光年来昆后，他遇到什么困难和重大的事情，总是先和这位中共党员商量求教。他放下烟斗，郑重其事地对张光年说："我正在想，为什么老蒋不找别人而找我？为什么朋友不怀疑别人而怀疑我？可见我还是有弱点啊！"说到这里，他停顿了一下，接着自己分析原因说："我虽然出身贫寒，但在社会上混得久了，沾染的旧意识旧作风是不少的。我细读了延安《整风文献》，共产党人那样严格地要求自己，我是自愧弗如的。就如在昆明，朋友们（指一多、图南等同志）过着那样清贫的生活，我虽然谈不上充裕，却总要设法维持一个过得去的场面。我的生活标准比别人高些，个人主义比别人多些，社会关系比别人复杂些，这就使敌人有可钻的空子。我应当注意啊！"多么光明磊落，胸怀宽大啊！他是在以一个中国共产党员的标准解剖自己，分析自己，要求自己。张光年被他的诚恳真挚感动了，不由得也作了自我解剖。他们二人互相激励，"决心在这革命的重大关头，在党的路线指引下，多做些有益于革命、有益于人民的事情"。[①]

李公朴敢于正视自己，敢于解剖自己，正是他襟怀坦白、胸怀宽广的表现。尤其难能可贵的是，他是向中共地下党员倾诉衷肠，他的思想发生了根本变化。

---

① 《李公朴纪念文集》，第276页。

第十章

为和平民主的新中国而斗争(上)

第一节 “不要教胜利冲昏头脑”

1945 年 8 月 15 日，日本宣布无条件投降，中国人民经过八年艰苦卓绝的斗争，终于取得了抗日战争的胜利。

抗战胜利的消息传到昆明，人们奔走相告，欢呼声、鞭炮声响遍全城。李公朴欣喜若狂，见到前来询问消息的冯素陶，抑止不住喜悦的心情，高兴得像个孩子似的，拥抱着冯素陶又跳又叫：日本鬼子投降了，咱们胜利了！[①]

抗战胜利了，全国人民沉浸在无比的欢乐与喜悦中。躲在峨嵋山上的蒋介石，却急忙要下山摘桃子，攫取抗战胜利果实。他把受降的权利据为一党私有。尚在日本发出乞降照会时，他就命令日军和伪军就地维持秩序，不得向八路军、新四军投降，并公开命令不准共产党领导的军队进攻和受降日伪军队。同时，美国政府不惜耗费重金，派出大批飞机和海船，帮助蒋介石把长期散布在后方的国民党军队向敌占区的各大城市和战略要地运送。这些都隐伏着内战危机。这时，李公朴受到毛泽东在

① 冯素陶：《怀公朴》，中国民主同盟云南省委员会 1981 年 7 月编印：《回忆李公朴烈士》，第 13 页。

《论联合政府》中关于“两个前途”论述的启示，从庆祝胜利的鞭炮声中，仿佛听到了蒋介石发动内战的隆隆炮声，预感到一场反对内战，争取和平民主的斗争就要开始了。一天，他遇见仍然沉浸在胜利喜悦中的闻一多，看到他已把胡须剃了。闻一多的胡子是抗战初期留起来的，发誓要等到抗战胜利才剃掉。他不禁大声对闻一多说：“一多，你的胡须剃得太早了，”继而又低声说，“内战危机迫在眉头，斗争形势更为复杂。”闻一多回答说：“那我们就坚决争民主，反内战！”“对！反内战，争和平；反独裁，争民主，是我们当前的紧迫任务。”①李公朴补充说。

有感于国民党蒋介石在美国政府的援助下，阴谋发动内战，以武力消灭人民武装，扑灭民主力量，以维持其一党专政的独裁统治。8月14日，李公朴和闻一多、吴晗等昆明各界共207人联名发表了《告国际友人书》，指出中国人民要团结、要民主、要彻底的胜利，即要走团结胜利的道路，民主的联合政府的路。可是执政的国民党，“一切的政令和措施，都是和这条光明之路背道而驰”。同时呼吁国际友人共同支持中国人民建立一个民主团结的新中国。文中还严厉谴责了美国驻华大使赫尔利和美军驻华总司令魏德迈，实施助长国民党进行内战的政策和行为，吁请美国友人敦促美国政府：“在中国问题上，采取公正和现实的观点。一定要使你们的宝贵的援助，成为促进中国民主与胜利的条件，而不要成为妨害中国团结和进步的条件。”“不使一切的援助如经济与黄金的援助，成为中国官僚与资本家剥削中国人民

---

① 《回忆李公朴烈士》，第138页。

大众的资本;不使一切的军火援助,成为军事独裁者屠杀人民的工具。”①

9月4日,西南联大新诗社在新校舍东食堂举行诗歌朗诵会,主题是“为胜利民主团结”而歌。李公朴也应邀出席。在这个1000多人出席的盛大集会上,他思绪万千,八年了,中国人民抛头颅洒热血,终于迎来了抗战的胜利。人们欢呼,人们庆幸,苦难总算熬到了头,和平可以实现了。然而人们脸上欢庆胜利的泪水尚未擦干,内战的炮声又将响起。想到此,他感慨万端,朗诵了题为《不要教胜利冲昏头脑》的诗篇:

不要狂欢,且慢骄傲,
胜利团结与民主并没有真正得到。
它还要靠咱们大家努力,
抓紧时机共同创造。
八年来团结成了个空口号,
中国的命运几于不能保。
现在“胜利”总算被“等”到,
胜利的果实不能白白地送掉。
今天为胜利团结与民主而歌,
却不要教胜利冲昏了头脑。
团结的障碍多得很,
民主的暗礁更不少。

① 《闻一多年谱长编》,第882页。

我们要抓紧时机打定主意，

把民主和平高唱入云霄。

把反民主的将军、老爷、汉奸、走狗、摩擦专家、顽固分子，一齐都打倒！打倒！打倒！[①]

第二节　民盟临全大会上的斗争

抗日战争胜利后，蒋介石国民党代表的大地主大资产阶级和中国共产党代表的人民革命力量之间的矛盾迅速上升为国内的主要矛盾。中国人民面临的是争取和平、民主、自由，建立一个新中国，反对蒋介石国民党的独裁专制和发动内战的国内斗争。

面对战后国内形势的变化，中国民主同盟决定召开临时全国代表大会，以统一对形势的认识，确定今后的斗争方向。8月16日，曾昭抡自重庆致函民盟云南省支部：望速选出云南支部代表，出席临时全会。很快，云南省支部全体盟员在唐继尧的故宅唐家花园开会，选出李公朴、闻一多、李文宜、冯素陶、辛志超、楚图南为出席临全会的代表，另外潘光旦、罗隆基、曾昭抡、周新民、潘大逵、吴晗是民盟中央执委，为出席临全会当然代表。同时决定闻一多、吴晗、楚图南留守省支部工作，不去重庆出席会议。为了安全起见，9月中旬，李公朴等出席临全会代表分两路

① 《李公朴文集》，第937～938页。

赴渝，李文宜和周新民走一路，其他人走一路。李公朴这路人乘吉普车绕道花溪，行程六天，于9月下旬抵达重庆。

10月1日下午，中国民主同盟临时全国代表大会在重庆上清寺“特园”开幕（建国后追认此会为第一次全国代表大会）。这次会议在民盟历史上是一次重要的会议。战后，由于在和平、民主与内战、独裁以及建立什么国的问题上，国共两党的斗争十分尖锐，促使民盟内部出现了分化。民盟内部分盟员企图在国共两党对立之外，走中间路线，寻找出第三条道路。此外，民盟领导机关一直被青年党所把持，使民盟在开展民主运动上显得不够坚强有力，广大盟员对此非常不满。因此，会上不同的政治倾向，不同的主张见解，颇有分歧，而且斗争激烈。在许多重大的

1945年10月1日，中国民主同盟在重庆举行临时全国代表大会，李公朴作为民盟云南省支部代表之一赴渝参加。会上被选为中央执行委员兼民主教育委员会副主任。图为大会全体代表合影（坐地者前排左起第四人为李公朴）。

原则问题上，李公朴坚持进步的正确的立场，勇敢地和倒退、保守的思想作斗争，起了重要作用。9日，大会讨论民盟的行动方针问题，青年党骨干余家菊提议民盟的一切行动方针，应持中立，不偏不倚，站在两党之外。李公朴和罗隆基坚决反对，他们主张“我们要看事实环境来决定，不能拘泥于局限之内”。[①] 在国民党一党专政独裁的情况下，李公朴等人主张民盟的行动方针“要看事实环境来决定”，即是明确表示在民主与反民主之间，民主与独裁专制之间，是没有中立的余地。事实上呼应了中国共产党反独裁争民主的主张，反对国民党。随后，大会在讨论民盟政纲关于经济方面的农业问题时，冯素陶主张废除封建土地所有制，实行土地国有。但遭到董时进的反对。[②] 董认为中国农村经济问题主要不是土地所有制问题，而是改良生产技术问题。双方争辩不下，李公朴等人坚决支持冯素陶的主张，使该案顺利通过。[③]

会议期间的一天，周恩来约李公朴和史良、李文宜、辛志超、李相符、冯素陶到曾家岩50号中共办事处谈话。李公朴等人就会上一些问题的争论以及对民盟会议的看法，向周恩来做了详细汇报。周恩来对他们说：“像民盟这样几党几派在一起的团体，各种意见不能完全一致，是必然的，做到求同存异就行了，要团结一切可以团结的力量，和国内外敌人作斗争。”又说，“坚持

---

① 《中国各小党派现状》，1946年8月印行，第9页。

② 《中国各小党派现状》，第10页。

③ 冯素陶：《往事的回忆》，中国民主同盟文史委员会编：《我与民盟》，群言出版社1991年8月版。

原则是好的,非原则问题可以适当让步,只要有利人民事业。随着形势的发展,将来政治上一定范围内的分化,各种政治集团也许难免。非分化不可时分化了不一定是坏事,但现在不能闹翻了"。[①] 谈话热烈进行,不知不觉到了吃晚饭的时候,周恩来留李公朴等人一块吃饭。大家边吃边谈,周恩来不时地把香酥鸡一块一块撕下来,放到每个人的盘子里。归途中,李公朴思考着周恩来诚挚精辟的谈话,深受鼓舞和启发。他拍着冯素陶的手臂兴奋地说:"伙计,咱们这回在重庆的收获真不小呀!"[②]

在李公朴等进步力量的斗争下,民盟临全大会通过了《政治报告》、《中国民主同盟纲领》、《临时全国代表大会宣言》等文件。"报告"提出"要把中国造成一个十足道地的民主国家,一定要首先扫除民主的障碍",即结束国民党一党专政的党治,彻底清除内战的危机,改进普遍贫穷匮乏并且已经陷于破产崩溃的社会经济。"纲领"主张国家体制实行议会制、责任内阁制、司法独立、地方自治以及经济上平均财富,军事上军权属于国家,外交上保障领土主权完整,教育上普及化、大众化等等。这些都代表了战后广大人民要求民主、和平、统一,反对国民党大地主大资产阶级一党专政和个人独裁的愿望,同中国共产党争取实现建立联合政府的斗争目标是一致的。

大会从组织上扭转了青年党把持操纵盟务的局面,增选了33位中央执行委员,扩大了进步力量在盟内的领导成分。李公

---

① 冯素陶:《虔诚的怀念》,见《中央盟讯》,1981年第8期,第25页。

② 《李公朴纪念文集》,第289页。

朴被推选为中央执行委员和民主教育委员会副主任委员。[①]

以今天的眼光来看，民盟临全大会仍有不足，诸如它的纲领避而不提中国革命的性质、任务和发展前途，诸如它所追求的民主国家，实际上是代表上层小资产阶级和民族资产阶级利益的资产阶级民主共和国。但应当承认，民盟临全大会所通过的文件，把民盟从政治上、组织上、思想上向前推进了一大步，对民盟的向左转化有着十分重要的意义，而李公朴等进步力量在会上起了重要的作用。

第三节　在“人救会”上做《政治报告》

民盟临全大会刚刚闭幕，李公朴又立即投入到救国会的筹备改组工作之中。

伴随着抗日战争的胜利结束，救国会原来制定的争取抗日胜利民族解放的使命已光荣完成，显然原来制定的政治纲领已不适合新的历史情况。为适应新的形势，李公朴和沈钧儒、史良、陶行知、冯亦代、任宗德等在重庆的救国会会员经常在一起集会，商谈改组问题。经多次商谈，决定将救国会改组为“中国人民救国会”（仍简称救国会），并制定了新的政治纲领。

12 月 16 日，中国人民救国会第一次会员大会在重庆中一路

① 1946 年 8 月印行的《中国各小党派现状》载：陶行知、李公朴分别为民众运动委员会正副主任委员。此据张曼筠回忆：公朴被选为中央执行委员兼民主教育委员会副主任委员。

韦家院坝16号举行，在重庆的救国会员李公朴、沈钧儒、史良、陶行知、曹孟君、宋云彬、邓初民等35人出席会议。首由李公朴宣读会议程序。接着推选沈钧儒、陶行知和史良为主席团。随后听取了沈钧儒、陶行知分别报告“人民救国会”改组缘起和筹备改组经过，并讨论了本会纲领及本会组织规程。是日会议，还推选了中国人民救国会中央执行委员19人，李公朴以29票当选。[1] 在以后的会议中，他还和沈钧儒、陶行知、史良、曹孟君、何惧、萨空了等七人被推选为中央常务委员，并和史良一起负责秘书处工作。

人民救国会自1945年12月16日召开第一次会员大会，至次年5月沈钧儒离开重庆抵达上海，“人救会”的领导核心随之转移，在重庆共举行了八次会员大会和两次常委会。会议听取了李公朴所做《政治报告》，主要讨论通过了《中国人民救国会政治纲领》、《中国人民救国会组织规程》等。组织规程规定：“本会宗旨在团结国人，建设独立自由幸福的民主新中国。”[2]“人救会”的政治纲领分为总说、政治、经济、文化教育、社会、外交和侨务七个部分。总说提出：中国人民现阶段的革命任务，是反对外来的殖民帝国的民族压迫，反对国内封建主义与法西斯主义残余势力的压迫。因此其革命性质，还是资产阶级的民主革命，而不是社会主义革命。但它不是停留在民主主义革命的阶段，而是经由民主主义革命走向社会主义。民主主义革命的目标，是建

---

① 《中国人民救国会会员大会记录》，未刊，原件藏中国民主同盟中央委员会。
② 《救国会》，第391页。

立一个以全国绝大多数人民为基础的联合战线民主联盟的民主国家制度,即是建立一个独立自由平等的人民共和国;而其政府则是民主的联合政府——包括各党各派及无党无派的各种政治力量在内的联合政府。政纲的政治部分主张彻底消弭内战,加强团结,在和平、统一、团结、民主的基础上,执行一切民主改革,建立独立、自由、平等、幸福的新中国。要求"经过政治协商会议,立刻结束一党专政,成立临时性的民主联合政府,再经过临时联合政府所筹备普选的国民大会,制定宪法,成立正式的联合政府";保障一切人民有言论、思想、出版、集会、结社、信仰、营业、迁徙、通信之自由;要求"明令承认各民主党派的合法地位,释放一切政治犯"①等等。政纲的其他部分,也都根据新的形势,提出了新的要求和主张。由此可见,"人救会"根据新的形势,提出的方针大计,是跟随了共产党在新民主主义革命时期所规定的总路线的。

次年1月9日,由李公朴和沈钧儒、宋云彬、高集负责筹备创办的《民主生活》周刊创刊号出版。② 该刊《发刊词》指出:"抗战胜利了,但中国人民没有得到胜利的果实。抗战结束了,但我们内部的冲突又起来了。……问题的症结,都在于不民主。只有民主,才能保证我们的胜利,使人民得到胜利的果实,享受种种自由,过着和平幸福的日子;只有民主,才能保持我们已经取得

---

① 《中国人民救国会政治纲领》,《民主生活》周刊,第6期,1946年2月20日。

② 1945年12月21日"人救会"第一次常委会记录,未刊。

了的崇高的国际地位，才能使中国成为维持远东以至世界的和平的柱石。过去，我们曾用笔和舌来主张抗战，坚持抗战。今后，我们将用笔和舌来号召团结，争取民主。现在是人民的世纪，人民是国家的主人。我们始终是站在人民方面的。我们愿意做人民的喉舌，用我们的笔来反映人民的公意，喊出人民的苦痛，启发人民的觉悟，协同人民前进，以发扬民主精神，实践民主生活。”[①]《民主生活》周刊实际上是“人救会”的言论机关，为要求实现和平民主，反对国民党的独裁统治和内战阴谋，起了重要作用。该刊共出12期。

李公朴的《政治报告》是在“人救会”会员第二次大会上，即12月30日所做。次年1月，该报告的提纲发表在《民主生活》周刊上，题目为《从世界看到中国》。他首先分析了二次世界大战在政治上、经济上带来的变化，坚定地指出：“战后世界的前途，一定要走向和平民主的大道。”虽然，由于法西斯残余势力的挣扎，难免要经过许多迂回曲折的道路。接下来他谈了战后美苏的对华政策，特别强调了美国对中国政策的三个原则：1. 扶植国民政府。2. 防止苏联势力膨胀。3. 为了自身的经济利益，需要一个安定而民主的中国。但美国对华政策的三个原则存在着严重的矛盾，过分地扶持不民主的力量，已经助长了中国的内战；偏于防苏，必然会为国内的某种力量所利用，这样，不但达不到安定中国的目的，反而助长了中国的内战，“与中国的安定和民主背道而驰”。这样一来，第三个原则也就实现不了。

---

① 《民主生活》周刊，第1号，1946年1月9日。

最后,李公朴着重报告当时国内内政问题的焦点,即政治协商会议"是否能如国人所期望而得到圆满的结束"。当时国共重庆谈判已经结束,双方代表签订了《双十协定》,一致认为"必须共同努力,以和平、民主、团结为基础","坚决避免内战,建设独立、自由和富强的新中国";而"政治民主化、军队国家化及党派平等合法,为达到和平建国必由之途径"。国民党同意取消特务机关、释放政治犯和召开政治协商会议。中共方面表示,愿"在蒋主席领导之下,长期合作","彻底实行三民主义"。但是双方仍然有一些问题未能达成协议,如解放区军队和政权问题、国民大会问题等。对于这些悬而未决的问题,"协定"载明,双方将"继续协商",或提交政治协商会议解决。然而,蒋介石一面同共产党谈判,一面加紧准备内战。他以接收与受降为名,命令他的军队迅速抢占战略要点,加紧向各解放区进犯。对于国民党军队的进犯,解放区军民理所当然地进行了自卫反击。因而国共双方军队发生了大规模的军事冲突,上党、绥远、邯郸等战役已先后展开。此外,国民党在向解放区进攻的同时,急于召开政协会议,企图通过政协确定国大日期,再通过国大确立其统治合法性。上述国内情势,是影响政协会议达到人们所期望的障碍。因此,李公朴在报告中指出,要使政协会议按照人民的期望圆满结束,必须顺利解决当前几个重要问题:

第一,停止内战问题。他说,如果各地武装冲突不能立即停止,一切问题便无从谈起。一定要先停战,所有问题都经由协商解决。11 月 8 日,蒋介石召集国民党各个战区司令长官、副司令长官、总司令等高级将领,在重庆举行战后第一次秘密军事会议，提出在“六个月之内击溃共军主力，然后分区‘清剿’的军事计划”，坚决要把反共内战打到底。李公朴严正指出，国民党“幻想消灭异己，希望在三月半年或一年之内，以武力统一中国的迷梦，是永远也不能实现的”。

第二，联合政府问题。他说“联合政府一定要由各党各派及无党无派的人去共同组成”，在联合政府中，“中国国民党当然为第一大党”，“政府主席仍将为蒋主席”。

第三，共同纲领问题。他说，这一纲领一定要符合全国民意，真正代表人民的利益。同时，这个纲领一定要是具体的，又要是可能真正见诸实行的，不能像抗战建国纲领那样的成为具文。

第四，五五宪章与国民大会问题。他指出，宪法应该是全国人民所同意的宪法；国民大会的代表，应该是真能代表民意的代表。要求必须修改五五宪章，因为它是在一党专政的政治基础上草拟的；必须重选国大代表，因为十年前所选的代表，断不能代表今天的民意。他说：“我们的新宪法，需要吸取英、美、苏、法宪法的优良精神而加以中国化。”

李公朴的政治报告，把握住了时代的脉搏，提出所要解决的问题，都是极为迫切的现实问题，而且都是针对国民党的。这表明，他真诚的期望国家的永久和平，实现真正的民主政治。他的这些意见是和中国共产党当时的政治主张相一致的。

在“人救会”第七次大会上，从延安前来参加会议的救国会重要成员柳湜[1]作了长篇发言，并传达了毛泽东对救国会的高度评价。他说："无论在抗战以前、抗战时期和今天，救国会都占着很重要的地位，有着很大的作用。""为什么能有这样大的作用呢？原因很多，主要的是'九一八'以后的危机日益严重，国内不团结的现象令人痛心，因而酝酿与展开了救亡运动。救国会团结了全国进步的文化界、广大的知识分子、青年学生，在意识上团结了这一阶层的力量……正代表了这一阶层人民提出自己的要求，更进而变为力量。救国会不是空头政党，它有物质基础，有文化出版机关，通过许多刊物联系了无数进步的知识分子，进行了巨大的思想教育工作。其时，中共还不能公开办刊物，公开他们的政治主张与号召。救国会如果没有这物质基础，是不可能有这样大的局面与影响，在国内取得如此重要的地位。"柳湜还说，毛泽东曾对他讲："中国的抗战是由两种力量打出来的：一、红军北上，这是武的；二、救亡文化运动，这是文的。在救亡文化运动中救国会起了中心的作用。"[2]毛泽东的评价是救国会的光荣，也是包括李公朴在内的"七君子"的光荣。

---

① 柳湜，1928年参加中国共产党。30年代初和李公朴一起在《申报》流通图书馆"读书指导部"、《申报·读书问答》栏、《读书生活》半月刊、读书生活出版社工作，积极参加救国运动。1940年从重庆去延安，代表救国会参加陕甘宁边区参议会，并任教育厅长。新中国成立后任教育部副部长。1968年在文化大革命中被迫害致死。

② 中国人民救国会第七次大会记录，1946年4月12日，未刊。

第四节　声援昆明“一二·一”惨案

蒋介石一面与中共进行谈判，一面密令他的部下抢占战略要地，进攻解放区。国民党军队接连向上党、绥远、邯郸等地解放区发动大规模军事进攻，蒋介石发动内战的真实面目暴露无遗。1945年11月5日，毛泽东以中共中央发言人的名义发表谈话，揭露国民党军队进攻解放区的真相，号召“全国人民动员起来，用一切方法制止内战”。国统区各地广大人民积极响应，纷纷开展反内战活动。

在云南，自从蒋介石指使发动“倒龙”政变，赶走统治云南多年的龙云，派李宗黄代理云南省主席，关麟征为警备司令以来，白色恐怖笼罩昆明，民主运动受到严重威胁。中共云南地下党组织决定以实际行动反对蒋介石制造内战。11月25日傍晚，在中共地下云南省工委及昆明市基层组织的领导下，西南联大等大中学师生及青年职工、社会人士等6000余人集会在联大草坪，举行反内战时事讲演晚会。联大教授钱端升、伍启元，云大教授潘大逵、费孝通等分别讲演，强调中国当前绝不能打内战，强调和平民主、成立联合政府之必要。讲演进行中，国民党军警特务割断电线，进行破坏，并鸣枪进行威胁。会场上燃起了汽油灯，继续开会。最后，大会通过了《昆明各大学全体同学致国共两党制止内战的通电》和《呼吁美国青年反对美国参加内战的通电》。第二天，昆明国民党中央通讯社发表报道，对群众的民主晚会极尽造谣污蔑，更加激怒了昆明大中学师生。

自26日起，联大学生首先罢课，接着，全市30多个大中学校3万余学生举行罢课，并组成了全市大中学校罢课联合委员会，统一领导全市罢课斗争。28日，罢课联合委员会发表了《为反对内战及抗议武装干涉集会告全国同胞书》，提出立即制止内战，要求和平；反对外国助长中国的内战，美国政府应立即撤退驻华美军；组织民主的联合政府；切实保障人民的言论、集会、结社、游行、人身自由等四项政治主张，并向云南军政当局提出“追究射击联大事件的责任问题”、“中央社改正污蔑联大之荒谬谣言”等四项要求。希望全国同胞支持学生们的斗争，不为内战出钱出力。与此同时，罢课联合委员会组织同学们上街宣传，散发传单，开展广泛的宣传活动，在整个昆明市迅速形成了反内战争民主的声势。

面对着日益高涨的学生争民主反内战运动，云南反动势力又气又急，决定采取镇压手段。12月1日，数百名武装军警和宪兵特务冲进联大、云大等校，捣毁教具，劫掠财物，殴打师生，甚至投掷手榴弹，屠杀学生。事后统计，南菁中学教员于再、联大师院女学生潘琰、昆华工校17岁的学生张华昌、联大学生李鲁连四人被打死，另外还有50多人受伤。这就是震惊全国的昆明“一二·一”大屠杀，是继段祺瑞制造的“三一八”屠杀学生大惨案后的又一大惨案！

昆明“一二·一”惨案，震惊全国。各地民众纷纷召开公祭大会，悼念昆明四烈士，声援昆明的爱国民主运动。李公朴在重庆得知“一二·一”血案后，心情特别沉痛。他虽然自民盟临全大会后留在重庆工作，但他从“皖南事变”到昆明后，和那里的青年朋友们结下了深厚的战斗情谊。他愤怒国民党出尔反尔，背叛《双十协定》，毁坏抗战中人民流血牺牲获得的果实。他对惨案的悲愤到了无以复加的地步，连着写了两副挽联，敬挽“一二·一”烈士，抗议国民党的暴行。其一为：

要独裁残杀学生之政府从来没有好下场

反内战代表人民的公意不久一定会成功①

另一副是：

四位民主战士你们死去你们永远不会死去

一群专政魔鬼他们将来他们已经没有将来②

李公朴在思考怎样声援昆明的民主斗争。他深入到重庆各界群众中去了解情况，征询意见。他来到民盟青年支部，和罗涵先等人一起商讨。他说：“仅仅是发表书面抗议，已经不起什么作用了。要有广大人民群众起来斗争，才可能争得一些民主斗争的成果。”③并支持他们组织一次群众性的追悼大会。他又来到中国劳动协会，和《中国工人周刊》编辑潘天青等人商量如何

---

① 《李公朴文集》，第1018页。

② 一二·一运动史编写组编：《一二·一运动史料选编》下，云南人民出版社1980年版，第160页。

③ 罗涵先：《痛悼李公朴先生》，见《李公朴纪念文集》，第211页。

以实际行动支持昆明的斗争。[1] 当民盟总部决定举行追悼会公祭昆明四烈士大会，并把大会的筹备工作交给他负责后，他和几十个青年夜以继日地紧张工作。为了防止国民党宪警特务破坏，他们一起研究制定了追悼大会的通知，决定会址地点临时互相口头通知。此外，他们加班加点赶制了公祭大会的黑布大横幅以及灵牌、大花圈、挽联等。

12月9日，“陪都各界公祭‘一二·一’昆明死难师生大会”在长安寺举行，沈钧儒、郭沫若、邓初民、柳亚子、罗隆基、刘清扬、章乃器等分别代表各民主党派和人民团体主祭并讲话。他们强烈地谴责国民党屠杀昆明师生的滔天罪行，要求公开审判凶手。郭沫若以辛辣的诗词讽刺国民党的“进步”表现在：用手榴弹代替水龙头，警棍、大刀让位给机关枪，屠杀学生。当他演讲完毕，李公朴紧紧地握着他的手，表示感谢，并领着参加公祭的群众高呼口号：要民主，反独裁，要和平，反内战，镇压学生的人决没有好下场。

这次规模盛大的公祭活动连续举行了三天，有1万余人前来参加公祭。重庆山城的广大群众进一步认清了国民党反动派的内战阴谋和法西斯暴行，掀起了群众性的反内战争民主的浪潮。公祭大会的成功，和李公朴的努力分不开。史良在《为民主革命而献身的战士——回忆李公朴同志在重庆的斗争事迹》一文中说：“这次反内战的追悼大会开得挺成功，公朴先生在组织、联络和疏通意见等方面，都起了重要的作用。各界发起举行追悼大

---

① 潘天青：《为和平民主碧血写千秋》，未刊稿。

会的通知,就是公朴先生和民盟青年支部的同志在一起研究制订的。公朴当时虽不在昆明,但他在重庆也是全力投入支援昆明的民主斗争。”[1]潘天青撰文说:“李公朴同志行动迅速,善于对敌人保密,开会会址是临时口头通知的,等国民党反动派得到消息派来宪警特务时,大会已开成了。他们见势不妙,只好悄悄地溜走了。”[2]

在声援昆明“一二·一”血案中,李公朴除了积极领导和组织陪都各界追悼被难师生大会外,更拿起笔,向反动派掷出投枪。他先后写了《政治会议的试金石——用行动来哀悼死难的师生》和《从世界看“一二·一”惨案》,其矛头直接对准国民党政府和蒋介石。

在第一篇文章中,李公朴直截了当地指出,昆明“一二·一”惨案,具体地暴露揭穿了反民主,压迫人民,制造内战的人的假面具,并针对“一二·一”惨案严正地提出四项要求:1. 政府应严惩祸首与其他主持人以及凶犯。2. 国民政府要切实履行真正的言论、出版、集会、结社和保障人民身体自由的法令及国共谈判记录诺言。3. 扩大宣传,揭穿官办通讯社和报纸所捏造的谎言,报道惨案事实真相。4. 全国各地广泛组织各界反对内战会,直接援助昆明学生反内战运动。最后,他要求国民党政府在即将召开的政治协商会议中,首先提出对“一二·一”惨案的处理方法。他说,对惨案的处理,不仅“是政治协商会议中的一块试金

---

① 《李公朴纪念文集》,第232页。

② 潘天青:《为和平民主碧血写千秋》,未刊稿。

石”，而且也是“对于政府实行民主政治，停止内战的一块试金石”。[①]

《从世界看“一二·一”惨案》一文，是李公朴于12月16日深夜一气呵成的。该文后来发表在《知识青年》1卷5期上。他精辟地分析了当时全世界和中国的民主与反民主势力的激烈斗争。他说：“不论在西方或在东方，法西斯的残余力量还不小。法西斯的思想还潜伏在这个角落，那个角落，还若隐若现的在这儿那儿闪光。……在一切可以滋生法西斯细菌的土地上，那些法西斯游魂还公然在得意洋洋地舞动着。”接下来，他着重谈中国的情形。他说，国民党在政治上，坚持要用10年前一党包办的国民大会代表来召开国民大会，玩一套还政于“民”而实则是还政于党的把戏。在军事上，一再违背宣布过的用政治方法解决国内问题的诺言，企图依靠美军、敌伪军，消灭在八年抗战中成长起来的人民武装力量，完成其武力统一的迷梦。他进而指出：“表面上图书审查制度废除了，代之而起的却是书摊被没收，被虐打，被恐吓，被盯梢。新闻检查取消了，而独占的新闻通讯，却可以一手遮天，硬派出一个不知何许人也的姜凯来给别人栽瓜。人民可以集会结社自由了，而十一月二十四日昆明党政军当局就下命令不准开会；当其既开也，便用机枪迫击炮示威、恐吓、镇压。有人还大肆咆哮说：‘学生有开会的自由，我就有开枪的自由。’人民应该有身体自由了，而这些‘自由’的人身，却在马路上

① 《陪都各界追悼昆明被难师生大会》特刊，转引自《一二·一运动史料选编》。

被抓、被打、被杀，在学校里被手榴弹打死，打不死，受了重伤的，还在送医院的中途，加上几刺刀，请你毕命。”他一针见血地指出，“这些就是今天中国的真相，也就是‘一二·一’惨案所以发生的原因。”他提醒对蒋介石的假和平还抱有幻想的人们：“这些原因，如果我们只把它当做一个地方事件去看，是很危险的；只把它当做中国的事件来看，也是很危险的。”要认识到，这正是全世界民主与反民主斗争中的一个必然结果。他从近百年人类发展的历史中总结说：“反人民的人，一定会在人民的面前倒下去；用武力压迫人民的人，一定为人民自己的力量所推倒。”

这两篇文章，揭露了国民党蒋介石反民主，压迫人民，制造内战的真面目，把“一二·一”惨案上升到民主与反民主斗争的高度，是对昆明师生斗争的有力声援和支持。

第十一章
为和平民主的新中国而斗争(下)

第一节　纪念冼星海　坚决反内战

冼星海，我国革命音乐的奠基人之一。原籍广东省番禺县，1905年生于澳门一个海员家庭。1935年自法国巴黎音乐学院归国。在伟大的抗日战争中，先后创作了大量的以抗战为主题的革命歌曲，诸如《救国军歌》、《黄河大合唱》、《生产大合唱》、《到敌人后方去》等，在抗日救亡运动中起了极大的鼓动作用。1938年冬到延安，任鲁迅艺术学院音乐系主任，并加入中国共产党。1940年赴苏联考察，因苏德战争，交通断绝，回国受阻。1945年10月30日病逝于莫斯科，年仅40岁。为纪念这位革命的人民音乐家，中共在重庆的党组织，决定举办"人民音乐家冼星海追悼大会、遗作音乐会"。

闻讯冼星海不幸病逝异国他乡，李公朴十分悲恸。他是在赴延安考察时认识冼星海的。那时他们同住"鲁艺"窑洞，而且是邻居。冼星海热情地教他唱革命歌曲，扭秧歌舞，慨然为他写的《抗战教育之歌》谱曲，并亲自题字。而李公朴则在"鲁艺"成立一周年时，为星海纪念册题词，给冼星海以崇高的评价：

中国数千年来，虽以礼乐为本，其实所说的礼不过是封建统治的工具；乐仅成了庙堂之声，与中国的大众生活毫无关系。音乐代表着民族的呼声。抗战前后中国大众音乐的空前发展，这就象征着独立自由幸福的新中国的到来。

谨以以上数言赠给我们大众音乐的倡导者冼星海同志。[①]

这些情景，历历在目。在"冼星海追悼大会、遗作音乐会"筹备阶段，李公朴热情地承担了门票、节目单的印刷和销售等工作。[②]

1946 年 1 月 5 日，坐落在七星岗下的江苏旅渝同乡会的小礼堂，布置成灵堂，台中央放着冼星海的遗像，台上台下遍布挽联、花圈。其中有中共代表团、八路军驻渝办事处、新华日报社、周恩来、董必武、王若飞、叶挺、秦邦宪等，还有李公朴、郭沫若、冯玉祥、黄炎培、陶行知等各界著名人士送来的。由于开会启事和各界知名人士的签名赞助早已刊登在《新华日报》上，因而开会前两小时大批群众便纷纷入场，容纳 600 人的会场，起码到了上千人。会场容不下，便挤在楼梯上、楼下小客厅、过道、院子里，一直到大马路上。

临开会时，几个特务先是冒充税务稽查，以音乐会卖票没完税，企图禁演。他们的把戏被揭穿后，又来了几个军统特务，找

① 《李公朴日记》，1939 年 5 月 18 日，未刊。

② 余尚清：《忆周恩来同志在重庆领导的一次音乐会》，顾执中等著：《回忆重庆》重庆出版社 1984 年 3 月版。

到江苏同乡会的经理,借口房子是泥木建筑,承受不起这么大的重量,要求停演,并威胁说:“这都是共产党搞的,出了事,你负得起责吗?”经理害怕了,要毁约退租,不借会场。李公朴当时是江苏旅渝同乡会的常务理事,知道此事后,认为保证大会照常举行是自己义不容辞的责任,他立即站出来,一面责成经理继续履行租约;一面果断地对特务说:“我们负责维持好会场秩序,不让大家乱挤乱动,保持肃静,只要不摇动,房子是不会出问题的。既然要求入场的人数这样多,为了满足大家的需要,我们再加演一场。”①真是道高一尺,魔高一丈。李公朴机智斗争,那几个军统特务见不仅未能禁演,反而由原来演出两场变为演出三场,无可奈何,只好灰溜溜地走了。

大会准时开始,先举行追悼会,由李公朴主持,周恩来主祭。追悼仪式完毕,周恩来首先讲话。

周恩来介绍了冼星海的生平和他对中国人民革命文化所作的贡献,号召大家学习他一生为革命、为人民忘我的工作精神,把中国从半殖民地、半封建的状态里解放出来。接着周恩来又讲了国内和平谈判问题,表明中国共产党一贯以国家民族利益为重,尽量委曲求全,内战是绝对不得人心的,希望全国人民都来反对内战,争取和平。周恩来的讲话,激起了会场内外一阵又一阵热烈的掌声。接着,冯玉祥、郭沫若也先后讲了话。他们沉痛地悼念冼星海的逝世,愤怒地揭露了国民党准备打内战的阴谋。

---

① 《回忆重庆》,第175页。

音乐会开始后，由重庆青木关国立音乐院、分院和“育才学校”音乐组师生演奏了冼星海的《黄河大合唱》、《生产大合唱》等著名作品。那高亢激越的旋律和歌声，使台下的观众受到教育和激励。中间休息时，李公朴被邀演唱了《抗战教育之歌》，受到观众的热烈欢迎。他在日记中写道：“于休息时间被邀唱星海为我谱的《抗战教育之歌》，真是孔夫子面前卖教经矣！结果颇得好评。”①

音乐会结束后，为了防止国民党特务的破坏，李公朴走上舞台向观众报告了使用会场的交涉经过，然后微笑向观众喊道：“请大家注意，不要走动。我们这个房子就像我们‘中华民国’一样，外表看起来是‘四强之一’，好像是钢骨水泥的，其实里面是一塌糊涂……（全场大笑），大家都听我的命令，冯副委员长也要听我的——冯副委员长，您怎么样？”冯玉祥赶紧起立回答：坚决服从。②

李公朴当日身着旧西服，下穿马裤、皮靴，精神简达。他站在舞台中央朗声宣布：“最后排的先走，然后一排接一排，整队离场。大家步子要走正，不要左右摇摇摆摆……（会场又大笑）离场时每个人高唱《救国军歌》，枪口对外，要对准那些爱打内战的！……现在注意口令：最后一排，向后——转，齐步——走！”③

“枪口对外，齐步前进，不伤老百姓，不打自己人……”在李

① 《李公朴日记》，1946 年 1 月 5 日。

② 《回忆重庆》，第 181 页。

③ 同上。

公朴有条不紊的指挥下，观众们高唱着《救国军歌》，离开了会场。

冼星海追悼会和遗作音乐会轰动了整个重庆山城，连国民党元老、监察院长于右任也准备来参加。李公朴特意派人给他送去门票，但他因被监视而未能成行。

1月6日，在第二场追悼会和音乐会上，李公朴在音乐会休息时间，仍被邀唱《抗日教育之歌》，他看到观众情绪高涨，又加唱了《老乡上战场》歌。音乐会结束，他上台整队离场时，提议台上台下合唱《救国军歌》。他说：

> 救国军歌，响遍了全场，这是星海先生反映出人民坚决不要内战的呼声。在今天人民要组成一支铁的民主队伍，要有一个铁的心，来无情地打击一切法西斯恶魔。
>
> 我们要动员工厂、农庄一切大众的力量，瞄准敌人。
>
> 我们要动员一切文学、艺术、戏剧、音乐、出版、著作家们，准备好他们各人的武器，瞄准敌人。
>
> 我们要动员全国大中小学的教师们、学生们起来，装好子弹，瞄准敌人。
>
> 我们要动员城乡一切男女老幼，用民主武装起身心来，瞄准敌人。
>
> 我们要配合全世界一切反法西斯力量，一齐来瞄准敌人。
>
> 我们要用行动来纪念冼星海先生，坚决反对内战。于是听罢，救国军歌响遍了全场，一直带到街上，带到重庆的

每一个角落去。我们要把它带到华北、山海关、古北口，把内战声停下来。把它带到全世界去，肃清一切法西斯思想——把全世界反法西斯的人民大众团结起来，成为一个民主的铁的队伍，成为一个铁的心，来无情地打击法西斯残余势力。[①]

李公朴炽烈的演词，感染了所有与会者，人人激情歌唱《救国军歌》，“引起了一遍[②]重庆多年未有之热情群众歌声”。

1月7日，是追悼会和音乐会最后一场。郭沫若、沈钧儒、李德全、史良、罗叔章以及重庆美国大使馆新闻处处长费正清夫妇、文化专员等到会。李公朴担任主席并致词。他说：“要把冼星海先生的‘枪口对外’的歌声唱到全中国去，全世界去。”[③]

音乐会演奏完毕，李公朴向与会者报告，为了让和平民主团结的歌声响遍整个重庆城，他和冯玉祥、郭沫若、周恩来等20多人发起组织“星海合唱团”，欢迎大家报名参加。当场就有五六十人愿意报名参加。随后，1月10日，星海合唱团举行第一次发起人大会，推李公朴为合唱团筹备主任。31日，合唱团正式成立，李公朴任团长，并聘请冯玉祥、陈铭枢、陶行知、郭沫若等人为名誉理事。

冼星海追悼会、遗作音乐会胜利结束，李公朴结合当时的形

① 《李公朴日记》，1946年1月6日。

② 原文如此，疑有误。

③ 《新华日报》，1946年1月8日。

势，把《救国军歌》改名为《民主军歌》，歌词为：

和平团结，齐步前进，
尊重老百姓，决不打人民，
我们是人民的队伍，我们是人的心，
创造民主中国，永作自由人。

同时，他还把《老乡上战场》改为《大家来创造》：

亲爱的同胞，我们是主人哟，
联合的政府要大家来创造，
大家来创造，
才能造得好。来吧哟。

是日，何应光请他题字纪念，他写了《大家来创造》的词，并在后面加上两句话："同心协力造成一个自由、平等、民主、幸福的新中国，新中国要看努力在今朝。"①

第二节　促进政协通过民主决议

1946 年 1 月 10 日，国民党、共产党、民主同盟、青年党、社会贤达五个方面的代表共 38 人，在重庆举行政治协商会议。会议

① 《李公朴日记》，1946 年 1 月 12 日。

关系着国内的和平、民主和统一，关系着中国命运的转机，因此，全中国人民都对它寄予极大期望。

为促使政协会议成功，李公朴在会外积极参加和领导了各种活动。早在去年12月21日，在救国会改称为中国人民救国会的第一次常务会议上，他和沈志远、罗叔章、秦柳方、宋云彬、胡子婴等14人，即被与会常委一致推为“辅助政治协商会议之特别委员会”委员，并负责召集。24日，他和彭一湖、梁漱溟、沈钧儒、张东荪、章伯钧、章乃器、史良、张申府等人，以陪都各界反内战联合会的名义，分别致电毛泽东和蒋介石，希望国共停止武装冲突，促进政治协商。

致毛泽东电云：

润之先生钧鉴：

八年以来，先生领导贵党努力抗战，在敌后守土卫民，勋劳卓越，中外同钦。八月间应蒋主席电邀，翩然莅渝，共商国事，拳拳之诚，实为天下所共见。而商谈期间，复一再表示愿在蒋主席领导下，为和平建国而努力，尤予全民以莫大之□(慰)安。不意商谈纪要甫告发表，而内战已突然爆发，人民于水深火热之余，复遭妻离子散之祸，惨痛之情，何难想见！同人等认为：以政治解决政治，其势甚顺，而其道亦不甚难。凡会谈纪要中所已决定之事项，协力促其实行；其未决定之事项，由政治协商会议商讨决定，则一切纠纷即可迎刃而解。时至今日，万不宜诉诸武力，使治丝而益纷。同人等懔国亡无日之戒，爰成立本会。除已另电国民政府蒋主席有所呼吁外，特向先生请求，务希即行停止武装冲突，促进政治协商，以贯彻和平建国之大义。国人幸甚，同人等幸甚。[1]

致蒋介石电云：

介公主席勋鉴：

我公领导抗战，历经艰辛，终获胜利，不特全民敬佩，举世盟友亦同深钦仰。其后一再电邀中共领袖毛泽东先生来渝共商国事，谦冲礼让，感人尤深。孰意商谈纪要甫经发表，而战争烽火已遍布全国。噩耗传来，四方震惊，人心惶惶不可终日。同人等认为，此次战争，其意义较之往昔，迥不相同，而祸患更有难堪设想者。我公明智，必在洞烛之中，无庸缕陈。我公过去对于党争，已曾一再声言，须用政治解决。同人等认为此理至当，而其事亦不甚难。设我政府能更开诚布公，集思广益，由政治民主化以促进军队国家化，则一切争端即可迎刃而解。除已另电中共在军事方面停止发展外，甚望我政府对于年来在野各党派所提之各项要求，再予以平静之考虑。举例言之，如释放政治犯，取消特务机构，承认政党之合法地位，以至人民身体言论出版结社集会之自由等项，即战败之日本国民，今亦已全部获得，我国民拥护政府，抗战八年，今获胜利，何能并战败国民而

① 《新华日报》,1945 年 12 月 26 日。

不如？此实为全国国民之热望，我政府似宜慨然接受，彻底实行者一也。联合政府之说，如以英国战时联合政府为例，则工党初为表示与保守党合作而参加，继为表示不合作而退出，是在野各党派之要求，实为意愿合作之表示。再以国内战时政治实况而论，一面惩治贪污，法令綦严；而另一方面派往收复区之官吏，竟又贪污百出，积重难返，其事甚著。全国国民固已深感政治上非注入大量之新血液，绝难望其改善。故联合政府实符合人民之期望，我政府似宜以过渡形式予以接纳者二也。收复区政权问题，如官吏真实选自人民，则不特为建国大纲之所倡，且亦合时代潮流，似宜予以承认。如认选举为不实，尽可在双方及人民监视之下，重行改选，此宜弹性予以解决者三也。同人等日夜焦思，深恐迁延愈久，纠纷愈大，故本拯溺救火之忱，而有披发缨冠之举。我公为政府主席国家领袖，窃愿早颁明令，停止武装冲突，使和平建国大业，早日顺畅推行。全国幸甚，同人幸甚。①

李公朴等人致电毛泽东、蒋介石，目的很清楚，就是要给政协会议造成一个和谐的气氛，只有这样，才能有讨论与协商和平建国方案的可能。

1月9日下午，即政协会议开幕前夕，陪都文化界七个团体假西南实业大厦举行茶会，招待出席政协会议代表。政协代表、

① 《新华日报》，1945年12月29日。

各界人士及新闻记者共500余人到会。李公朴是茶话会主席团之一。当陶行知演讲到因为没有民主,文化工作者的手是绑起来,眼是闭着的,口是被封着的时候,冯玉祥从密密的人丛中挤进来,挤得满头大汗。李公朴以主人的地位歉意地说:“今天人多路太窄,叫我们的贵宾费很大力气才走进来,希望民主的路,不要这样窄。”[①]幽默风趣的讲话,引起了全场愉快的笑声和掌声。接着,沈钧儒、邵力子、吴玉章、冯玉祥等先后讲话,希望取消限制自由的一切规定,监督政协代表去争取自由,解除种种黑暗压迫,共同努力,使政协会议开成功。李公朴也在会上讲话,他希望政协会议开会期间,“陪都新闻界做人民喉舌不要顾前顾后,要为人民说话”。[②] 最后,会议决定组织“全国人民政治协商会议协进会”,以促进政协会议成功,并推定李公朴、陶行知、茅盾、邓初民、侯外庐、马寅初等主席团成员为筹备人。此次茶会,李公朴认为开的“紧张、幽默、沉痛、激昂”;出席茶话会的政协代表胡霖和李烛尘也表示,这是他们“参加各会所最受感动之一次”。[③]

1月11日,政协会议开幕的第二天,民主建国会、陪都文化界政治协商会议协进会筹备会、救国会三团体联合邀集中国经济事业协进会、中国劳动协会等20个团体的代表,在迁川工厂联合会集会,决定成立“陪都各界政治协商会议协进会”(以下简称

---

① 《新华日报》,1946年1月10日。

② 同上。

③ 《李公朴日记》,1946年1月9日。

“协进会”)，推动政协会议“只许成功，不许失败”。协进会推选李公朴、章乃器、胡厥文、施复亮、孙起孟、陶行知、李德全等35人为理事，下设秘书、联络、新闻三处，政治、经济、军事、教育、文化、综合五个专门委员会。李公朴和罗叔章、曹孟君负责联络处的工作。协进会决定：1. 在政协会议期间，每天举行一次各界民众大会，邀请政协代表报告当天开会情形，听取人民群众的批评和建议。2. 在最近期内召开“陪都各界民众庆祝和平大会”。

协进会成立后，李公朴格外繁忙，他经常是一早就离家，深夜才回家。协进会先后举行了八次各界民众大会，分别邀请政协代表王若飞、章伯钧、罗隆基、张申府、张东荪、梁漱溟、郭沫若、李烛尘等到会讲话，受到爱国民众的热烈欢迎，听众有时多达3000多人。民众大会有力地配合了中共和民盟代表在政协会议上的斗争，推动了民主运动的发展。然而，协进会召开的民众大会自举办伊始，就不断遭到国民党特务的破坏捣乱，他们在会场上狂呼“国民党万岁，打倒异党”等口号，或围着主席台谩骂报告人和会议主持人，或在会场燃放爆竹，乱扔石块、木棍，致使民众大会有时变成了单纯的讲演会，有时被迫提前散会。[①] 对此，只要李公朴到会，他都设法制止，进行斗争。1月18日，第六次民众大会，请政协代表邵力子和王若飞演讲。李公朴任大会主席，他针对前两次民众大会上特务捣乱，在代表演讲前即指出：“国民政府天天在协商，我们会场中亦应表现和谐与协商之空气。”轮到中共政协代表王若飞演讲了，李公朴立即走到台前说：

① 《李公朴日记》，1946年1月16日、17日。

“我们在场诸君都是主人，而邵（力子）王二先生是客人，所以客人讲话时只许拍手，不许唏嘘或高呼反对的态度，如有意见，只许在讲话后提出询问。”[①]李公朴提前向国民党特务发出警告，不许捣乱，保证了王若飞演讲报告顺利完成。

1月20日，为庆祝停战协定签订，并促其实施，协进会在“杨沧白纪念堂”举行“陪都各界庆祝和平大会”，参加者两千余人。李公朴是11人主席团之一，并主持大会。开会前，冯玉祥、郭沫若诚恳而幽默的教训了特务过去捣乱开会的行为，李公朴则以“君子动口，小人动手”的古训相诫，并领唱和平进行曲，以保证大会能够顺利进行。李德全致开幕词后，王若飞、谭平山、邓初民等相继发表演说，强调指出，要求和平，就得停止内战，而且要争取长期和平，永久不发生内战，才能进行全国建设，并呼吁全国人民共同努力促其实现。大会还通过了王葆真等人要求和平，反对内战，实行民主，保障人权的提案。最后“和平大会”终于在“和平而顺利的空气中完成”。[②]

随着政治协商会议临近闭幕，1月27日下午，协进会在沧白堂举行最后一次民众大会，即第八次民众大会。到会群众3000余人，李公朴和阎宝航、章乃器三人主持大会。会上，王若飞和中共代表团顾问、山东大学校长李澄之及郭沫若作了报告，并针对国民党宪警特务非法搜查政协代表黄炎培住宅，通过提案，以大会名义致函黄炎培，表示慰问。会后，国民党特务跟在李公朴

---

① 《李公朴日记》，1946年1月18日。

② 《李公朴日记》，1946年1月20日。

和郭沫若的背后谩骂，直到迁川大厦始止。期间，陪都的学术界、文艺界、戏剧界以及电影、漫画、木刻、美术、音乐、出版杂志界，于1月24日成立了“政治协商会议陪都文化界协进会”，推选李公朴和侯外庐、邓初民、翦伯赞等17人为理事，胡风、巴金、王寅生、张西曼为候补理事。①

李公朴期望政协会议能够奠定起国家的永久和平，能为实现真正的民主政治打下个初步的良好基础，他以饱满的政治热情，在会外积极参加和领导上述各种促进政协通过民主决议的活动，因而引起了国民党反动派的极端仇视，国民党特务对他大打出手，制造了较场口政治血案。

第三节　为和平民主而流血——较场口血案

1月31日，政协会议闭幕，经过中国共产党和各民主党派、民主人士的共同努力，以及国民党政协代表的某些让步，同时还有李公朴等各界民众在会外的促进，会议终于通过了关于政府改组、施政纲领、军事问题、国民大会和宪法草案五项决议。这五项决议有利于和平民主，有利于人民。周恩来在政协闭幕会上致词说：“这些问题的原则解决，是为中国政治开辟了一条民主建设的康庄大道，而这种解决方式，也是替民主政治树立了楷模。”②政协会议的成功，为中国描绘了一幅和平民主的蓝图，许

① 《新华日报》，1946年1月25日。

② 《新华日报》，1946年2月1日。

多人都陶醉在喜气洋洋的气氛中。时值旧历新年来临,章乃器告诉李公朴,他写了一副新年对联:"枪杆用途从镇压异己变为镇压反动;官僚出路由伺候上司转到伺候人民。"李公朴认为这副对联"看起来好像是讥笑的语气,骨子里倒确为善意的忠言"。[①] 由此也可以看出,他们对政协会议成果之喜悦。

为巩固政协会议的成果,促进五项决议的实施,2月2日,李公朴、章乃器等协进会理事在民盟机关报《民主报》社址开会,决定举行陪都各界庆祝政治协商会议成功大会。随后,由协进会、民主建国会、中国劳动协会等23个团体组成"陪都各界庆祝政治协商会议成功大会筹备会"(以下简称"筹备会"),推选李公朴、章乃器等为筹备会负责人。并公开发布消息,通知陪都所有社会团体参加。6日和9日,筹备会两次举行扩大会议,决定庆祝大会于10日上午9时在重庆较场口广场举行;[②]推定李公朴、章乃器、郭沫若、施复亮、李德全、马寅初等20余人组成大会主席团,以李德全为总主席,李公朴为总指挥,并报告庆祝大会的筹备经过;柬请全体政协代表莅会,特邀孙科、吴铁城、邵力子、周恩来、董必武、沈钧儒、张君劢、曾琦、胡霖、李烛尘、王云五11位政协代表在会上讲演。为防止特务捣乱,筹备会向警察局洽定了会场,函请当局派军警到场维持秩序,同时由社会大学、中国劳动协会等团体成员到场协助。其他方面,如构筑大会主席台等都作了详细安排。

---

① 《李公朴日记》,1946年2月3日。

② 据李公朴2月2日的日记记载,最初会场定在沧白纪念堂。

2月10日上午，数千名群众集会在重庆较场口广场，等待在这里召开的陪都各界庆祝政协会议成功大会。大会原定9时半开始，李公朴作为主席团成员，又是大会总指挥，早早地来到会场。他佩带着“主席团”的标志，喜气洋洋地登上主席台，却发现主席台两旁已经站满了来历不明的人，还有不知是谁请来的军乐队。原来国民党当局蓄意破坏这次大会，重庆卫戍司令王瓒绪、市党部主任方治在陈立夫的授意下，指派中统特务、市教育会理事长吴人初以及市农会常务理事刘野樵，进行破坏捣乱。这些人就是他们派出的特务打手和雇佣的流氓。这时刘野樵即以大会主席问题为借口，向李公朴寻衅。李公朴认为这不是他个人所能决定的事情，婉言回答说：“待主席团成员到齐后，大家共同商量。”过了一会儿，刘野樵又一次向李公朴提出，李公朴严厉告诉他：“我一个人是无权决定大会事项的。”[1]当章乃器等主席团成员到达时，刘野樵又来和章乃器纠缠，而他带来的打手则抢占扩音器，强行宣布推刘野樵任大会主席。刘野樵悍然宣布开会，举行开会仪式。李公朴、章乃器、马寅初等当即提出抗议，施复亮忍无可忍，大声向台下群众喊道：“请大会总指挥李公朴先生讲话。”李公朴刚要说明情况，这伙暴徒心怀鬼胎，害怕李公朴暴露他们的丑恶，一拥而上，拉着他的胡子，拳打脚踢，从台上打到台下，头部被铁尺打伤，鲜血直流。会场秩序大乱，台下的暴徒闯入群众队伍乱打，台上的打手向集会群众抛掷条凳、桌椅。混乱中，李公朴在社会大学、劳动协会等团体青年的保护

① 李公朴：《起床以后》，见《李公朴文集》，第1024页。

庆祝大会刚刚开始，特务就捣乱，打伤李公朴、郭沫若、施复亮等人，造成轰动全国的“较场口血案”。李公朴伤势最严重，被送进医院治疗。中共代表团团长周恩长曾去医院慰问。图为李公朴在医院疗养中。

下，突围出来，由八路军办事处的汽车送往市民医院救治。他一边走一边还在说：“让他们打好了，打死我中国还是要闹民主的。”[①]事后得知，国民党特务原拟将李公朴推入会场外一口很深的枯井内，置他于死地。与李公朴同时被特务流氓打伤的还有郭沫若、施复亮、马寅初等，受伤失踪的群众达60余人。郭沫若是看到李公朴被打，愤慨万分，不顾一切地上前阻挡，并用自己的身体维护他，结果左额被打肿，眼镜被打落在地，胸部被踢伤。

这就是震惊中外的“较场口政治血案”。它发生在人们满腔热情地庆祝政协会议成功的大会上，发生在堂堂陪都的光天化

① 田苗：《爱憎分明的公朴先生》，见《李公朴纪念文集》，第351页。

日之下。

较场口血案发生后，群情激愤，一致要求国民党当局严惩凶手，保证人民的自由和民主。国民党当局却颠倒是非，混淆黑白。《中央日报》公开造谣，将血案说成是“李公朴争夺总主席，引起互相殴打，以至双方受伤”[1]，并扬言要“惩办此次肇事者李公朴、章乃器”。[2] 特务刘野樵等倒打一耙，向重庆市地方法院诬控李公朴、章乃器等人“聚众逞凶，扰乱集会，伤害他人身体”。国民党中央社公然混淆视听，李公朴非常气愤，他对前来采访的新闻记者愤慨地说：“中央社报道的消息，真太不成话。过去对昆明惨案捏造是非，还可推托是分社干的。现在总社也发出这样的消息，有良心的新闻记者应群起而攻之。我肯定地说，中央社不仅名不副实，而且不足以代表中国的新闻报道。这话我愿意负法律上的责任。”[3]对于特务刘野樵等人的诬告，李公朴等人和他们对簿公堂，进行法律斗争。在血案发生的当天下午，李公朴等即在史良律师及社会大学校董周宗琼的陪同下，携带重庆市民医院开具的伤情报告，到重庆地方法院验明伤情，提出控告，要求惩凶。[4] 国民党自知理亏，迟迟不予开庭，并由邵力子出面调停，企图由国民党政府“颁布明令，不言谁是谁非，但言较场

---

① 《中央日报》，1946 年 2 月 13 日。

② 《文史资料选辑》，第 66 辑第 51、52 页。

③ 力扬：《“二一〇”血案中受伤民主老战士李公朴先生访问记》，见《伟大的民主战士李公朴》，第 190 ~ 191 页。

④ 《李公朴日记》，1946 年 2 月 10 日。

口不幸事件不宜再有”而解决之。[1] 对此，李公朴表示：“如果是个人的官司，就不想打了。这次是为人民的自由权利打官司，所以我们还得打下去。”[2]3月初，李公朴等人再次提起诉讼。15日，重庆地方法院被迫开庭。这是李公朴一生中第二次走上法庭。前一次因争救国无罪走上法庭，这一次为争民主自由走上法庭。李公朴等人在法庭上以无可辩驳的事实，义正辞严地控诉了刘野樵等一伙特务的法西斯暴行。刘野樵等人则言不由衷，自相矛盾，丑态百出。较场口血案的是非十分清楚。最后庭长龚尊一宣布：因见《大公报》载政治协商会议综合小组将为此案进行政治解决办法，故法院决定延期再审，以视调解结果而定。[3]

为纪念较场口血案，4月11日，李公朴和史良、施复亮、王葆真、曹孟君、黄洛峰等50余人在青年会开会，发起成立“二一〇”社，并拟定出版《二一〇》特刊。从此他更加坚定地投身争取民主和平的斗争。

国民党反动派制造的较场口血案，使李公朴清楚地认识到，蒋介石国民党决不会放弃一党专政和独裁统治，民主与反民主的斗争，将是长期的斗争。血案发生当天，周恩来到医院看望他时，他忍着伤痛，激动地说：“为了和平民主，为了祖国统一，我受

① 王葆真：《忆重庆政协和较场口事件期间拒绝利诱和胁迫》，见《王葆真文集》，团结出版社1984年12月版。

② 《新华日报》，1946年3月3日。

③ 《李公朴日记》，1946年3月15日。

点伤算不了什么。我要更加坚强起来,力争人权、民主和自由。”[①]第二天,民盟机关报《民主报》社论委员傅于琛等人去医院探望他时,他头上缠着浸了血迹的纱布,腰腿难于正常活动,但他却摇着大黑胡子,满脸笑容地说:“个人受伤是小事,坚持正义,揭露法西斯内战阴谋是大事。”并且鼓励探望者,“坚持斗争,终归胜利”。[②] 14日,当史良陪同他去医院拆掉伤口缝线问他痛不痛时,他紧紧握着史良的手说:“不痛,这不过是流些血,还要准备着牺牲生命,才能得到民主。”[③]

较场口广场的血迹未干,国民党反动派又制造了一连串破坏和平民主、破坏政协决议的事件。2月下旬,国民党用欺骗的手段,挑动重庆部分学生举行反共反苏游行,捣毁中共的《新华日报》营业部和民盟机关报《民主报》营业部。同时,在北京、上海、成都、南京等城市,也出现了反共反苏游行。3月1日至17日,国民党召开六届二中全会,通过了《对于政治协商会议之决议案》,公开撕毁政协决议,并对政协宪草原则作了五点更改。这意味着国民党推翻了政协会议确立的民主原则,继续坚持独裁统治。

经历了较场口事件,李公朴的思想认识更加明确。

还在他受伤修养的日子里,他躺在床上,抚摩着伤痕,回想着为民主而牺牲的一些朋友、学生、青年的血淋淋的影子,想到

---

① 张曼筠:《回忆李公朴》。

② 傅于琛:《追念公朴烈士,学习革命历史》,见《李公朴纪念文集》,第246页。

③ 史良:《哭公朴》,《新华日报》,1946年7月28日。

大批的共产党人、民主人士仍被关押在国民党政府的监狱里，遭受劳役酷刑的折磨，想到在政协开会期间突然死于集中营的名记者羊枣①，他对国民党一党独裁的认识“似乎更为清楚了”，他期望实现真正的民主政治的“意志更为坚定了”。他在《起床以后》一文中写道：

> 自“九一八”以来，我尽我所有的力量，从事抗战与民主的教育工作，奔走于国内党派之间做团结工作。如今抗战胜利了，可是在我们庆祝这一胜利的大会的时候，反动分子竟然如此无耻蛮横，我怀疑到孙哲生②先生所说“和平革命”一辞中的“和平”两个字眼了。

接下来他又写道：

> 中国是四千多年来封建力量盘据蕃殖的大窝巢，我从来都坚信中国革命是一个长期的艰苦的血肉斗争。其实一谈到革命是没有不流血的，要说有一个什么和平革命，我想不是在这革命之前流了许多血，就是以后还有明明暗暗的依然要流不少血。我流的血不过几百 CC，只是血海中的几

---

① 羊枣，原名杨潮，早年在清华学校就读，因参加五四运动被开除。1933 年加入中国共产党。抗战期间，先后在香港、吉林、福建永安等地从事新闻评论和抗日文化工作。1945 年 7 月，被国民党第三战区以莫须有罪名逮捕，次年 1 月被虐死于监狱。

② 孙科，字哲生。时任国民党政府副主席兼立法院院长。

滴而已，这算得了什么呢？为了民主的胜利，为了中国的前途，只要能够团结起更多的人来为民主中国而奋斗，死又何足惜！[①]

3月10日，他在和周恩来、叶挺、廖承志、郭沫若等人的聚会上说："从较场口的经验，我们的警觉性实在不够，总以常情来判断顽固分子，殊不知拿民主的认识来揣想法西斯是一定想不通的。顽固之所以认为顽固，就是因为他能作出你所以为绝对不应该做，或甚而至于做了会于人无损于己有害的事，他仍是会做出来。此之谓顽固。因为顽固是与无知本来就分不开的呀！所以我们对顽固分子要十二分的提防，以免遭其毒手。"[②]3月27日，他写信给张光年说："民主的路不但是长而且是艰苦的，过去是从认识上理解它，现在则已开始走上实践的路了，艰难痛苦的事实已活生生的一件跟一件的摆在面前了，将来的艰苦还要多，我们需要更坚强与团结才能克服它，我信是可以的。我愿随大家坚忍持久的干下去，准备在真理的旗前倒下去，是大愿也！"[③]他已下定了为民主运动献身的决心。

第四节　悼念"四八"烈士　立志献身民主

4月8日，王若飞、秦邦宪、叶挺、邓发、黄齐生等人乘飞机从

---

① 《李公朴文集》，第1025页。

② 《李公朴日记》，1946年3月10日。

③ 《张光年唁函》，1946年7月14日，见《李公朴纪念文集》，第37页。

重庆返延安，不幸于山西兴县黑茶山触山遇难。他们中王若飞、秦邦宪是中共代表团的成员，在和国民党的谈判中唇枪舌剑，是闻名遐迩的传奇人物。叶挺是新四军军长，自"皖南事变"后一直被国民党监禁，在中国共产党的强烈要求下，和廖承志一起刚刚获释。邓发是中国工人运动领导人之一，去年9月代表解放区职工出席巴黎世界职工大会，今年1月回国，在重庆作短暂逗留。黄齐生是著名的教育家，3月份受延安各界委托，赴渝慰问较场口血案中被殴伤的李公朴等人。他们的遇难，是中国共产党的重大损失，也使李公朴失去了几位真挚的朋友。李公朴忘不了，在政协开会期间，他曾多次主持民众大会，邀请王若飞报道政协会议情况；他也曾多次被邀出席王若飞、周恩来所设宴会，"畅叙一切"。他忘不了，和社会大学校董冯玉祥、教授邓初民、翦伯赞、田汉、郭沫若以及社大之友邓颖超等，举办社会大学聚餐会，欢迎廖承志和叶挺获释出狱；他忘不了，在特园举行的宴会上，叶挺演说，自由和空气、水一样，都不能一时或缺，现在广大的人民都缺乏自由，大家应努力争取，合力争取，决心争取。[1] 他忘不了，他代表社会大学，出面邀请邓发为社大学生演讲《国际劳工运动现状》和《民主政治的劳动政策》，他被邓发亦庄亦谐，内容精彩的演讲所吸引，不仅亲自记录讲词，而且还写了听后感想。他在听了邓发的《民主政治的劳动政策》演讲后，写了四点感想：1. 中山先生说"共产主义是民生主义之理想，民生主义是共产主义的实行"，现在是"国民党顽固派反对共产主义，共产党实行民

① 《李公朴日记》，1946年3月10日。

生主义”。2. 共产主义应改名为人民主义，人人享乐主义，大家幸福主义。3. 共产党人所主张的劳工政策是：管理民主化，生活合理化，技术科学化，人格平等化。4. 在多少年的反共宣传下，造成一般人有共产党可怕之感，八年抗战逐渐改变了人们的观念。听了邓发先生的报告后，使大家油然而生之一种最可爱的感觉了。[①] 他忘不了，4 月 7 日晚，他还和邓发一起游戏、跳舞，谈整理讲稿发表的事情，并托邓发给他在延安的外甥张则孙捎去一封信。那一晚邓发因喝酒而脸上红红的，精神充沛而活泼。这一切犹如昨日事，没想到一别竟成永诀！

王若飞等人遇难，李公朴于 12 日下午才得到确切的消息。从 4 月 9 日得到飞机失事但没有得到确实证明以前，出于公谊、私谊，他都不愿意相信这是真的。在万分忧虑中，他抱着一个希望，希望飞机被迫安全降落；他打电话并亲自到中共代表团讯问消息。绝望的消息得到证实后，他十分悲痛，认为“斯诚不可补偿之损失也”，立即到中共代表团吊唁，向中共重庆代表团秘书长齐燕铭询问飞机失事经过。他想为他们写悼词，但“脑子似乎受了伤，麻木了”，觉得一切的通常用的话都不足以表示他的感情，他们之间公谊超过了私情。[②]

李公朴在悲痛之中，参加筹备“‘四八’烈士追悼会”，具体参加交际组工作。4 月 15 日，他和沈钧儒等人以救国会中央执行委员会的名义，致函周恩来并转毛泽东及中共中央，对王若飞等

① 《李公朴日记》，1946 年 3 月 26 日。

② 《李公朴日记》，1946 年 4 月 14 日。

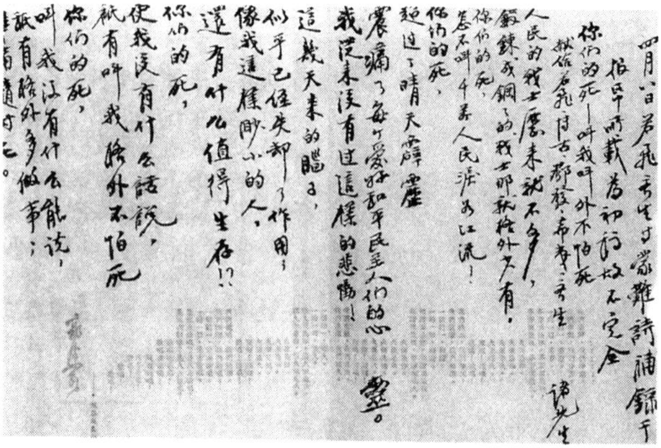

1946年4月8日，王若飞、叶挺、邓发、博古、黄齐生等人自重庆飞返延安途中，飞机失事遇难。李公朴写诗《你们的死——叫我格外不怕死》表示哀悼。

人因飞机失事殉难，表示哀悼，并表示与全国民主党派、社会贤达团结奋斗，完成和平民主之伟业。4月19日，重庆各界举行追悼“四八”烈士大会，他任司仪，“指挥一切”。

4月16日，李公朴写下了《你们的死叫我格外不怕死——献给若飞、博古①、邓发、希夷②、齐生诸先生》的悼诗。悼诗字字泪、声声泣，极为悲切深沉，表达了他对先烈的敬仰、悼念之情，和为民主和平运动献身的决心。原诗③如下：

人民的战士历来就不多，

---

① 即秦邦宪。

② 即叶挺。

③ 4月19日，《新华日报》刊载了李公朴的悼诗，他在日记中说：“报纸所载为初稿，故不完全。”此据日记。

锻炼成钢的战士那就格外少有。
你们的死，
怎么不叫千万人民泪如江流！

你们的死，
超过了晴天霹雳，
震痛了每个爱好和平、民主人们的心灵。
我从来没有过这样的悲恸！
这几天来的脑子，
似乎已经失去了作用，
像我这样渺小的人，
还有什么值得生存?!

你们的死，
使我没有什么话说，
只有叫我格外不怕死。
你们的死，
叫我没有什么能说，
只有格外多做事，
准备随时死。
你们的死，
叫我还有什么可说，
只有增加我的责任与勇气，
在未死之前，

要尽力消灭法西斯蒂。

你们的死，
掀起了广大人民的愤怒与悲痛，
我们将更坚强的联合起来——
把丧心病狂制造战争独裁的反动派，
一齐都向坟墓里送。

你们的死，
叫全国受伤的都不再呻吟。
你们为了创造人类的幸福而牺牲
中华民族永生之花，
已经开放在黑茶山上，
你们真正是粉身碎骨。

为了争取民主与和平，
我们将要更广泛的团结起来，
在你们的红光照耀之前，
努力坚持，誓死争取，
政军三大协议百分之一百的实现

第十二章
民主教育的理论与实践

第一节 参与创建重庆社会大学

重庆社会大学是在“民主讲座”的基础上成立起来的。

在国统区各地纷纷开展反对内战、争取和平民主活动期间，每逢星期六，在重庆和平路管家巷28号育才学校驻渝办事处都举办“民主讲座”。这是陶行知主持的“生活教育社”等社团为了促进重庆民主运动的开展，邀请各方面的进步人士如翦伯赞、华岗、邓初民、宋云彬、许涤新、章汉夫、张友渔、何其芳、冯玉祥、秦邦宪、邓发、柳湜等，为广大的进步青年演讲政治时事问题。周恩来也曾来讲过国内外形势和任务问题。随着民主讲座的开办，部分进步青年对于这种内容比较零星、时间相隔较长的讲座渐渐感到不满足，希望进一步组织起来，系统地学习革命理论和时事政策。在中共中央南方局青年组领导下，参加民主讲座的周西平、金秀堤等人，酝酿组织学习团体。他们的想法得到了李公朴和陶行知的支持。1945年12月上旬的一天，在金汤街天官府文化工作委员会筹备追悼音乐家冼星海的会议上，周西平抽空向李公朴谈了组织学习团体的事情。李公朴当即“表示热情赞赏”，并介绍了他在上海创办补习学校，以职业青年为对象，学生曾达5000多人，不少青年由此走上了革命道路。[1] 周西平从中受到很大启发。同时，金秀堤向陶行知汇报了青年们的心愿，陶表示支持，同意办一个以培养在业青年为主的文科夜大学——社会大学，以公开的合法的形式，组织部分青年学习革命理论，投身革命实践。办社会大学，也得到了周恩来的支持。他对党内担任统战工作的几位负责同志说："要支持社会大学，要支持把社会大学办好，要使社会大学能够为解放区和蒋管区的斗争培养干部。同时，通过各个方面的学生，也可以扩充党和革命的影响。"[2]可见创办社会大学，正如李公朴所说："中国对日抗战胜利结束了，一个空前的需要——民主建设和普及教育的使命摆在我们眼前。我们为了要训练一班参加创造新中国的分子，所以办社会大学。"[3]

自12月23日起，李公朴和陶行知开始了社会大学的紧张筹备工作。首先，他们两人商请冯玉祥、张澜、沈钧儒、饶国模、施复亮、任宗德、史良、方与严、周宗琼为校董，再加上他们俩人，组成社大董事会，推举冯玉祥任董事长，陶行知为校长，李公朴为副校长兼教务长，社大学生金秀堤、周西平为教务员，翁维章为总务员，会计和出纳由育才学校的相应人员兼管。

接着便是聘请教师、筹措经费和商借校舍，社会大学完全是白手起家。没有教师，李公朴和陶行知在中共的帮助下，聘请了

---

① 周西平：《社会大学的艰苦历程》，见《重庆文史资料选辑》，第9辑。

② 汪文风：《一朵傲霜雪的红花——记重庆社会大学》，《文汇报》，1979年3月26日。

③ 李公朴：《怎样办社会大学》，见《李公朴文集》，第943页。

一大批党员专家学者和社会名流，诸如华岗、邓初民、翦伯赞、王昆仑、冯玉祥、侯外庐、章乃器、秦邦宪、邓发、柳湜等。他们不仅道德崇高，而且学识渊博，为同学们讲授政治、文学、教育、新闻课，或作专题讲座。没有经费，除他们二人出面募捐外，还得到中共南方局的大力支持，为他们支付了全部开办费；同时也向每个学生收取一点学杂费，每人每学期两万元[①]。没有校舍，借用育才学校绘画组的几间教室，并自己动手，用毛竹篾席搭了一个"礼堂"，名曰"奎灼堂"，可容纳四五百人。

经过20多天紧张而有序的筹备，1946年1月15日晚，社会大学举行了庄严而隆重的开学典礼。陶行知朗诵了他的新诗《社会大学》，对于社大的办学方针——"大学之道，在明民德，在亲民，在止于人民之幸福"，做了明确的说明，并呼吁国民党、共产党、中国民主同盟、各派各党以及无派无党，"大家一起来创办这个社会大学，人民大学堂，民主世界大学堂"。[②] 李公朴则提出了"自觉、自治、自训"的教导方针，指出要提倡真正的自觉纪律和发扬民主精神。来宾马寅初、周谷城，教授翦伯赞、王昆仑、何思敬、许涤新以及校董任宗德、周宗琼等相继讲话，对旧的传统教育进行了批判，对新开创的社会大学寄予无穷的希望。最后，李公朴致闭会词，并指挥大家唱民主进行曲。

开学典礼结束后，李公朴立即召开校务会议，为次日正式上

---

① 相当于现在的人民币两元。

② 重庆社会大学育才学校校史研究会：《大后方青年运动参考资料——重庆社会大学》，重庆出版社1984年8月版，第12页。

课做各种准备工作，一直忙到深夜12点。

一座前所未有的新型的社会大学在重庆诞生了！这固然与中国共产党的支持和赞助分不开，但李公朴确实付出了相当多的心血。从他这期间所写的日记可以看出，社会大学从筹备发起、口试新生、约请教授到开学典礼、讲课授业、参加校务会议和学生自治会、批改考卷，直至学生学业结束，他参加了社大创办的全过程，他实际上负责主持社大的校务工作。[①] 当时为社大学生教授哲学的罗克汀回忆说："在社大时，他差不多每天晚上都在办公室中，处理着一切大小的事情，耐心地和人谈话，询问研究问题，解释问题，决定办法等等。有空闲的时候，他便到教室中去了解教学情况。记得我在社大差不多讲了十几次课，每次他都来教室里看一二趟，有几次还听讲了半个多小时。"[②]

李公朴在日记中写道："抗日胜利后，又开始为国内民主与和平而斗争之工作，这一工作途程，其艰巨与遥远，将远过抗日阶段。吾已决定站在民主教育的岗位上努力，以了此生。"[③]这是他战后为自己树立的奋斗方向和努力目标。他为创办社会大学不遗余力，正是他为国内和平民主而斗争的一个方面的实践！

第二节　民主教育的理论与实践

如前所述，李公朴自美留学回国后，曾提倡社会教育，在上

① 罗克汀：《学习李公朴先生》，见《李公朴纪念文集》，第201页。

② 《李公朴纪念文集》，第203页。

③ 《李公朴文集》，第1074页。

海创办流通图书馆和补习学校；“九一八”事变发生，国难严重，他倡办国难教育，提出许多国难教育计划，并在上海近郊做过实验；抗日战争爆发，为适合抗战需要，他又提倡抗战教育，并参加山西民族革命大学的教学工作，组织抗战建国教学团。如今抗战胜利了，他根据民主建设和普及教育的需要，和陶行知一起创办社会大学，实施民主教育的理论与实践相结合的方针，拉开了我国历史上民主教育的序幕。

李公朴决心在社会大学实施民主教育的理论与实践相结合的方针。他说：“教育也是斗争。记得以前我在游击区的时候做过一首诗：‘学校就是战场，战场就是课堂，是抗战的教育，是建国的营房。’今天我们不妨改一改：‘学校就是战场，战场也就是课堂，是民主的教育，是建国的营房。’我们今日不仅是和传统的教育制度斗争，而且还要和自己斗争。我们这个学校的教育方式，一不同于欧美传统教育，二不同于中国的正统教育，甚至连我们自己有时也因为历史的因袭而并不太习惯于这种新的学习生活。那么在这里，我们到处都要战斗。所谓学习的开始，也就是战斗的开始。”①

李公朴深知，一个学校办得好与否，关键在于是否有好的教师队伍。为此，他“连求带劝”，为社会大学请来了国内第一流的专家学者。社大第一期教授队伍和讲授内容见下页表。②

---

① 这是李公朴为社会大学同学会编印的《社会大学》一书写的序言中的一段话，见《重庆社会大学》，第 54 页。

② 据《重庆社会大学》及《李公朴日记》1946 年 1 ~ 4 月等整理。

	课程	教授		课程	教授
各系必修课	中国通史	翦伯赞	教育系课程	教学法	孙起孟
各系必修课	中国近百年史	华　岗	教育系课程	普通心理学	潘　菽
各系必修课	政治问题	邓初民	教育系课程	十字教育	李公朴
政经系课程	经济学	许涤新	教育系课程	民主教育	陶行知
政经系课程	现代政治问题讲话	王昆仑	教育系课程	生活教育	方与严
政经系课程	中国学术思想史	侯外庐	教育系课程	幼稚教育	孙铭勋
政经系课程	哲学	罗克汀	新闻系课程	新闻学概论	陈翰伯
政经系课程	现代经济问题讲话	章乃器	新闻系课程	时事分析	张友渔
政经系课程	宪法	何思敬	新闻系课程	社论研究	宣谛之
文学系课程	语文学	徐　苻	新闻系课程	报馆管理	于　刚
文学系课程	中国文学史	宋云彬	新闻系课程	美国新闻事业	章汉夫
文学系课程	文艺思潮	杨　晦	新闻系课程	苏联新闻事业	潘天觉
文学系课程	创作方法	胡　风 何其芳	专题讲座的老师和题目		
文学系课程	作品选读	骆宾基 艾　芜	秦邦宪:《辩证唯物论的几个法则》 邓　发:《解放区民主政府的工业和劳工政策》,《欧洲职工运动》 田　汉:《西南地区的文化活动》 于　怀①:《国内局势问题和国际局势的关系和影响》 柳　湜:《边区民主教育的新气象》 郭沫若:《我怎么研究古代史》②		
文学系课程	民间戏剧	黄芝岗			
文学系课程	诗与习作	力　扬			
文学系课程	苏联文学	曹靖华			
文学系课程					

① 于怀,即乔冠华。

② 另外还有沈钧儒:《我的思想来源及其他二三事》;黄齐生:《社会大学之我见》;郭则沉:《分析目前的时局》;田伯萍:《失业军官的斗争运动》;专题讲座的主讲人还有冯玉祥、章伯钧、杜国庠、沈志远、王亚平、梁漱溟等。

从表中可以看出，社大所聘请的授课老师，除中国共产党人外，他们有的是著名的政治学者、经济专家、历史学家，有的是政协会议代表、政协会议民主同盟代表团的政治顾问、经济顾问、教育文化顾问，有的是中苏文化协会领导人、中国人民救国会的负责人、民主建国会的干部和生活教育社的干部，还有《新华日报》的总编辑等等。其阵容之壮观，实为国内所仅见。由他们来授课，首先保证了社大成为团结教育和提高职业青年的革命觉悟、文化水平和专业知识的高等业余学校。

从表中还可以看出，社大所设课程及专题讲座具有很强的知识性、战斗性和针对性，也就是说，它紧密地结合了当时的革命斗争。以政经系课程为例，学习了必修课《政治问题》，同学们普遍总结出了以下五点心得体会：1. 人与政治有着极为密切的关系。人不能脱离政治生活，必须了解当时的政治路线。2. 今天中国的政治路线，是反帝反封建的民主革命路线。3. 中国民主革命的现阶段——和平建国阶段，必须推翻一党专政的独裁政治，必须联合各阶层的力量，推翻帝国主义和封建残余的统治，建立一个各阶层联合执政的政权，即组织各党各派的联合政府。4. 中国民主革命的曲折性与长期性。最近的较场口事件，以及《新华日报》、《民主报》营业部被国民党特务捣毁等，表明国民党反动派随时随地都企图修改或推翻政协协议，表明反民主集团势力还很雄厚，必须要有不屈不挠的斗争精神，坚持长久的革命热情，作长久的艰苦斗争。5. 只要积极奋斗，民主政治一定可以实现。[1] 关于宪法课，何思敬老师批判了国民党的《五五宪草》，讲解了政协会议通过的宪草修改原则，使同学们懂得了人民在宪法上的地位，都愿意积极地为争取民主的新宪法而斗争到底。同学们学习了《经济学》，对中国社会的经济形态有所了解。当时许涤新教授讲的是“广义政治经济学”的内容，这样能使学生把理论同实际结合起来。李公朴非常赞同理论联系实际的讲法，他对许说：“你这种讲法很好，理论同现实结合起来了，社大就是要懂得社会的实际生活。”[2]

这里，要特别谈一下李公朴为教育系讲授的“十字教育”。十字教育这个名词是李公朴取的。它由纵的教育思想史、横的比较教育构成。李公朴在十字教育这一课程中，纵的方面讲了中西教育思想发展的概况和中国古代教育家的教育思想，横的方面比较了英、美、苏的现行教育制度。通过他的讲解，教育系的同学对教育的本质有了新的认识：1. 教育是以政治制度及经济情况为依据。2. 教育思想学说随政治及社会背景的不同而各异。3. 我国古代儒、道、墨、法诸家，其教育主张因当时的社会生活矛盾而相互异端，儒家提倡人文主义的教育，墨家提倡实用主义的教育，道家提倡自然主义的教育，法家则提倡实利主义的教育。4. 中国新教育的发展不过是近百年的事，但中国到现在为止，实行的还是奴化统治教育。5. 英、美、苏的现实主义教育制度，决定了英国的教育是维持大英帝国的统治，美国的教育是维

---

① 《各系学习总结报告》，政经系代表潘�报告，见《重庆社会大学》。

② 《李公朴纪念文集》，第 266 页。

持资本主义的发展,苏联的教育则是为发展社会主义和共产主义而造就干部人才和技术人才。6. 中国今天需要建立一个民主教育的制度,但这不是单从教育本身去要求所能成功的,一定要先有政治和经济的民主,然后才有教育的民主。[①]

在聘请革命的进步的学者来校任教的同时,李公朴还非常注意社大学生的招生工作。他说,社会大学"并不像中国其他的学校,高高在上,使人民大众可望而不可即。她是和老百姓最亲近的学校",[②]是为着一群有志读书而白天有职业、有工作不能读书的青年成立的。因此,社大"和一般学校要学生来迁就学校的原则完全相反,我们是要做到怎样使同学便利,怎样在不妨害他的本身事业之下,使他们有学习机会"。在这个方针指导下,社大第一学期招收的学生有中小学教师、小公务员、工商业者、文化工作者、失业青年等,并根据他们白天工作的特点,把社大办成夜大学。每晚6时半开始,至9时50分结束,上四节课。每学期十六周,一年分为三个学期,全部修业八个学期,总共两年零八个月。第一学期因受复员影响,提前两周于4月29日结束。同时考虑到国民党统治区政治斗争的尖锐,尽管报名社大的学生不受学历资格的限制,但也规定,每个报名的学生,需要有一位进步关系者的介绍;要求入学者有一定的文化理论水平;要进行统一考试。考试的内容为:论文一篇——《民主世界与新中国的创造》;中、英文自传各一篇;以及口试(政治审查方式之一)。

---

① 《教育系代表报告》,见《重庆社会大学》,第88~89页。

② 李公朴:《怎样办社会大学》,见《李公朴文集》,第946页。

社大招生的消息传出后，成都、昆明、长沙各地青年远道来投考，甚至有宁愿向国立大学要求休学转入社大的。[1] 一时间，渴望进步的青年纷纷前来报名，挤得重庆管家巷育才学校办事处都容纳不下。最后经审查考核，以及教室的限制，社大第一期招收学生197人，并按照学生的特长和兴趣，分配在政治经济系、文学系、教育系和新闻系。

关于社大的教育方针，是李公朴和陶行知商量后决定的，即人格教育、知识教育、组织教育和技术教育。这四项教育是互相联系的，决不是各自孤立的。李公朴对此又作了具体解释。他说，人格教育，是要培养学生建立革命的人生观和正确的宇宙观，这是整个教育方针的重点和核心。他批判了千百年来为个人名利而读书的旧观念，指出："我们要每个同学有革命的民主的人生观，我们要培养每一个同学有一种不以知识作夺取私利的工具，不是把自己的幸福建筑在他人的痛苦上面的人格。"[2]知识教育，是要完成社会科学，特别是政治经济科学的基本知识学习。因为过去各学校的"知识教育"，既没有注意社会科学研究，更没有使学生与实际社会接触，以致学生大学毕业后，"对社会的政治态度还莫名其妙，都感到学校所学的东西，不能搬到社会上来"。技术教育，着重自动的、集体的、随时随地的学习方法。这主要是针对过去这种教育完全和社会上的技术行政分开，既不给学生们实际练习的机会，又不与社会实际用途相配合。组

---

① 《李公朴纪念文集》，第225页。

② 《重庆社会大学》，第58页。

织教育，是培养和发展每一个学生的组织能力。这在过去“根本就没有人注意和提到过”。除此之外，李公朴认为，陶行知提出的“大学之道在明民德；在亲民，在止于人民之幸福”，也应该包括在社大的教育方针内。他说：“在明民德，在亲民，在止于人民之幸福里，就已经包含着知识教育、组织教育和技术教育。至于如何去明民德，如何去亲民，如何去造就人民之幸福，则更需要这四种教育方针的互相发挥。”①

社大的学习方法，由李公朴主持教务处与学生联席会议讨论通过。② 这就是“主动的、实践的、集体的、正规的四个基本学习方法”。③ 所谓主动的学习方法，李公朴指出，主要是要做到人格上的自动学习。关于实践的学习方法，他说，学到的理论，尽管都是真理，但也是过去经验的总结。过去的事物有当时的时间性和空间性，是不能一成不变地用来解决现在实际问题的，所以不仅在理论上要了解，还要实践，尤其是知识教育方面更为重要。集体的学习方法，他指出，只有集体教育才能帮助个性发展，个人的特殊兴趣只有通过集体，才会焕发光彩，所以实施集体教育方法，一方面发挥了优良的个性，一方面增加了群众的智慧。什么是正规的学习方法，他说：“就是有步骤、有系统和有恒的学习。”④

---

① 李公朴：《我们的教学经验》，见《重庆社会大学》，第 73 页。

② 《李公朴日记》，1946 年 3 月 4 日。

③ 李公朴：《民主教育的初步实践——两月来社大教学总结》，《民主教育》，第 6 期，1946 年 4 月 1 日。

④ 《重庆社会大学》，第 61 ~ 62 页。

与此同时，李公朴召开教务会议，决定在同学中推行两种新的学习方法，即学习小组和学习进度考察办法。关于学习小组，李公朴指出："同学们在学校的活动，当然以学习为中心，所以我们要积极地推动学习小组的建立。"他建议，组织方面，原则上以十人为一个学习小组；学习讨论方面，就所学课程为中心，提出问题，开展讨论，共同学习。这样，思想才能得到自由启发，民主也才能得到更高发扬。他自己并愿意以"总组长"的身份帮助解决各学习小组遇到的各种困难。在他的指导下，全校根据区域和学习兴趣划分，共成立了11个学习小组。每组有自己的学习计划，有的小组有专题讨论，有的小组每周出壁报；有的小组举办演讲会；有的小组注重互相批评，自我检讨；有的小组推荐一本书，全组共同研究，作出评论和介绍；有的小组成立了活动图书馆。例如政经系成立了四个学习小组，在学习上，或配合经济学和中国通史两门课程，以封建社会作为专题讨论；或以哲学问题作为研究对象。该系每周出一次壁报，由四个小组轮流主编。各组尽量发挥自己的才能，使壁报的形式和内容琳琅满目，各具特色，提高了同学们的学习和工作效能。另外，学生们定期举行全校周会和召开同学自治会、小型谈话会（由李公朴做主持人），还组织了读书研究组、时事研究组、戏剧研究组、音乐研究组等各种各样的学习小组。

关于废除旧的考试制度，建立一个新的学习进度考查办法，李公朴指出："我们主张考试的目的是为了复习，在于明了同学什么已经知道，什么还没有知道，而对于同学所不知道的地方，则应当加以辅助。我们反对过去偏重在不相干的一时一地的问答，我们也反对专重分数的评定，因为这些都是引起同学作弊的主要原因。严格说来，我们的学习进度考查办法只是一种讨论和记录，不是考试。在小组里我们反复讨论，在最后的评定里，我们采用民主方式。我们相信同学是为求知而来，分数、文凭、资格不是我们所需要的，因此我们也相信这办法是行得通的。"① 其办法主要从五个方面进行考核：1. 对本学期的每门功课，根据"学、教、做"结合的精神，写出心得体会，说明学到了什么，教给了别人什么，做到了什么。2. 问题回答，实际上是开卷考试，可以翻阅书籍，允许互相交换意见，并有充足的思考撰写时间。3. 每个学习小组写出各组的学习总结，作为集体答卷。4. 集体专题研究报告，由三至七人承担一个专题，集体研究，写成报告。5. 每个同学写一篇一学期来在学习上、生活上的自我检讨。

社大推行学习小组和学习进度考查办法，是李公朴民主教育的一个实践。事实证明，这种新的学习方法极大地激发了同学们的学习精神和兴趣，调动了学生的学习积极性。一位当年的社大学员回忆说，采取这样的学习方法，"同学们都很有兴趣，很自觉。虽然同学们在白天沉重的工作负担之余，夜上又有浩繁的学习任务，但却都进行得生动活泼，表现得生龙活虎，感到'日新又新'，收获很大"。② 因此这种学习方法受到普遍好评，同学们称它是"大后方学校中的一个特色"，是"反对传统的、封建

① 《重庆社会大学》，第 71 ~ 72 页。

② 《重庆文史资料选辑》，第 9 辑，第 53 页。

的、法西斯的死教育，提倡新的、民主的、科学的活的教育”①的具体办法。

积极引导社大学生参加革命斗争，是李公朴民主教育的一个特点。重庆社会大学成立的背景是，国统区各地反对内战，争取民主和平运动日益高涨；而社大第一期，正是政协会议召开，坚持政协决议与推翻政协决议斗争期间，社大学生积极参加到捍卫政协成果的斗争中。如前所述，2 月 1 日政协会议闭幕，为巩固政治协商会议的成果，促进五项决议的贯彻实施，陪都 23 个团体组成“陪都各界庆祝政治协商会议成功大会筹备会”，准备于 2 月 10 日在较场口举行陪都各界庆祝政协会议成功大会，社会大学是 23 个团体之一。随后，社会大学一些同学担任了大会的布置、接待和纠察等任务。较场口血案发生后，社大同学一面组织代表赴医院慰问和守护受伤的教师，一面和重庆中国职业青年社、陪都青年联谊会等青年团体以及工人代表组织“二一〇血案后援会”，发表紧急呼吁，要求国民党政府：惩办祸首，保证今后不再发生同类事件，赔偿受伤人员医药费及大会损失，制订颁发侵犯人民自由治罪法，立即释放无辜被捕青年及政治犯，立即取消一切特务机关等。当王若飞、叶挺等人殉难的消息传出后，社大同学和山城人民一样，为失去为人民幸福而努力的战士而悲痛，4 月 18 日全体师生参加了陪都各界数千人举行的“四八烈士”追悼会，送挽联多副，并由近百名社大同学组成挽歌队，在悲壮的挽歌声中沉痛悼念革命先烈。社会大学是当时重庆民主

① 高力生、樊刚：《我们的小组学习》，见《重庆社会大学》，第 103 页。

运动的一座营垒，为推动重庆的和平民主运动作出了贡献。

此外，李公朴对社大日常的行政事务工作和教务活动安排，倡导民主作风。社大最高决策机构是由校董、校长、教师和学生代表共同组成的联席会议。在这个会议上，学生对于学校的一切，不但有权提出意见，而且有决定和否决的权利。学校有关事务如收钱、管账、买桌子、写布告、教室内外安装电灯，甚至上课打铃，都由同学分工包干。在学习上，上面提到的学习进度考查方法，也是经过同学们讨论同意后实施的。这些都体现了社会大学的民主校风。

重庆社会大学，是李公朴民主教育理论的一次创造性实践。

第三节　在新宪法上确定民主教育的原则

政协会议达成的五项决议中关于《宪法草案案》规定：由参加政协的五方面及会外专家组织宪草审议委员会，根据政协拟定的修改原则，参酌各方面意见，在两个月内制成五五宪草修正案，提供国大采纳。宪草修改原则12条，其要点为：全国选民行使四权，名之曰国民大会；立法院为国家最高立法机构，由选民直接选举之，其职权相当于民主国家之议会；行政院为国家最高行政机构，院长由总统提名，经立法院同意任命，行政院对立法院负责；省为地方自治之最高单位，省得制定省宪；人民自由权利受宪法保障，等等。显然，按照这些原则修改后的宪法草案，中国将成为采用西方资产阶级民主政治的国家，在当时的历史条件下，这毕竟比国民党蒋介石的专制独裁要进步得多。政协会议闭幕后,参加政协的五方面各出五名代表,另外聘会外专家十人,组成宪草审议委员会,以孙科为召集人,负责制定宪法草案,提交国大讨论。

李公朴对制订新宪法充满希望,作为一名教育家,他是多么期盼把实施民主教育的原则写在宪法上。他满腔热情地写了《新宪法上的教育问题——确定民主教育的原则》一文。在这篇文章中,李公朴首先指出:“中国自逊清废科举建学堂以来,一直到今天,除了解放区内及非解放区的个别进步的教育家个人的点滴成就而外,可以说是一无成果。在一些不适合国情的各种搬自英、美的教育制度的思想指导下,连学而优则仕、封建帝王式的教育都没有了,还谈什么人民教育!抗战以后,在反动者策划之下,坚决实行了统治教育、特务教育、洋八股教育,除了戕贼青年、断丧人性而外,更是一无所获。如果有,那只是个别青年在学校内党团活动的严密监视下,偷偷摸摸自行学习的结果。”① 接着,他批判了国民党的“五五宪草”。1936 年 5 月 5 日,国民党政府公布了《中华民国宪法草案》,俗称“五五宪草”。该宪法草案打着执行孙中山“人民有权,政府有能”和“人民行使政权,政府行使治权”的旗子,以形同虚设的国民大会代表人民行使所谓的选举、罢免、创制、复议等四权,而以总统蒋介石为首的政府却不向国民大会负责,实际上独立地行使至高无上的治权,从而使国民党的一党专政和蒋介石的独裁专制合法化。所以李公朴批评说,“五五宪草”“基本上是中央集权的,不适合民主的要求”,

---

① 《李公朴文集》,第 966 页。

是在各党派还没有得到合法地位，国民党“以宪治党”专政的时候产生的，它“不适合今日的需要”。“五五宪草”中关于教育部分，李公朴指出：“不仅今日不合国家人民的需要，就是当时也不适合国家人民的要求；不仅今日不能发扬三民主义，就是当时也不能表现三民主义。”这表现在：1. 它的教育宗旨，不能够体现孙中山的三民主义，仅仅空空洞洞提到发扬民族精神，而民权、民主则差不多没有提到，尤其缺乏民主精神。2. 国家是不断改革的，国家的教育宗旨不必在宪法上规定，宪法上只应规定一些较为基本的正确的原则。3. 所谓教育机会一律平等，学龄儿童基本教育、成年补习教育，免纳学费，对今天依然饿着肚子，冬天穿不上一件棉衣的劳苦大众，不但是一句空话，事实上等于欺骗。因此，他主张“五五宪草”教育部分，“不仅具体条文要修改，就是原则也得重新厘定”。①

那么，怎样使新宪法上体现民主教育的原则呢？李公朴提出了以下几点基本要求：

第一，从实现各民族一律平等做起，在各民族自治的原则下，给他们以教育自由，发扬各民族固有的优良文化，增强民主的科学教育。

第二，规定各校一律免费，并且不收任何费用。例如，学龄儿童不仅免交学费，而且供给一切必要的生活需要；成人补习教育，应该使个人及眷属生活上不因受教育而发生困难；失学职业

① 《李公朴文集》，第967页。

青年，无论是国营机关、工厂，还是民营事业，应严格执行三八制[1]，鼓励工读。

第三，确定保障人民有教育权、受教育权、办教育权，有把教育办成为人民自己除痛苦造幸福的教育权。

最后，李公朴大声疾呼："如果真心想造福人民，造福国家，那么首先就应当根据三民主义的原则，来制定宪法，建立民主教育的体系，实行民主的普及教育。"[2]

然而，教育是国家内政之一部分，任何国家的当政者为贯彻其政治主张，自然都要使教育为其政策所支配。在蒋介石国民党企图继续维持其一党专政独裁统治下，李公朴主张在新宪法上确定民主教育的原则，是行不通的。李公朴实施民主教育的重庆社会大学就是个例证。社大从开始成立就遭到国民党的破坏捣乱。在招生期间，有两个青年拿着国民党重庆市社会局长署名盖章的介绍信，要求报考社大，这显系国民党特务寻衅闹事。李公朴既生气又感棘手，经与中共南方局青年组商量，考试他们英语，结果成绩不及格不予录取，挫败了国民党特务的阴谋。社大成立后，国民党教育部"训令"重庆市教育局"视察"社大。3 月 19 日，国民党重庆市教育局来校"检查"，挑剔社会大学"设备简陋"，没有正式履行立案手续，没有充足的筹备金等等，企图停办社会大学，被陶行知理直气壮地顶了回去。后来，国民党查封第二期社大，国民党重庆市党部机关报《新华时报》，诬蔑

---

① 即每天工作八小时、教育八小时、休息八小时。

② 《李公朴文集》，第 970 页。

李公朴和陶行知是“共匪尾巴头子”，他们创办的社会大学是“共匪尾巴制造所”，制造“共匪忠实尾巴”。[1]

李公朴提出在宪法上确定民主教育的原则，从另一个方面体现了他变革现实不合理的独裁的社会制度，改造成为合理的民主的社会制度；变革不合理的愚昧的教育制度，改造成为合理的智慧的教育制度的思想。

---

① 《新华时报》，1946年12月8日。

第十三章

为民主和平而献身

第一节　返回昆明

1946 年 5 月初，国民党政府还都南京，以周恩来为首的中共代表团和各民主党派也先后由重庆迁到南京。从这时起，全国人民开展和平民主运动、反对国民党内战独裁的中心由重庆转移到南京和上海。是月 17 日，李公朴告别了紧张战斗工作了半年多的雾都重庆，飞回昆明。他准备结束昆明北门书屋和北门出版社的工作，并携全家老小回上海。

昆明，李公朴已把它视做第二故乡。抗战八年，他大部分时间在这里度过。在这里，他积极开展抗日团结民主工作，为推动云南的抗日民主运动做出了贡献。在这里，他在中共云南地下党及朋友们的支持帮助下，创办了北门书屋和北门出版社，为发展西南文化教育事业而尽力。抗战胜利后，虽然他到重庆参加民盟工作，但他的家人仍留在昆明。现在他重返昆明，面对国内十分严重的内战危机，内心无限感愤。

本来停战协定和政协决议先后达成，全国人民以为内战可能由此停止，中国即将走上和平民主的发展道路。然而，3 月 1 日至 17 日国民党召开的六届二中全会推翻政协决议，破坏停战协定，在美国政府大量的经济和军事援助下，扩大了对东北的内战。3月中旬,国民党军借苏联军队从沈阳北撤回国之机,进占了沈阳。随后,在民盟的调解敦促下,27日,国共签订了东北停战协定,但蒋介石国民党违反协定,继续部署兵力,向东北民主联军进攻,先后占领四平、长春,直抵松花江南岸。与此同时,国民党又将战火蔓延到关内,集中数十万兵力长期围困中原解放区,并对晋冀鲁豫解放区发动进攻。全国内战一触即发。

李公朴回到昆明,受到楚图南、冯素陶、闻一多、潘光旦等民盟云南支部老朋友的热烈欢迎。他立刻和他们一起并肩战斗,投入到云南人民反内战争和平的民主运动中。

5月26日,李公朴应云南大学的邀请,向师生做题为《内战与和平》的演讲。这次演讲,他总共讲了两个小时十五分钟,虽然没有留下详细的记录,但有个提纲:

1. 国际现势之矛盾分析;

2. 国内情势略述,说明内战与国民党无利;

3. 为什么要打的原因;

4. 怎样打法——舆论、政治、人力动员与军事布置等说明;

5. 打的结果,从国际、国内、政治、经济、文化、教育各方面分别说明民主革命势力不会因此而减弱;

6. 怎样争取和平。①

从这个提纲的字面可以看出,李公朴已认识到,国民党挑动内战,其结果必定自取灭亡;战争只能给人民带来灾难,要用民主的力量制止内战,争取和平。这仅是从提纲字面上体会到的。

---

① 《李公朴日记》,1946年5月26日。

这种观点，不久在一个大型座谈会上，他作了更明确的阐述。

那是由青年会出面组织的一个大型座谈会，请刚从重庆归来的李公朴谈谈当前的时局。他直截了当地告诉与会者，内战不可避免。他说，《双十协定》墨迹未干，蒋介石便向国民党各个战区发出密令，重新吹起"剿匪"、"剿共"的进军号。在停战协定中，蒋介石坚持要把国民党军在东北的调动作为例外，使马歇尔在和平的烟幕下给蒋运送了完全美式装备的七个军去东北。政协会议刚刚闭幕，打杀之风遍及全国。国民党六届二中全会，更把一切协定、一切决议完全投入到硝烟弥漫的炮口里了。还有什么和平可言。当然，中共也不会睡大觉，在妥协让步都无法制止内战爆发的情况下，当然要调兵遣将，准备大打。实际上，自抗战胜利到今天，内战没有停止过。接下来，他谈了内战的前景问题。他说，国民党反动派总认为他们的军事处于优势，但是他们没有看到他们在政治上已丧失人心和经济上的崩溃，他们这种优势很快就会消失。他们发动全面内战，只会给他们带来彻底垮台，没有别的后果。最后，李公朴讲了在内战一触即发的形势下，大家应该怎么办。他说，反内战，反独裁，要和平，要民主，这就是我们坚定不移的任务，要父亲告诉儿子，妻子告诉丈夫，不为内战当兵，不为内战纳税，看你国民党反动派能打几天内战。① 昆明，由于地处祖国的西南边疆，在大规模内战尚未正式爆发前，人们对于内战是否可以避免，内战的前景如何等问题，还不是都认识得十分清楚。因此，李公朴的演讲，使与会者消除

① 参见《昆明师院学报》，1980年第3期，第6~7页。

了疑云迷雾，对时局有了清晰的认识，博得全场热烈的掌声。

6 月 23 日，上海工人、学生和各界人士共 5 万人举行游行集会，反对内战，要求和平民主，并推举马叙伦、阎宝航、雷洁琼等 11 人组成代表团，赴南京向国民党政府请愿。不料，代表团于当晚到达南京下关车站时，遭到事先埋伏在这里的国民党特务的围攻和毒打，马叙伦、阎宝航、雷洁琼、陈震中等请愿代表及前来欢迎的人员、记者等被打伤，下关惨案发生。消息传到昆明，李公朴十分悲愤，他和冯素陶、楚图南、闻一多、潘光旦以及他的岳父张筱楼、夫人张曼筠等 18 人，立即联名电慰下关惨案受伤者。电文对他们为反对内战，赴京请愿，被反动派法西斯分子指挥暴徒，辱殴重伤，"至为悲愤"，"先电致敬慰问"，并表示"誓为诸先生后盾，为争中国和平及民主政治之实现"。[1]

就在下关惨案发生的第二天，即 6 月 24 日，李公朴访问了民盟云南支部组织部长冯素陶，"谈和平运动事"[2]。可能就在这一天，决定了组织昆明万人签名呼吁和平运动。这时离 6 月 30 日东北停战令期满只有一个星期了。本月 6 日，经马歇尔调停，国共双方领导人各向自己的部队下达命令，从 6 月 7 日正午起，在东北休战 15 天。休战期满，蒋介石为完成进攻东北的准备，又将休战期延长到 6 月 30 日止。人们担忧停战令期满后又将怎样，人们渴望从短期休战做到永久和平。因此，李公朴等人决定组织万人签名，呼吁和平。旋由张天放拟就致蒋介石、毛泽东电

---

① 《民主周刊》，第 3 卷第 16 期，1946 年 7 月 1 日。

② 《李公朴日记》，1946 年 6 月 24 日。

文，经闻一多加工润色后交印刷厂排印。电文云：

南京蒋主席钧鉴、延安毛润之先生勋鉴：

抗战告平，咸庆更生，乃人民之喘息未定，而阋墙之祸乱继起。白山黑水，战焰弥天；长江大河，血流满地。农村既饿殍载道，拯救无术；都市复罢工罢教，层出不穷。加之外货充斥，生产停顿，经济危机，尤濒险境。虽停战一再展期，而和平犹未实现，是不仅全国民众所深忧，亦为国际友邦所共虑。是以吁请国共两方，一本爱国爱民之心，开诚相与，一面立即宣布长期停战，一面火速救济灾区。其他如交通之如何恢复，军队之如何整编，生灵之如何救济，与夫政治上民主团结之如何实现，均应以诚意协商解决，万不可使兵戎再见，骨肉相残，坐令民族生机斫丧尽净。悬崖勒马，此其时也。迫切陈词，幸垂察焉！①

电文印出后，李公朴和闻一多等人四处奔走，征集昆明各界人士签名，至27日晚9时，在电文上签名者有5000余人。签名者不仅有青年、学生、妇女、店员、护国元勋、绅耆名流，而且还有禅林长老、国民党内的民主人士等。电文及签名于30日正式发表。一个名字代表一声怒吼，多一个名字就多一份力量。李公朴等人发起的万人呼吁签名运动，表达了昆明各界民众反对内

① 原件藏中国民主同盟云南省委员会，转引自《闻一多年谱长编》，第1056～1057页。

战的强烈呼声。可是谁能想到，正当李公朴等人尽一切力量阻止内战时，蒋介石已开始大举围攻中原解放区，全面内战爆发了。

李公朴一回到昆明，便为反内战争民主奔走疾呼，整个精力都投入这一斗争中，简直没有时间来顾及全家离开昆明的准备工作；再加上一家老小从昆明到上海的路费，以及到上海后的生活、住处等问题，一时都无法解决，行期就这样一天天地拖下去。

第二节　反击反动派的进攻

昆明"一二·一"惨案发生后，蒋介石为平息民愤，被迫将惨案凶手关麟征"停职议处"，派霍揆彰继任云南警备总司令。霍到任后，加强特务统治，将云南各地边防大队、独立营统统包揽到警备部，甚至连省政府所属警卫营，全省保安团的指挥、人事、管理和作战训练等等大权也都抓了过来，为扑灭云南的民主力量不断充实反革命的武装。进入6月以来，随着西南联大三校师生分批复员北上，昆明民主进步力量有所减弱，国民党特务的反革命活动日益猖獗。云南军警对孙起孟的进修出版社进行非法搜查，就连监察使署张莼欧的寓所亦未能幸免。同时云南军警借昆明近来发生的一些事情，对云南民盟支部散布流言蜚语，企图先把民盟搞垮。恐怖气氛笼罩春城。

军警特务借口的第一件事，是滇军一八四师起义。5月30日，滇军六十军一八四师师长潘朔端在东北海城宣布起义。一八四师原在越南对日受降，后被蒋介石调往东北内战前线，分驻鞍山、海城、大石桥、营口一带。5月下旬，中共南满部队向辽南发动进攻，该师两个团被歼，被包围的师部及一个团要求退出海城，遭到东北保安司令长官杜聿明的拒绝。师长潘朔端不甘作内战炮灰，毅然率部起义。由此可见，一八四师起义的目的十分清楚，是为了拒绝内战，不愿充当内战炮灰。但云南军警却将此事硬与李公朴拽在一起，散布谣言说，东北潘朔端师之投奔共产党与李公朴有关，且越传越甚，说他“更将继续有所发动”①。

这第二件事便是龙绳祖自行解散二十四师。就在一八四师起义几天后，滇军第二十四师奉命出滇。这是龙云留在昆明的最后一支部队，二十四师师长龙绳祖担心被蒋介石趁机吃掉，遂在昆明自行宣布该师“解甲归田”。云南军警借此事造谣说，民盟破坏大局，策动龙绳祖解散二十四师，企图搞武装游击。

所谓第三件事，便是王康和禄厚坤的订婚仪式。王康毕业于西南联大社会系，时为云南大学的青年教师，和闻一多是同乡，还沾有一点亲戚关系。关键是禄厚坤，她是云南地方上层人士禄国藩的女儿。禄国藩早年为护国起义将领，后来曾任过警备司令、宪兵司令等要职。订婚仪式于6月24日在清华大学办事处举行，潘光旦、费孝通作主持人，闻一多夫妇与李公朴、张奚若以及禄国藩均到场祝贺。② 事后，云南军警借此事造谣，说民盟与地方要人搞政治串联。

国民党反动派对民盟的无稽谣言，在昆明的一些人士中引起了混乱，这在白色恐怖严重时刻，对民盟十分不利。李公朴和

① 《李公朴日记》，1946年6月20日。

② 《闻一多年谱长编》，第1046页。

云南民盟支部秘书处主任、执委会委员赵沨商量，公开举行招待会，表明民盟的观点和立场，澄清特务们的各种谣言和诽谤，反击反动派的进攻。同时借此机会和地方党政军以及文教工商等各界人士公开建立联系，使民盟争取公开的合法的活动地位。这一想法经与楚图南、闻一多、潘光旦、费孝通、潘大逵商谈，“结果所见一致”[①]，并决定由李公朴与法国商务酒店接洽，负责租借招待会的场地。

经过紧张的准备，6月26日下午，民盟云南省支部在商务酒店举行第一次招待会，由李公朴和闻一多、楚图南、潘光旦四人主持。是日到会者主要为地方党政军机关及社会、新闻界人士50多人，如国民党中央委员杨杰，监察使张维翰，女参政员张邦珍，警备总司令霍揆彰的代表、警备总部政治部主任杨镜函，省委委员金龙章以及大学教授和新闻界老前辈张奚若、伍启元、华罗庚、钱仓硕等。

会上，四位主持人都发了言。潘光旦报告招待会意义后，楚图南以支部主任委员身份指出，民盟的政治主张和政治态度为八个大字，即“民主团结，和平建国”。他说：“不民主不足以谈团结，非和平则无从建国，这是决定中国国运的关键。若民主不能成功，团结统一不能实现，将引中国至分裂混乱之惨剧。内战再起，则将引中国至亡国灭种之境地。”[②]闻一多是最后一个发言，

---

① 《李公朴日记》，1946年6月21日。

② 潮：《中国民主同盟云南省支部招待各界茶会记》，《民主周刊》，第3卷第16期，1946年7月1日。

他激动地说："今天乘此机会，愿意伸出我们的手来与各位合作。我们的手虽无缚鸡之力，不可能也不愿意来威胁利诱别人，但也决不接受别人的威胁利诱。我们并愿意以这支满是粉笔灰、毫无血腥气的手去扭转中国的历史，去促进中国民主政治的实现。"①

李公朴是在闻一多之前讲话。他从回顾中国民主同盟成立的历史背景说起，表明民盟的政治主张。他说，1941 年初，在国际上，德意日法西斯侵略气焰高涨；在国内，"皖南事变"发生，国共两党政治上尖锐对立，眼看着抗日力量日形分裂，中华民国有整个儿被日军吞没的危险，中国民主政团同盟就在这个时候成立了。它成立的主要目的，"就是在联合国共两党以外之间党派来调解与减少国共之间一切不应有的纠纷与对立，以期能加强抗战力量，挽救国家之危亡"。② 他接着说，到了 1944 年，国际战事好转，苏联红军大反攻成功，美国军队在太平洋战场上不断取得进展；反观国内，国民党政治上更趋腐化，不能充分发挥全国的人力、物力，造成军事上继续大溃败。为了更广泛的团结全国广大人民，尽量吸收无党派人士参加，中国民主政团同盟取消"政团"二字，改为中国民主同盟，并开始在各省征求盟员，建立支部，积极发展组织。他强调指出，中国民主同盟的主要目的与任务是："团结全国民众，尽力推进民主运动。因为我们深刻的

---

① 潮：《中国民主同盟云南省支部招待各界茶会记》，《民主周刊》，第 3 卷第 16 期，1946 年 7 月 1 日。

② 李公朴：《民盟的历史与组织》，《民主周刊》，第 3 卷第 17 期，1946 年 7 月 9 日。本文是李公朴根据他在招待会上的发言整理而成。

理解，团结的基础是民主，没有民主，就没有团结；没有团结，就无法增强抗战的力量。当然，在今天若是不能实现民主，也就决不可能和平了。”

继而，他报告了民盟对友党的态度。他说：“我们对盟外友党的关系是坦白、公正、和平、民主。”所以民盟所持的态度与希望是：1. 共同培养民主的风度。他解释说：“我们不怕别人批评，而且我们欢迎别人的批评，我们对于一切造谣诬蔑与侮辱谩骂，认为都是没有政党风度的卑鄙行为。”2. 提倡政党的友谊竞赛。他指出：“我们反对利用特务暴徒以种种暴行来摧残别人，诋毁别人，我们要求是公正的来从事政治上的友谊竞赛。”但这个竞赛的最后裁判人是全国的老百姓。3. 争取一致的外交政策。他说民盟的主张是在不妨碍自主独立的原则下，亲美亲苏联，联美联苏联。即：“我们承认美国是中国的朋友，苏联也是中国的朋友，今天任何人提倡亲美反苏或亲苏反美都是有害于中国的自主独立性。”①

李公朴诚挚、坦率的报告，不仅有力地回击了国民党反动派对民盟的诬蔑造谣，而且也使与会者深受感动，对民盟和平建国民主团结的政治主张有了进一步的了解。

招待会一直开到晚上6点钟始告结束。散会后，竟然有国民党特务将会议签名簿“半偷半抢”地拿走了。赵沨“大呼狂追”，特务被逼跳入酒店对面的河中，游水至对岸，被国民党警局“收

---

① 李公朴：《民盟的历史与组织》，《民主周刊》，第3卷第17期，1946年7月9日。

留”了。其实签名册上的名单是要公开的，特务如此卑劣做法，李公朴认为：“其愚诚属可笑之至矣。”①

28日下午，民盟云南省支部第二次招待会仍在商务酒店举行，出席者主要为文化、教育、金融、实业界方面的人士共80余人。会议由李公朴、闻一多、潘光旦、楚图南、潘大逵、冯素陶、费孝通共同主持。在这次会上，李公朴的发言除重申上次招待会的内容外，还报告了民盟的组织关系。他指出，民盟与盟内各党派的关系，是在不违背民盟的共同的政治主张之下，而仍许可保持它各个党的独立性，但对外是一个完整的统一体；并强调说：“为了爱护自己的国家与尊重自己国家的前途，在争取实现民主政治这个目标之下，我们是没有什么不可以在一个共同的名义下奋斗的。我们盟内各党派的信念是一致的，我们的态度也是大致相同的。所以盟内之党派都能做到一切为了民盟，一切为了民盟的一致主张。”②

李公朴反复报告民盟的历史和组织，是要告诉人们，民盟的成立和改组，完全是为了国家民族的利益，为了实现全国的民主团结，并为达到这一目标，始终不渝。这在国民党正对民盟实行镇压的时刻，以此反击国民党特务的各种谣言，得到各界人士的共同支持，起到了重要作用。在当天的会上，来宾们纷纷发言，表示理解、支持民盟，愿意伸出手来与他们紧紧相握，共同争取

① 《李公朴日记》，1946年6月26日。

② 李公朴：《民盟的历史与组织》，《民主周刊》，第3卷第17期，1946年7月9日。

民主和平。云南大学教授朱驭欧说,他相信李公朴、闻一多等民盟负责人,都是文人学者,他们的动机是纯洁的;他们的文化水准相当的高,他们对一切政治问题的判断相当正确。又说:“有人说民主同盟是共产党的尾巴,其实凡是讲民主的人谁又免得了被别人戴上帽子。”[①]一位知名的工商界人士说,他看到一些标语“总是把民主运动的人说成是青面獠牙的恐怖人物,今天参加这个招待会,亲眼看到你们诸位都是国内外知名的学者教授,才恍然大悟。……做生意的人也和大家一样:需要民主和平的社会,只有如此,才能安居乐业做生意。所以我愿意冒昧地请求各位,假如不嫌弃一个商人有铜臭气的手的话,我是愿意伸出来同诸位握手的”。[②]

第三次招待会于29日下午4时在金碧路冠生园举行。由于商务酒店遭到当局警告,故临时改变会址并耽搁了些时间。会议由李公朴和闻一多、潘光旦、楚图南主持,到会者都是新闻界和各期刊的负责人,共三四十人。

会议以对话方式举行,由来宾分别提出以什么方式制止内战,停战期满内战发生怎么办,民盟与救国会的关系,民盟如何看待国共谈判中的军队驻区问题,民盟有些什么报刊,美国军事援华法案以及马歇尔及仲裁权等问题,这些都是当时人们十分关心的问题。四位主持人一一作了回答。李公朴在回答了民盟

① 王青:《愿与你们紧紧的握手——民盟支部第二次招待会》,《民主周刊》,第3卷第17期,1946年7月9日。

② 王康:《闻一多传》,湖北人民出版社1983年版,第423~424页。

与救国会关系问题询问后，又对人们普遍担心的内战问题作了补充。他说：“今天中国的局势，单就灾情一项而论，就不得了。内战是万万打不得的。大家反内战的声音应该喊得更大些，打的机会也可少些。为人民喉舌的新闻界，在这点上，和民盟是一致的。”[①]由于是日主要招待新闻和期刊方面人士，所以他特别强调新闻界在反内战问题上要做人民的喉舌。他还以重庆较场口血案为例，说当时有些报馆故意歪曲事实，但一些记者不怕丢掉职业，坚持在揭露真相的稿子上签名。他称赞“这种态度极令人敬佩”。

会议开得热烈和谐。当李公朴再度邀请来宾继续提问题时，大家都觉得时间不早了，这才散会。

会后，李公朴把他在三次招待会上的发言整理综合成《民盟的历史与组织》，发表在1946年7月9日出版的《民主周刊》第3卷第17期上，这离他被暗杀的日子仅仅两天。这是他生前留下的最后一篇文章。他在文章的最后特别表示：“我们愿意竭诚与各友党合作，与各友邦合作，相与为善，共谋国是，以爱□（护）自己的国家民族的前途。”并特别提到沈钧儒所作《读邹韬奋悼戈公振先生文》这首脍炙人口的诗中，一连写了四句“我是中国人”，写至最后一句，已泪滴满纸。他大声呼吁：“今天，我们也应以此自励，就是说，我们不应该忘记‘我是中国人’！”

“我们不应该忘记‘我是中国人’”，深刻表达了李公朴作为

① 《一切力量的源泉——人民——民盟招待会第三日记》，《民主周刊》，第3卷第17期，1946年7月9日。

一个中国人，为建立和平民主新中国的使命感。

“我们不应该忘记‘我是中国人’”，表达了李公朴为争取祖国的和平民主，不怕流血牺牲，挺身而出的决心和意志。

“我们不应该忘记‘我是中国人’”，这是李公朴人格和生命的结晶。

第三节　以身殉民主

李公朴真诚地呼吁反对内战，实现民主，和平建国，国民党反动派对他恨入骨髓，必欲除之而后快。

昆明市中心的近日楼，本来是进步势力的一块重要宣传阵地，但随着西南联大师生复员北上，这里便阴风四起，贴满了反动标语、布告和壁报。什么“李公朴是中共的特务队长，奉中共之命，带领40名特务及4万现款来昆活动”[①]；什么“云南民盟支部组织暗杀公司，董事长闻一多夫”，甚至公然叫嚣，“李公朴，云南不要你，中国不要你”。特别是李公朴等人举行三次招待会，表明民盟和平建国、民主团结的主张后，经常有一些形迹可疑、不三不四的人，在李公朴的住宅附近游荡。在他家的正对门，也多了一个修鞋摊子，“修鞋师傅”叼着纸烟，监视着从北门书屋进进出出的人。还有一个手拿《圣经》的疯女人，经常在书店门外咒骂李公朴和闻一多。一天晚上，两个彪形大汉闯进北门书屋，口口声声要见李先生，张曼筠知道这是特务捣乱，托词拒绝了两

① 李何林：《黑色恐怖的昆明》，《民主周刊》上海版，第45期。

次都拦不住他们。第三次李公朴出来了，他们递交一信，信上说，看见近日楼的壁报上讲李正在召集干部，准备在云南暴动，我们都是退伍军人，不满现状，特来投效等等。李公朴当即明确告诉他们："壁报上的话完全是造谣诬蔑，绝对不能相信。你们也亲眼看到我现在就开这样一个小书店，用口和笔呼喊和平民主，哪里能起什么事呢？"①一番话揭穿了特务的鬼把戏，他们只好悻悻而去。

国民党特务对李公朴监视盯梢，是他们准备实施暗杀的第一步。

就在李公朴返回昆明不久，云南警备司令部总司令霍揆彰，即命令警备司令部稽查处少将处长王子明，调查中共云南地下党及民盟人士和进步师生。不久，王子明等人拟了一个包括李公朴、闻一多、楚图南、潘光旦在内的共 50 余人的黑名单。6 月，霍揆彰、王子明携黑名单飞往南京，向陈诚和蒋介石汇报，并请蒋介石圈定后即动手。当时因蒋介石正忙于东北之事，没有召见霍、王。霍、王将黑名单和行动方案留在国防部，返回昆明待命。7 月初，南京国防部密电霍揆彰："中共蓄意叛乱，民盟甘心从乱。际此紧急时期，对于该等奸党分子，于必要时得便宜处置。"②霍揆彰接电后，迫不及待，立刻布置，将李公朴、闻一多等人列为首批暗杀对象，而第一号便是李公朴，具体行动由王子明负责。霍揆彰气焰嚣张，宣布杀一人奖励 50 万元法币，加官晋

---

① 参见张曼筠：《回忆李公朴》。

② 喻芳：《李公朴、闻一多蒙难真相》，《云南文史丛刊》，1988 年第 2 期。

职,并为特务们配备了吉普车和摩托车。王子明抽调特务,将他们分成情报和行动两组,对李公朴进行秘密监控,每天都有特务在北门街及李公朴住所附近轮流跟踪、监视。

国民党刽子手已霍霍磨刀,朋友和同事都为李公朴的安全担心,嘱咐他注意。李公朴理解大家的心意,他说:“我在昆明市内穿着灰色长衫,一脸大胡子,谁都容易认识我。我推进光明正大的民主运动,不怕特务杀害。”①但他很清楚形势的严重危险性。他对夫人张曼筠说:“较场口被打,不算一回事。像马寅初这样的老先生,都在重庆准备好了一口棺材,随时准备死,我们壮年人,还怕什么死。”②为了和平民主,他已把生死置之度外。7月初的一天晚上,他的秘书、好友方仲伯劝他及时离开昆明时,他说:“他们要杀你,什么地方都一样。看情况,我已走不出昆明了。”沉思了一会,他把积淀在心中很久的话,向这位中共地下党员倾吐出来。他说:“知道我的人不少,真正了解我的人不多,我只希望共产党能了解我,我就心安理得。《新华日报》创刊八周年时,我写了一首贺诗,在诗中我最后高呼‘新华日报万岁!’我为什么只喊‘新华日报万岁’,因为我还没有条件喊‘共产党万岁’。但必须是‘共产党万岁’,才能有‘新华日报万岁’。我这个意思,你是会理解的。”在自己的生命有可能牺牲的时刻,李公朴表达的是对中国共产党的执著追求。其表现,其精神,怎不令

---

① 《李公朴纪念文集》,第 284 页。

② 《张曼筠女士讲李公朴同志对死的观感》,《民主周刊》,第 3 卷第 19 期,1946 年 8 月 2 日。

人敬佩！最后，他陡然站起来说："为了民主，我已经准备好了，两只脚跨出门，就不准备再进门。"①

7月11日，天阴沉沉的，蒙蒙细雨下个不停。白天一天，李公朴都在家里整理资料和撰写《欧洲教育史》书稿。晚上，他和张曼筠一起外出，联系借用南屏电影院开音乐会募捐的事。电影院经理刘女士是位同情反内战争民主的朋友，慷慨答应出借影院，并热情挽留李公朴夫妇看了一场电影。电影散场后，他们夫妇在南屏街乘公共汽车回家。一上车，他们发现有国民党特务跟踪。其实，在他们夫妇刚从北门书屋走出来，就被守候在附近的警备司令部行动科第11行动组组长赵凤翔、特务汤世良跟踪上了，其他特务兰鹏等也开着吉普车守候在电影院附近。但他们夫妇没有发现。特务们计划等电影散场后，把李公朴绑架到郊外秘密杀害。李公朴夫妇在南屏街口汽车站等车时，特务兰鹏、崔镇山等人企图上前实施绑架，而汤世良为抢功领赏，抢先拔出手枪射击，"因枪机失灵未果"。② 接着，汤世良、赵凤翔、吴传云三人尾随李公朴夫妇上了公共汽车。在青云街车站，李公朴夫妇下车，从这里通过学院斜坡小路就可以回到北门街了。三名特务也跟着下了车，紧紧尾随在后。

雨还在下着，学院坡小巷行人稀少，再加上路灯昏暗，显出几分寂静和恐怖。李公朴想避开跟随的特务，快步走上学院坡。刚走两步，尾追在后面的汤世良对准李公朴连打两枪，赵凤翔、

---

① 《文史资料选辑》，第86辑，第40页。

② 《云南文史丛刊》，1988年第2期，第53页。

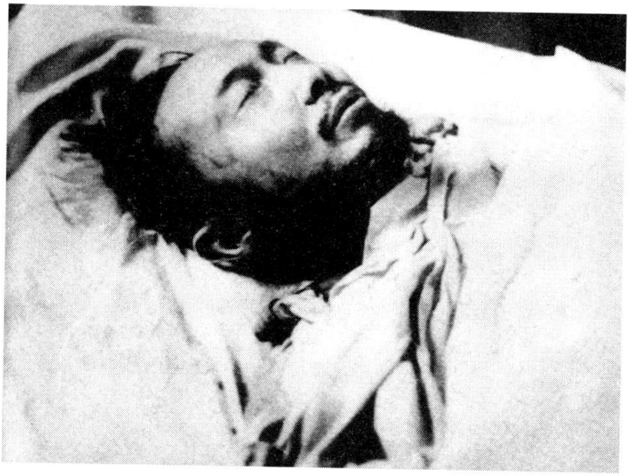

7 月 11 日晚上，李公朴和夫人外出回家路上，被特务尾随枪击，当即倒在地上，抬到医院紧急抢救无效。于 12 日清晨 5 时 20 分，心脏停止了跳动。临终前口里连连念着："为了民主！为了民主！"

吴传云又各开一枪。李公朴倒在张曼筠的身旁，呻吟着说："我中枪了。"张曼筠借着昏暗的灯光，看到鲜血喷泉般地从李公朴的腰部涌出，染红了土地。她急忙冲回青云街，高喊"捉人呀！枪打人了"。凶手分乘兰鹏等驾驶的吉普车逃回稽查处报功邀赏去了。

学院坡口，张曼筠抱着李公朴，凄风苦雨里，焦急地盼望着有行人过来。这时，云南大学的几个同学路过这里，得知是李公朴受了伤，急忙到北门书屋和王健、李国友一起拿来帆布床，把李公朴送往云大医院。

到了云大医院，经医生检查，共有四颗子弹从李公朴的左后腰射入，穿过腹腔，从右腹穿出。血流到腹腔和胃里，不断地从

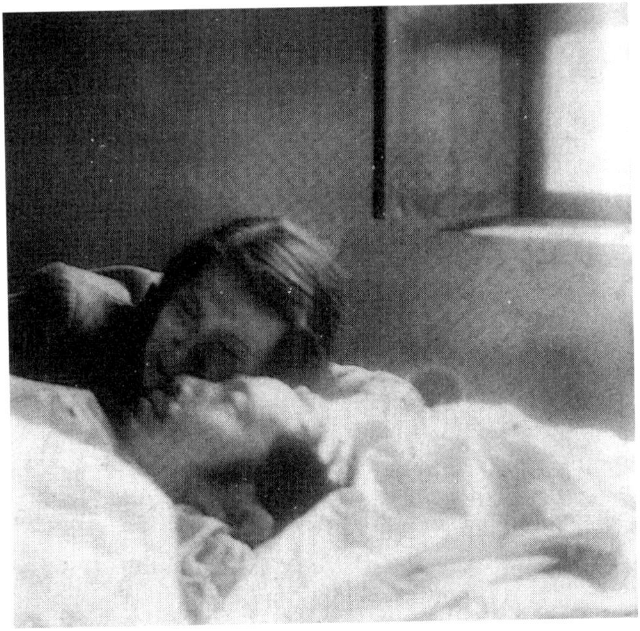

张曼筠悲痛地偎在李公朴身旁

嘴里大口大口吐出来。伤势非常严重，注射麻醉针也不能止住疼痛。医生决定立即施行手术。打开腹腔，发现腹肠穿断了好几个大洞，有两个洞口超过一寸，形将断绝，血像泉水般地突射着，手术室里到处滴洒着鲜血。手术完毕，已是7月12日凌晨1点钟。因失血过多，李公朴时而昏迷，时而清醒。医生们输了300CC血浆，注射了盘尼西林、强心针，用尽各种办法来抢救，终因伤势严重，失血过多，于7月12日凌晨5时20分心脏停止了跳动。他的夫人张曼筠回忆说：

公朴在昏迷地喘息着，在拼着全身的精力和死亡斗争着。他时而昏迷，时而又比较清醒。三点多钟，他神志清醒，睁开眼睛望望我们，自言自语地说："我早就有准备了。"四点钟，疼痛使他咬紧牙关，他又睁开眼睛喊："完全为了民主，完全为了民主！"十分钟后，又狠狠地痛骂："卑鄙！无耻！"五点钟，黎明前窗外格外显得黑暗。室内充满了紧张和悲愤。情况越来越恶化，他的呼吸逐渐短促，打了强心针也没有什么效果。五点十分，公朴呼吸稍缓。他突然清醒地问："什么时候了？""五点多，快天亮了。"他疲倦地闭上眼睛，咳嗽了两声，紫血从他的口里流了出来。他不再讲话了。①

李公朴走了，一直守护在身边的张曼筠、王健、李国友以及在云大医院等待消息的许多学生，痛哭失声。张曼筠悲痛欲绝，用自己发热的脸紧紧地贴在丈夫那逐渐冷却的额角，悲愤的眼泪流在丈夫那还是乌黑的头发上。这打击太沉重了，共患难了许多年的丈夫，"七君子"事件、武汉被扣押、较场口血案，都大难不死，而现在却……是啊，李公朴那年才44岁，他为和平民主献出了宝贵年轻的生命！

---

① 《中华民国史资料丛稿》，增刊第4辑，第98～99页。

第十四章

人民的悼念

第一节　春城人民的追悼

李公朴被国民党特务刺杀身亡的消息传出后，昆明人民感到十分悲恸、震惊和愤恨。

一大早，闻一多、楚图南、尚钺等人先后来到医院凭吊。闻一多抑制着满腔的悲愤和仇恨，望着瞑目血痕中的战友，一个字一个字地说："公朴没有死，公朴没有死。"他安慰李夫人张曼筠要保重身体，坚强起来，还有许多事情要做。张曼筠哽咽着向他们表示感谢，并劝他们不要出来，"千万要多加小心"。闻一多表示："公朴为民主牺牲，我们还活着，我们不出来，何以对死者。"[①] 随后来凭吊的人络绎不绝。闻一多和楚图南等人赶往民主周刊社，召开民盟紧急会议，决定筹组治丧委员会，对外发电公布事件，拟定抗议书送达警备司令部。

"李公朴治丧委员会"由民盟云南省支部会同昆明学联、各民众团体以及各界人士组成，于当日向全国人民发出讣告。讣告指出，李先生之死，是中国人民无可补偿的损失；证明反动派已开始大规模屠杀民主力量，呼吁全国人民立即打击反动派的

① 张国男：《我的父亲李公朴》，见《李公朴纪念文集》，第 371 页。

进攻,“为李先生复仇”。是日,民盟滇支部发布了《李公朴先生被刺经过》,严正指出:“救国何罪?李先生竟因救国而下狱;庆祝政协何罪?李先生竟因庆祝政协而被殴头破血流;要求民主和平又何罪?李先生竟因要求民主和平而最后遭此毒手!谁是国家民族的罪人,看李先生的遭遇即知!谁是背叛者,看李先生的最后结果即知!这是反动派向人民进攻的证据!这是反动派不要民主和平的证据!李公朴先生被反动派特务暗算了,但全中国要求民主和平的人民是杀不完杀不绝的。人民应该牢记着这笔血债,应该为我们自己的战士索还这笔血债!”①同时,向云南警备司令部提出严重抗议,指出“以特务恐怖政策摧残人权,破坏民主和平运动,并不惜以最阴险狠毒之手段杀害民主人士,乃是政府一贯的政策”;要求“彻查造成本案之直接负责人及凶手,并予以严厉惩处”;“对死者家属优予抚恤”;以及“取消特务组织,维护人权,并保证以后不得发生同类事件”等,并申明将“本着李先生的精神,为中国和平民主,继续奋斗,直至目的达到为止”。②

自13日起,李公朴遗体在云大医院停放三天,供各界瞻仰悼念。前往吊唁并瞻仰遗容的昆明各界人士、各群众团体、各大中学校师生络绎不绝。他们在李公朴的遗体前默哀、鞠躬,表示李公朴的血不会白流,他们将以最大的决心和力量争取和平民主

① 《民主周刊》,第3卷第18期,1946年7月14日。

② 《中国民主同盟云南省支部发言人为李公朴同志被暴徒暗杀事件之严重抗议》,《民主周刊》,第3卷第18期,1946年7月14日。

的实现，完成李先生未完成的遗志。云南妇女联谊会、昆明学联等团体，函电慰问张曼筠，希望她为民族前途，节哀珍重。还有许多老百姓到北门书屋向家属表示热情的慰问和敬意。甚至夜间还有人从门缝塞进慰问信，有的还附上几块钱，来表达他们的哀悼慰问之意。

昆明的教授们对李公朴被害，悲愤莫名。潘光旦、张奚若、楚图南、费孝通、潘大逵、冯素陶、李何林、马伯葊、杨玉川各以愤怒的诔词表达对李公朴的悼念。费孝通的诔词是："这是结束的开始。公朴先生的血在中国人民争民主的历史上划出一条新的界限，这界限无疑的已经接近了光明，我哀悼公朴不能看到这光明的来临，但是他的血本身创造了光明！"潘大逵写道："'死有重于泰山，有轻于鸿毛'。公朴先生的死可算是最有价值、最有意义的死了。因为他的死是诚如他临终时所说：'为了民主而死的。'我们除了悲悼外，让我们继续死者的遗志，以慰死者于地下罢。"杨玉川写道："中国现时正缺有热忱的爱国者，李公朴先生学问品德均优，奔走国事多年，为中国不可多得人物。此次在云南被刺，余是云南人，深为惋惜，希望政府严予查办，以儆将来。"①

昆明"哈哈合唱团"的团员和西南联大的学生都曾聆听过李公朴的演讲，他们为李公朴谱写了《安眠吧！勇士，民主的号手！》和《李公朴先生挽歌》，呈现给李公朴的英灵，以寄托他们的哀思。前一挽歌歌词为：

① 《悲愤的诔词》，《民主周刊》，第3卷第18期，1946年7月14日。

安眠吧！勇士，民主的号手，
你的死啊，像一声巨雷，
震撼了弥漫在祖国上空的浓厚的战云；
你的死啊，像一个信号，
揭穿了法西斯余孽企图屠杀更多人民的阴谋。
安眠吧，勇士，民主的号手，
千万人将被那雷声震醒，去冲破那层层浓云，
千万人将用行动阻止那屠杀人民的阴谋。
安眠吧！你民主的号手，
未死者将顺着你的号声，为民主为和平为团结而奋斗。
安眠吧！勇士，民主的号手。①

后一首歌词是：

安眠吧，公朴先生，
你的名字是民主的旗帜。
你的一生是斗争的历史，
你是人民大众的导师，民主运动的舵手。
你的死啊，
更暴露了法西斯的狰狞面孔，要杀一切善良的人民。
千万人愤恨又伤心，
千万人在心里盟下了誓，

① 《李公朴》（画传），第123页。

千万人要继续你的遗志，

踏着你的脚步，为民主和平团结而斗争。

安眠吧，公朴先生，安眠吧，公朴先生。[①]

7月15日上午，治丧委员会在云南大学至公堂举行李公朴悼念大会。其时西南联大大部分师生已复员离昆，其他各学校也都放暑假了，昆明又处在国民党的严重白色恐怖之中，但仍有昆明市民、中小学教师、医务工作者、妇女、青年等两千余人参加。上午10时，大会在庄严肃穆、充满悲愤的气氛中开始。首由李夫人张曼筠报告李公朴被刺经过。当她压抑着满腔的悲痛，声泪俱下的报告到李公朴因伤势严重、失血过多逝世时，她再也抑制不住了，放声悲泣。整个大厅里，回响着她悲恸的哭声。与会群众和她一起悲痛，一起愤怒。过了一会儿，她擦掉满脸的泪水，抬起头，坚定地说："公朴的事业是暗杀不了的！民主的事业是暗杀不了的！我将追随他未竟的遗志斗争到底！（全场爆发出久久的掌声）有众多的青年追随他，我们共同去斗争，民主的人民事业是一定要实现的（鼓掌经久不息）。"[②]

这时李夫人再次激动地恸哭起来，哽咽着讲不下去，闻一多走上前扶她走下讲台。本来，治丧委员会鉴于风传闻一多是特务暗杀的第二个人物，不让他出席会议，是在他提出只出席不发

---

① 《李公朴》（画传），第123页。

② 白衣：《李公朴夫人张曼筠沉痛报告李公朴殉难经过，闻一多教授大义凛然怒斥反动派》，转引自《李公朴纪念文集》。

言的情况下，才同意他参加会议的。但当他看到混在会场内的特务叼着烟卷，起哄怪叫时，再也忍耐不住了，愤然转身走上讲台，以气壮山河大无畏的气概，作了著名的《最后一次讲演》。他痛斥特务的无耻和反动派的暴行。他说："这几天，大家晓得，在昆明出现了历史上最卑劣、最无耻的事情。公朴先生只不过说了一个没有失掉良心的中国人的话，他不过是为和平民主——这人民的愿望而呼吁，他不过是写写文章，用嘴说说话，大家都有笔，都有嘴，都可以说，都可以写嘛，为什么不许人民说话?!为什么要用卑鄙的暗杀来杀害李公朴先生!"他最后坚定地表示说，"我们都准备好了的，我们都会像公朴先生那样，跨出门去，就不准备再跨回来，民主是杀不死的!"[①]闻一多愤怒地拍案而起，横眉怒对反动派，激励着与会群众，整个至公堂响起了雷鸣般的掌声。下午，闻一多在《民主周刊》社举行记者招待会，报告李公朴被刺真相，揭露反动派在李公朴逝世后所造谎言。[②] 就在他回家的路上又被预先埋伏的国民党特务暗杀，当场毙命。接他回家的大儿子立鹤也身受重伤，经医院抢救脱险。闻一多为了中国的和平民主事业，以自己的生命实践了他的"誓言"："我们都准备好了，我们都会像公朴先生那样，跨出门去，就不准备再跨回来!"

7月16日，李公朴的遗体在云南大学操场火化。由于李公

---

① 《李公朴纪念文集》，第90~91页。

② 国民党特务刺杀李公朴后，大造谣言，说什么是"由于桃色事件，争风吃醋的仇杀"；说什么是"中共派人暗杀"等等。

7月16日，在云南大学操场为李公朴举行火葬。在昆明的白色恐怖中，参加火葬仪式的各界群众不下千余人。

朴、闻一多相继被刺杀，昆明城内的白色恐怖气氛更加严重，但昆明的青年和人民，不怕特务宪警的恐吓、禁阻，纷纷来到云大操场，参加火葬仪式。千百成群的青年眼含悲愤的眼泪，默默地和他们的导师告别。他们默誓：将继承李先生遗志，为新中国的诞生而奋斗。

为了纪念李公朴曾经战斗、生活并光荣献身的地方——昆明，永远和他至为热爱、深深眷恋的云南人民在一起，李公朴的衣冠冢安葬在昆明西山山麓、昆明湖畔。后于1980年3月26日迁入昆明师院（原西南联大所在地）“一二·一”烈士陵园，与闻一多的衣冠冢及四烈士葬在一起，结为一体。墓由浅灰色混凝土筑成，呈长方形，墓前立有青石墓碑，上书“李公朴之墓”。他的骨灰，一部分由其夫人携带子女和北门书屋两名员工，秘密撒放在五百里滇池之中;[1]另一部分由李夫人携往上海,交沈钧儒、史良等友好,[2]暂以化名埋葬,解放后迁葬上海龙华烈士陵园。

第二节　中国共产党的悼念

中共中央获悉李公朴被刺杀后,极为愤慨,13日,毛泽东、朱德联名致电张曼筠,表示悼唁:

> 昆明探转李公朴夫人张曼筠女士:
>
> 惊悉李公朴先生为反动派狙击逝世,无任愤慨。先生尽瘁救国事业与进步文化事业,威武不屈,富贵不淫,今为和平民主而遭反动派毒手,是为全国人民之损失,抑亦为先生不朽之光荣。全国人心将以先生之死为警钟,奋起救国即以自救。肃电致唁。[3]

周恩来得到李公朴殉难的消息时,正在上海马思南路107号中共代表团办事处开会,他顿时流下悲愤的热泪,称赞李公朴"是一位为新民主主义革命而献身的战士"。[4] 13日,周恩来和董必武、邓颖超、李维汉、廖承志以中共和谈代表团的名义,电唁

---

① 吴德铭:《四十年前的"秘闻"》,《春城晚报》,1986年7月22日。

② 1947年3月27日,人民救国会第五次中常会在上海举行,曾讨论李公朴的骨灰安葬事宜。据中国民主同盟档案。

③ 电报影印件,见《李公朴》(画传),第119页。

④ 《李公朴纪念文集》,第267页。

李公朴。电文云：

北门街李公朴先生寓张曼筠女士礼鉴：

惊闻公朴先生被特务暴徒暗杀，不胜悲愤。公朴先生之牺牲，必将激起全国人民反法西斯暴行及争取和平民主运动的高潮，敝代表团誓为后援。此先电告，并希节哀。[①]

中国共产党四川省委员会于13日、14日接连发来唁电，称“公朴先生从事教育，作育人才，号召抗战救亡，尤其全心全意致力和平民主事业，百折不挠，对国家民族实有伟大贡献。今不幸竟遭暴徒戕害，实为国家民族之一大损失”。[②] 吴玉章、王维舟等于当日代表中共四川省委亲赴民盟重庆市支部鲜英及民盟留渝人士史良、邓初民处致唁。

中共其他人员陆定一、潘梓年、华岗、章汉夫、熊瑾玎、许涤新、陈家康、胡乔木、龚澎、叶剑英、李克农、徐冰、黄华、林伯渠、高岗、谢觉哉、柳湜、钱俊瑞、艾思奇、贺绿汀、丁玲等人，或以战友名义，或代表北平军调处执行部中共人员，或代表陕甘宁边区广大人民，或代表陕甘宁边区文化协会，或代表解放区各地文化界、新闻界及各群众团体，纷纷电唁，高度赞扬李公朴的品德和精神，抗议国民党之卑鄙无耻，表示将继承李公朴的遗志，为中

① 电报影印件，见《李公朴》（画传），第119页。

② 《新华日报》，1946年7月14日。

国独立、和平、民主奋斗到底。[①]

13日和14日，中共中央的机关报延安《解放日报》和重庆《新华日报》分别发表社论：《人民的运动是阻止不住的——论李公朴先生殉难》和《悼李公朴先生》，指出李公朴的被枪杀，更清楚地证明了，国民党反动派“正在更进一步地加紧法西斯恐怖，以配合其扩大内战的阴谋”；是“对全国和平民主运动更疯狂的进攻的信号”。但“反动派想以独裁恐怖与内战来堵住中国人民争取独立和平民主的洪流，其必然遭到惨败是可以断言的”。[②]同时还指出，李公朴被枪杀“是独立和平民主斗争中的重大损失”！号召全中国人民起来发出愤怒的抗议，就像“‘七君子’被捕时一样，抗议反动派的阴谋，一定要追究凶手，一定要追究凶手的指使者，一定要国民党当局真正实行‘四项诺言’，保证人民的自由权利和生命安全，解散一切特务机关，清洗法西斯分子，把这抗议变成全民族的怒吼，彻底把反动派卖国内战独裁的阴谋粉碎”。[③]

闻一多紧随李公朴被暗杀后，更加激起了全国人民的愤怒，反对国民党独裁统治，要求和平民主的浪潮进一步高涨。17日，中共和谈代表团周恩来、董必武、吴玉章、邓颖超、李维汉向国民党政府出席政协代表孙科、吴铁城、陈布雷、邵力子、王世杰、张厉生、陈立夫、张群并转蒋介石提出严重抗议。指出：“政府既一

---

① 见《李公朴纪念文集》唁电、唁函部分。

② 《解放日报》，1946年7月15日。

③ 《新华日报》，1946年7月15日。

面大举进攻鄂豫边、山东、山西及苏皖、苏北各解放区，准备造成全面内战；另一方面纵容、指使特务机关，在大后方暗杀和平民主领袖。”质问说，“中国号称反法西斯胜利国家，四项诺言，言犹在耳，而特务暴行，接踵而至，遍及全国；殴打未已，暗杀继之，一城之内，五日之间，竟至续演杀人惨案两起，不知政府当局，何以自解耳！”提出七项措施，要求国民党政府立即公布全国，明令实行。1. 立即撤换昆明警备司令，限拿凶手，交法院问罪，并由政协派员陪审。2. 先葬死者，通令全国追悼，并给死者家属以抚恤。3. 严格责成各地政府及军警机关，负责保护各党派及一切民主人士之安全。4. 重申四项诺言，彻底予以实施。5. 彻查政协会议以后各地所发生之惨案并应惩办祸首。6. 取消一切特务机关。7. 释放一切政治犯。[1]

18 日，周恩来在上海举行中外记者招待会，就昆明暗杀事件发表谈话。他首先说：“李公朴、闻一多两先生被暗杀，我们非常愤慨。”接着，他愤怒控诉了自政协会议以来，在大后方发生的沧白堂扔石子、较场口打伤人、捣毁进步报馆、暗杀手无寸铁的民主人士等一连串事件，指出：“这一连串事件都是有计划的”，“这些问题的严重性不亚于内战。”他严厉谴责说：“在内战的前方，还可说两方都有武器。而在国民党政府管辖的后方，有的是宪兵、警察、军队、法庭、监狱等的镇压，还要用暗杀的手段来镇压政府党所不满意的人士。这真是无耻卑鄙之至！”最后他指出，“对于这类暴行，如再不停止，再不惩办，再不追究，找出根源，则

---

① 《中共代表团抗议书》，《新华日报》，1946 年 7 月 18 日。

国民党的暴行，更加激起全国和全世界一切有正义感的人们的愤怒，许多地方成立李闻血案后援会，对国民党反动派进行控诉和声讨。美国53名著名大学教授联名上书杜鲁门总统和美国国会，对这一反民主的暴行提出严重抗议。18日，周恩来在上海举行的中外记者招待会上严正指出，国民党特务暗杀李公朴、闻一多的事件，不是偶然的，而是和平民主运动中一种反动的逆流，想以这种最卑鄙的手段来吓退民主人士。

可以扩大到全国。并希望与会记者以笔、口来控诉，制止国民党这种卑鄙无耻的暴行。"①

紧接着，延安和苏皖解放区开展了声势浩大的悼念活动。7月26日，延安各界万余人聚会在大众剧场，隆重举行反内战反特务、追悼李闻等烈士大会。朱德总司令首先讲话，号召全国人民、全国民主人士一致团结起来，清洗法西斯好战分子；全国一

① 《周恩来将军谈昆明暗杀事件》，《新华日报》，1946年7月26日。

切爱国军队，退出内战漩涡；中美两国人民共同携起手来，反对美国帝国主义对华殖民地政策。陕甘宁边区政府主席林伯渠接着讲话，表示边区人民誓为全国人民反内战反特务运动的后盾。曾遭特务行刺未死的李敷仁，人民救国会执委、李公朴生前好友柳湜，驾机起义的刘善本、张益受也分别在会上讲话。大会历三小时始结束。①

同一天，正被国民党50万大军三面围攻的苏皖解放区各界万余人，在清江市叶挺公园举行追悼李公朴、闻一多与反内战反特务大会。大会通电周恩来转致全国各党派、各团体及各界人士称："国民党反动派在美国反动分子支援下，对解放区的大规模军事进攻，与在其统治地区对民主人士的政治暗杀，是他们破坏和平、反对民主、出卖民族利益同一罪行的不同手法。"②表示苏皖解放区各界人民，对于国民党50万大军的进攻，正进行着坚决保卫战，并坚持抵抗，粉碎反动派的进攻；希望全国一切爱好和平民主的人们，踏着李、闻先烈的血迹，为中国独立和平民主奋斗到底。

李公朴被暗杀后，中国共产党立即对他作出崇高的评价，并由此推动了反对独裁统治、争取民主和平运动的高涨，这是对他最好的悼念。

---

① 《新华日报》，1946年7月28日。

② 《李公朴纪念文集》，第118页。

第三节　生前友好的哀悼

李公朴是位著名的社会活动家，无论是在中共党员、各民主党派人士中，还是在国民党的军政人员中，结交了一大批朋友。他的遇刺，引起了各界朋友的极大愤慨，许多生前好友纷纷撰写诗文，从政治上、思想品德上、学识上对他作出了高度评价，表示对他的哀思和怀念。由于好友的诗文很多，这里只摘录其中一部分。

沈钧儒　既被李公朴视为长者，又是亲密战友加同志。他在悲愤中书写挽联："不再跨回来，认定前途有民主；随时准备死，造成历史最光荣。"①并和王造时同撰《李公朴先生事略》，对李公朴的一生作了详细的叙述和评价，称他"是为民主而生，也是为民主而死的"。7 月 18 日，沈钧儒为《新华日报》李、闻追悼特刊写悼词："一个一个的触犯了政治暴力的尖锋，'民不畏死，奈何以死惧之'。杀一二人而要天下再不会有三四人以至百千万人，那真是梦想。"并在悼词下面写道，"闻公朴、一多两先生被害消息，周身如触电痉挛，愤怒淹没了悲哀的情绪，谨志以抒我怀。"

史　良　自 1927 年和李公朴在上海认识后，将近 20 年来，特别是日军入侵以来，他们始终一同为抗日救国而奋斗，他们是同甘苦共患难的亲密战友。李公朴从重庆回昆明，飞机票由史

① 《沈钧儒年谱》，1946 年 7 月 11 日。

良代买,他殉难后史良痛哭地说:“早知这样,我就不应该替他买飞机票了,要他同我们在一起多好。”7月16日写《哭公朴》,其中写道:“公朴,我亲眼看到你为呼吁和平而流血,亲耳听到你因反对内战而被杀害。”认为李公朴的死,“象征着中国人民的力量,使统治者发抖了,战颤了,谁想要靠恐怖来统治人民,人们会站起来。”[1]28日,在重庆市民举行的李闻追悼大会上,史良满腔悲愤控诉说:他(李公朴)穿不暖,吃不饱,自己的儿子连学费也缴不起,不想当官,不想发财,他为了什么?为什么国家如此对待他?……公朴先生为什么而死?他是为奔走中国和平民主团结而死!他是被谁打死的?公朴先生是被那些不要和平,不要民主,不要团结的人打死的![2]

张光年 7月14日致函张曼筠说:国民党反动派曾经囚禁他、打他、放谣言诬蔑他,看见这一切都不能动摇他的战志,于是下毒手杀害他了。他多么勇敢啊!他的精力多么充沛啊!一个人能做十个人的事情,像生龙活虎,跃动在每一个时代的浪头上。要是他不死,他起码还能为他的事业像牛马般地继续服务二十年。从这里就可以看到我们的损失是多么严重。……好久以来,我已经是你们家庭中的一员了,他是多么爱我啊,你们是多么爱我啊!我希望我能有报答的一天……我希望昆明的朋友们,能共同商量出一些善后办法,包括家庭的安置与永久的纪念,而在计划这些的时候,请不要忘了我是他的最亲切、最知己

① 《新华日报》,1946年7月28日。

② 《新华日报》,1946年7月29日。

与得他恩惠最多的朋友中的一个。[1]

吴 晗 在昆明的几年中，吴晗和李公朴在民主运动中结下了深厚的战斗友谊。5 月中旬，吴晗复员北上途经重庆，两人还互相拜访。李公朴向吴晗谈了社会大学在上海、北平各都市的发展计划，以及他自己今后的工作等等，谈得十分投机。没想到才刚刚分别，李公朴竟惨遭暗杀。吴晗怀着悲痛在 7 月 14 日一天之内连着写了两篇悼文，一篇是《哭公朴》，一篇是《死，不是结束，而是开始！》。悼文除了回忆李公朴在昆明为团结抗战、民主运动奔忙的情况外，还写了他的生活和思想品德。吴晗写道："公朴是那么的活跃、勇敢，富于生命力。那么的安详、谦虚，愿意接受朋友的批评。微笑，一手捋胡子，是他最踌躇满志时的神态。他能笑，笑得喘不过气来；也能哭，在会场中，在讲演时，在私人谈话时：他会像孩子那样的哭，一颗颗的泪珠吊在胡子上。"[2]又写道，"公朴这几年在昆明过的是一种什么生活，朋友们全知道。他勤劳、刻苦、潇洒的风度，安详的口吻，掩盖过他的贫困。这次由重庆回昆明，原是打算安顿一下家眷，整理一下他一两年来的著作，再转香港到上海，用全力来办社会大学和韬奋图书馆的。然而，没有走成，原因是贫困，安顿不了家，也筹不到个人的路费。"[3]吴晗怀着悲痛为李公朴写好了墓志铭：

---

① 《李公朴纪念文集》，第 36 页。

② 《人民英烈》，第 236 页。

③ 《李公朴纪念文集》，第 237 ~ 238 页。

七君子之狱，他坐牢没有死；
较场口血案他挨打，打破了脑袋，没有死；
在昆明学院坡，被暗杀，他死了。
他为了团结、抗战，坐牢；
他为了团结、和平、民主，挨打；
他为了团结、和平、民主，而死。
这是这个人的一生，为民主而生，也为民主而死，
生为民主斗士，死为民主之神！①

这篇墓志铭反映了李公朴一生的伟大形象。

黄炎培　著名的职业教育家和知名的爱国人士，早在“九一八”事变前就和李公朴认识，后来在抗日救国中，对李公朴有了更深的了解。黄炎培在《公朴为民主而死，民主为公朴而生》一文中，对李公朴的才干和人品都有追忆。文中说：“在职业教育方面，他是我们共同的事业伙伴，他在业余教育工作上短短的几年中，就作出很大的成绩，他是有事业才干的人；以后他又搞文化出版事业，也同样很快搞出很大的成绩。我是很佩服他的。他为人慷慨有大节，热诚耿直，对朋友很忠实，做事非常认真。我认识他的二十年之间，他为抗日民主到处奔波。多年以来，他过的是颠沛流离的艰苦生活，因为主张民主，素为当局所不容。……他帮助陶行知先生创办著名的社会大学，又是在更短的几个月时间里作出很大的成绩。我这样想，如有比较安定的环境，

① 《李公朴纪念文集》，第133页。

他在教育文化事业上会做出更大的成绩。”[1]黄炎培在文末沉痛地说，公朴的死是惨烈的，但公朴为民主而死，民主为公朴而生！

周新民 虽然周新民和李公朴在1935年冬天已相识，但他对李公朴真正了解还是在昆明的后三年中。他在《悼李公朴先生》文中，对李公朴的组织才能很有体会。他说，李公朴还有一个最大的特长，“即是善于布置和维持会场，每次大的集会，多由他很快地布置成功。若是遭到暴徒捣乱，他便临乱不慌，更加镇定，并且有办法应付过去，把惊惶的会场很快安定下来，而不至于闹到不可收拾的局面”。周新民列举重庆沧白堂每次开会，特务暴徒捣乱，大都靠李公朴来维持。周新民认为：“这是他的特长之所在，也是他招恨之所在。”[2]

周新民在文中也很称赞李公朴对革命事业坚贞不屈的高贵品质。他说：“公朴自参加救国运动以至民主运动，不仅有了多年一贯的主张，而且有了坚决不拔的精神。所以为了救国运动，他曾被囚于苏州；为了和平运动，他曾被殴于重庆。每遭一次打击，他不但不灰心不气馁，反而比从前更勇敢，更坚决。”陈家康的悼文也是这样认为的。陈在《暗杀吓不倒人民》文中说：李公朴创办申报补习学校，我是该校的国文和英文教师。“不久，史量才先生被特务暗杀了，但是没有吓倒公朴先生，他把申报补习学校改名为量才补习学校，干得更起劲儿。”其后李公朴因救国运动遭受逮捕，出狱后，“他对于抗战、民主、团结三大原则，坚持

---

① 《李公朴纪念文集》，第127页。

② 《李公朴纪念文集》，第181页。

益力”。[1]

郭沫若　7月16日在民盟政协代表招待上海市文化界会议上，关于李公朴的遇难，郭沫若和马叙伦、田汉等人认为，国葬对他是侮辱，民盟葬太小视了他，而应该人民葬，因为他是为人民而死的，并要求加入李公朴治丧委员会。在前一天，郭沫若怀着愤慨和悲痛写了《让公朴永远抱着一个孩子》。文中写道：“我并不是偶像崇拜者，但我今天要把李公朴崇拜为‘民主之神’。他为民主运动流尽了最后一珠血，他的精神和民主运动有机地重合了起来。”又写道，“我要向我们中国的雕刻家或画家们建议：假使有人要替李公朴造像，希望不要单造一个李公朴，一定要像圣母像那样，抱一个孩子在手里，而且要脸贴脸地呈现着十分和亲的神气。……让公朴手里永远抱着一个孩子吧，他是为中国今后世世代代的孩子们流尽了最后一珠血，也让中国今后世世代代的孩子们因他的献身而无灾无难地成长。”[2]

田　汉　7月13日，田汉从报纸上得知李公朴被刺噩耗，禁不住哀痛和愤怒，立即写了一篇悼文：《大家准备好了没有?》。这是重申李公朴说过的话——我已经准备好了，为民主而死。7月15日，田汉又写了《踏着战士的血前进——敬悼李公朴先生之死》。在这篇悼文里，田汉回忆了李公朴对青年的爱护、关心和帮助。他写道：“公朴生平欢喜帮助朋友，许多有为而失业的青年因他而得到工作，当时《世界日报》外勤主任毕群兄便是一

① 《李公朴纪念文集》，第212～213页。

② 《李公朴纪念文集》，第122页。

个。毕群兄是这几年来重庆最活跃也最有正义感的记者之一，为着他喜说话，已经换了几个报，但他最终加入新闻界便是公朴介绍的。”①

李公朴在政治上、工作上、生活上对青年人，特别是爱国青年，关心备至，而青年人也把他当做导师朋友。有相当多生前好友的悼念文章颂扬了他这种精神。尤其是一些曾亲身经历李公朴相助的年轻人，更是情感真切地缅怀。伍虹，是位年轻的新加坡华侨，1942 年经张光年介绍认识了李公朴。他在《青年人的良师益友——缅怀尊敬的李公朴先生》文中写道：“那个时候，我还是个有家归不得的海外归来的年轻人，每次见到公朴先生，从他的言谈笑语中，都感受到一个长者的关怀和爱护的温暖，他更期望我健康成长。后来，民盟云南分部要创办盟刊《民主周刊》，编辑部人手短缺，怎料公朴先生竟推荐我。……起初，我有点踌躇。见到公朴先生，他满脸笑容用商量的口吻说：‘要你到《民主周刊》编辑部帮忙去，怎么样？’我说：‘李先生，我怕不行吧？’他又说：‘行！你看，开始打日本鬼子的时候，我们力量小，也不大会打，不行，打了这么多年，变了，我们学会怎么打了，力量也逐渐强大了。叫你去，我们相信你是行的，去磨炼磨炼，不是也会更有本事吗？’他最后说，‘青年人要大胆磨炼，怕什么？有困难就向我直说，找光年先生也一样。’我便马上搬进了编辑部。……后来我要求退出。初时，我还怕公朴先生会见怪我，哪知遇到公朴先生时，当他明白了真情，便欣然同意了。其实，本

---

① 《人民英烈》，第 271 页。

来就犯不着害怕，公朴先生即使给人以责备，依然是那般慈祥亲切，叫你心悦诚服。”[①]田苗本人并不认识李公朴，仅凭别人的一封介绍信，李公朴便热情地帮助他，使他进了一所想上的学校学习。此事田苗铭感在心，他在《爱憎分明的公朴先生》文中说：“李先生是爱护青年的，这爱护也不是一定要有人介绍。记得有一次到《民主报》碰见了一位姓刘的朋友，我问他是怎么进了报馆的，他说是李公朴先生介绍的。我问他怎么认识李先生，他说是他自己跑去自我介绍的。这事情我也问过李先生，确实如此，我真被感动了。失业同胞，谁在政府机关中遇见过一个李公朴先生呢？”[②]纯青也是一个受过李公朴教益的爱国青年，当他得知李公朴被刺，无尽的哀思一缕缕地展现在眼前，似乎李公朴没有被暴徒打死，他还在向青年讲话，和青年握手，和青年一起讨论着各种各样的问题。他在《杀是杀不完的——悼李公朴先生》文中真挚地写道：“在昆明，他不管到哪里，总是骑着一辆自行车，从北门书屋跑到青年会，由青年会跑到云大、联大、各个文化团体，为解决青年人求学、就业的问题而忙碌在这一段路上，人人都认识了他，熟习了他，一看见他骑着车走过，就尊敬地点着头叫着‘李先生’，他也笑笑地跳下了车，一手拉着车，一手握着人们的手。……每当报纸上的一角登出李公朴先生演讲的消息，未开会，会场早已挤满了人群，连窗子上、门外都挤得不能站脚，人群是那么多。”又写道，在音乐家聂耳逝世纪念会上，“李先生

① 《李公朴纪念文集》，第 347 ~ 348 页。

② 《李公朴纪念文集》，第 350 ~ 351 页。

告诉青年们:'纪念聂耳,我们只有冒着敌人的炮火前进;青年人要做一个新中国人民的开路先锋'。那时正是国内政局沉闷,大后方的青年人都苦恼,弄不清楚青年人应走的方向和出路,李先生为青年们找到了自己的路——向聂耳学习,走向人民群众中去。"①

李公朴生前好友悼念他的文章很多,如陶行知、章乃器、沙千里、王造时、曹孟君、章伯钧、方与严、闵刚侯、金仲华、胡子婴、萨空了、梁漱溟、茅盾、廖承志、马寅初、钱俊瑞、邓初民等等,他们大多是怀念他为抗日救国,为和平民主建设新中国,不屈不挠最终殉身的斗争精神,以及他在教育、新闻出版方面做出的贡献,在这里就不一一转述了。但仅从上引的文章中,也可看出李公朴生前好友对他的崇敬和深厚的感情。

第四节 人民的悼念活动

7月28日,重庆各界在青年馆隆重举行李公朴、闻一多追悼大会。出席追悼会的有国民党政府西南军政长官、四川省政府主席张群,重庆市市长张笃伦,市参议会议长胡子昂,国民党将领孙元良,中共重庆市委书记吴玉章、副书记张友渔,民盟中央委员邓初民、史良、鲜英、李相符,国民参政会参政员周炳琳、许德珩,各界知名人士沈起予、艾芜、端木蕻良、何其芳、聂绀弩、黄次咸、孙铭薰、汪子美等先生,以及教授、教员、学生、职业青年、

① 《人民英烈》,第211~212页。

工人、各机关公务员、文艺工作者、家庭和职业妇女、律师、医生、实业家、店员、失业和在职军人等6000余人。这是国民党统治区第一个规模最大的追悼会。

会场布置得庄严肃穆。会场外，青年馆沿街沿墙甚至地上摆满了各方送来的花圈和挽联，有1200余件。会场内，祭台中央悬挂着李公朴、闻一多二烈士的遗像；遗像两旁用柏枝搭成的立柱挂着挽幛：“以身生命争取民主，用力和血奠定和平”；遗像上面横额是“民主之魂”。祭台左右两边墙上，写着一丈见方的大字“和平”、“民主”，用红色涂染，象征着“和平”与“民主”的足下滴着战士们鲜红的血。

上午9时，追悼会开始，由张群任主席，周炳琳主祭，吴玉章、张笃伦、胡子昂、鲜英、许德珩、邓初民、史良、黄次咸、沈起予任主席团及陪祭。

10月4日，在上海天蟾大舞台隆重举行各界人士追悼李闻大会。

大地阴沉，天空是黑暗，法西斯的血腥，弥漫着人间。

你们倒下了，站起来成千成万。……

你们底生命，已变做光明的火焰，燃烧吧，燃烧吧！

全场人一齐肃立，随着悼歌悲痛愤激。

鲜英朗读祭文。他白发苍苍，凄厉哀痛地一字一泪地控诉国民党战后“不顾民望，发动内战”，“以强权代公理，以武力代政治”的滔天罪行；称颂李、闻二人“为正义而奔走呼号，以和平团结为职志，光明磊落，日月争辉，慷慨激昂，天地终始。乃招来反动分子之恨，枪起无声，滇池殒命”；表示“人民世纪，安容虎狼，誓承遗志，群起反抗，力争民主，戢彼猖狂，前仆后继，何畏死伤？”①

接着由张群讲话。他说：“李公朴与闻一多先生都是中国的学者，在教育与文化方面都有非常宝贵的贡献，但不幸五天中先后被暴徒刺死，这是国家的损失，我们十分痛心。二先生被暗杀，引起各方揣测，我希望本案有大白的一大。李、闻两先生以追求和平团结为目的，他们为国家民族的心思，重于为他们自己。现在我们追悼两先生，应该一致努力，共求中国和平团结的早日实现，他们的精神是永远不死的。”张群作为国民党政府高级官员，无论他讲的话是否发自内心，但此时此地，是合乎人民心愿的，全场发出了热烈的掌声。

---

① 《重庆市民六千余人昨举行李闻追悼大会》，《新华日报》，1946 年 7 月 29 日。

张群讲毕，由周炳琳和史良分别报告闻一多、李公朴的生平。史良穿一身黑色素服，双眼红肿。多少年来和李公朴同甘共苦的情景历历在目，而现在她成为后死者来追悼他，她悲痛欲绝，报告中好几次抽噎着讲不出话来。最后她愤怒控诉："为什么对国家奔走和平民主的人，为了国家谋得真正独立的人，而被人如此打死！"她勇猛有力地高声宣布："公朴先生为什么而死？他是为奔走中国的和平民主团结而死，他是被谁打死的？公朴先生是被那些不要和平，不要民主，不要团结的人打死的。"这控诉，这回答，回响在每个人的心灵上。

接下来张笃伦、胡子昂、吴玉章、邓初民先后讲话。吴玉章说："有些人暗杀两位先生，是以为他们可怕，因为他们代表了广大人民。他们怕李、闻二先生，是因为他们怕人民力量长大。"他指出，"全国人民共同的要求是独立、和平、民主，而这要求，不会因二位先生的被杀而停止，请二位先生安息吧，我们后死的人，还想为国家保持光荣的人，一定以千百倍的勇气，来继承他们未完成的遗志"。

邓初民和李公朴、闻一多都是民盟中央委员，他的同志、战友遭此惨杀，悲痛无比。他上来劈头就指出："两位是民主的战士，是中华民国的好公民，是民主同盟的创始人，他们是我们每个人的同志、朋友。……他们走出书斋，走出课堂，他们走上了人民的政治道路，为中国的和平民主而奔走，他们把人民的痛苦当作自己的痛苦，他们把人民的事业当作自己的事业，他们自己的生死是以人民的生死而生死！"最后邓初民说，"人民的力量是不可抵抗的，为民主奋斗的人是无数的，是杀不完，杀不绝的。

中国民主同盟有这样的同志，中国人民有这样的朋友，中国民主事业是有保障的！有了李公朴、闻一多两先生走在前面，我们是不会走错路的，我们要跟着他们的事业不断走。最后我们要用一切的力量、所有人民的声音喊出：我们第一要和平，第二要和平，第三我们还是要和平！”

每个在场的人随着讲话人的讲话而哭泣，而愤怒，而鼓掌，而高呼要和平。

重庆李、闻烈士追悼会是一篇声讨法西斯血腥统治的战斗檄文，摇撼着、震荡着国民党的黑暗统治，激励着、鼓舞着人们踏着李闻的血迹，为中国的独立和民主奋斗到底。

紧随重庆之后，8 月 18 日，成都各界两千余人在蓉光电影院举行李闻追悼大会。虽然会前和会后均有国民党特务破坏捣乱，但追悼大会开得庄严隆重。连国民党官方人物、四川省政府秘书长李伯申也不得不承认：“李闻二先生为国家社会而牺牲，我们应当为和平民主的精神奋斗到底。不管与他们二公的意见同与不同，我们都敬爱他们。”[①]民盟主席张澜代表民盟和李闻烈士的家属致谢辞。他说，李闻两先生被害，是可耻的政治暗杀。这一事件，为民主可惜，损失了两位斗士；为政府可惜，居然发生了这类可鄙的举动，使人民与政府更加隔离。希望政府采纳舆情，把案子办个水落石出，不要抓不相干的人去抵命，让真正的凶手及幕后主谋人逍遥法外。大会一直开到上午 11 时始宣告

---

① 《成都各界二千余人举行李闻追悼大会》，见《李公朴纪念文集》，第 108 页。

散会。

9月17日，李公朴生前的亲朋好友张君劢、胡子婴、章伯钧、沈钧儒、沈粹缜、戈宝权、尚钺、赵沨、章乃器、罗隆基、史良、楚图南、罗叔章、郑振铎、闵刚侯、沙千里、冯亦代、王造时、吴大琨、方与严、陈家康、茅盾、徐伯昕、林子坚、罗丹、伍雪、朱立波、杨浚明、黄洛峰、王坪、叶笃义、杨美真、王绍鏊、杨子恒、张云川等70余人，[①]在上海静安寺摆设灵堂，为李公朴举行家奠，对他表示哀思。

10月4日，上海市各界5000余人在天蟾大舞台举行李闻追悼大会。这个会自筹备到召开，历时一个多月。先后决定：由国民党吴国桢、潘公展、吴开先、宣铁吾，共产党周恩来、华岗，民盟沈钧儒、黄炎培、章伯钧、罗隆基，各界人士李济琛、郭沫若、陈铭枢、谭平三、司徒美堂、叶圣陶、田汉、胡政之、左舜生等45人组成追悼会主席团；确定由吴国桢任主席，沈钧儒为主祭，洪深为司仪；并由宋庆龄、孙科等包括国民党、共产党、民盟和各界人士共167人领衔为追悼会发起人。

追悼会上，吴国桢的致词和潘公展的讲话，都承认“李闻的被刺是违反法律的事”，“李闻被暗杀是国家民族的损失”。[②]

郭沫若和罗隆基在会上讲话。郭沫若说，孔子和耶稣生前都曾为真理和教义而遭受种种迫害，但死后终于受到后世千百万人的崇敬。“因此，李闻两先生虽然死了，但他们的生命必将

---

① 《李公朴先生家奠签名录》，见《李公朴》（画传），第126页。

② 《沪市各界五千余人举行李闻追悼大会》，《新华日报》，1946年10月6日。

永生！因为真金不怕火，他们才是真金子呀！”罗隆基讲道：“民主是由坐牢、流血牺牲而得来，这也就是民主的代价。李闻两先生的死，我不能说别的，我只能说他们的死是为民主付出了代价。”最后他说，“杀死一个人并不就是杀死他所追求的信仰，因此可以杀死他们两位，而不能杀死民主。……李闻两先生虽被杀死，但战士的血决不会白流啊！一个人倒下了，但千万个人会起来的。”

周恩来亲笔书写了哀悼词，由邓颖超在大会上宣读。悼词写道：“今天在此追悼李公朴、闻一多两先生，时局极端险恶，人心异常悲愤。但此时此地，有何话可说？我谨以最虔诚的信念向殉道者默誓：心不死，志不绝，和平可期，民主有望，杀人者终必覆灭！”这是代表全国人民对国民党反动派的严正声讨，也是彻底打倒反动派、解放全中国的决心和宣誓，台下报以热烈的历久不息的掌声。

李公朴夫人张曼筠代表烈士家属致答词，悲痛使她脸色苍白，眼睛红肿。她说：“他们是为了民主，而遭反动派暗杀的，这不仅是我们家属的悲痛，也是每个善良的人的悲痛。我们要化悲痛为力量，握着拳头，团结一致，才能争取民主。”她对各界朋友和来宾深致谢意。

这是继重庆追悼会之后又一次十分隆重的大悼念，毛泽东、朱德、宋庆龄、周恩来、邓颖超、郭沫若、李济琛、董必武、李维汉、张澜、沈钧儒、史良、胡厥文、黄炎培、章伯钧、张东荪、梁漱溟、杨卫玉、俞寰澄、章乃器、施复亮、柳亚子、褚辅成、华岗、齐燕铭、阳翰笙、沈粹缜、乔冠华、丁聪、吴祖光、司徒美堂等各方面人士以

李公朴骨灰葬于上海龙华烈士陵园，四周松柏环绕，烈士永远活在人民心中。

及许多团体都送来了挽联和祭幛，让我们从中摘录几副来结束本节：

为保卫政协争取民主而牺牲的斗士，精神不死！

——毛泽东　朱　德

血溅金沙，允有大名光宇宙。

魂招歇浦，愧无巨笔志功勋。

——宋庆龄

为民主，为和平，为大众，成仁取义。

反独裁，反内战，反特务，虽死犹生。

——周恩来　邓颖超

生命何足重，妻子何足恋，刀锯何足畏，所争者真民主。

富贵不能淫，贫贱不能移，威胁不能屈，此之谓大丈夫。

——叶圣陶　傅彬然　郭绍虞　周予同　徐调孚

李君为“生活”编者，闻君为“死水”作者，生死云何哉！生为才人，死为雄鬼。

右面有朝廷王师，左面有野战义师，朝野如此耳！朝有灾黎，野有饿莩。

——胡厥文

时局多艰，思国土，争民主，求和平，与奸邪搏斗，不惜一死。

风雨如晦，怀故人，同忧患，共肝胆，遽助侪摧抑，如何勿伤。

——楚图南

二位先生，料不到飞来横祸，都只为呼号民主，受嘲挨骂。民主全民都有利，何烦当局横光火！让青天白日杀人来，不成话。

李公朴，几坎坷；闻一多，更儒雅。八年抗战一双健者，一个星期齐送命，自由保障空如口也，怕有人质问诺言时，真还假？

——调寄《满江红》。下半阕第九字应仄声，今权用“多”字。

民国三十五年十月　黄炎培

爱国家爱大众，此等人物却遭迫害，普天同愤
为民主为和平，这种运动竟受摧残，圜宇沾羞

——章乃器

看先生号召抗战，为国家争取民主和平英名四播。
看先生抵抗淫威，为人民争取自由平等竟尔丧生。

——何葶梅　黄宝珣

取义成仁民之主也
青天白日人可杀乎

——中国民主同盟

豺狼当道荆棘满途如此国家如此社会
铁骑横行残杀任意何谓民主何谓自由

——中国人民救国会

保卫政协以正义向独裁作斗争继公等有万众
服务人民其死难动天下之忧愤垂不朽于千秋

——中国共产党驻沪代表团

先生你竟死了你竟死在无声手枪之下多少人民为你欲哭吞声

先生你还活着你还活在自由真理之上千万群众随你奋斗到底

——一群职业青年

李公朴是我国近代史上伟大的爱国主义者,杰出的人民政治活动家、教育家和新闻出版家,是一位从争取民族解放走向民主革命的英勇战士。综观他的一生,不仅在民众教育、文化出版事业方面做出了不朽的贡献,而且始终为国家的独立和民族的解放,争取一个民主和平的新中国而奋斗,最终并为之献出了宝贵的生命。他的业绩是永存的!他的名字将作为中国近代史上一位杰出的爱国民主战士而彪炳于史册!他那崇高热烈的爱国主义精神,不断追求真理的革命精神,将激励后世人为把我国建设成为现代化的强国而奋斗不止!

附　录

李公朴生平大事年表

1902 年(清光绪二十八年)　诞生

11 月 26 日,(清光绪二十八年十月二十七日),出生于江苏省山阳县(今淮安)城内东长街朱雀桥塊。原名永祥,字晋祥;后改名公朴,号朴如。祖父李俊秀(1803～1862),生平失考。父李学增,字增培,俗名善生。江苏省武进县湖塘镇东村人。曾在常镇道道尹沈敦兰家做仆役,后随沈至淮安。母程氏,淮安人。

1912 年(民国元年壬子)　10 岁

开始读私塾。所受教育虽然仍是儒家的传统文化,但同时也受到民主革命思潮的熏陶。

1915 年(民国四年乙卯)　13 岁

是年秋,同父异母之二哥永义赴东海从军,于是随父母离开淮安到镇江,和三哥李公愚一起生活。旋入合兴盛京广洋货店当学徒。

1917 年(民国六年丁巳)　15 岁

父亲学增在镇江去世,安葬武进县师姑滩下祖茔东侧。

1919 年(民国八年己未)　17 岁

五四运动爆发。时已学徒满师,为合兴盛杂货店店员。与一些青年店员共同组织“爱国团”,上街宣传抵制日货,销售、使用国货。因向镇江抗日外交后援会揭发店老板囤积日货被解雇。

1920 年(民国九年庚申)　18 岁

入镇江润州中学学习。该校为教会学校,由美国人法毅耳所办。

1921 年(民国十年辛酉)　19 岁

和武进县湖塘桥湾里村王全英结婚。婚后生有二女。王全英 1937 年去世。

1923 年(民国十二年癸亥)　21 岁

润州中学毕业,考入武昌文华大学附属高中。因参加反对校医虐待学生,酿成学潮,被开除。

1924 年(民国十三年甲子)　22 岁

入上海沪江大学附属高中学习。

1925 年(民国十四年乙丑)　23 岁

考入上海沪江大学。是学校青年会活跃分子,经常代表学校青年会出席沪宁各大学召开的学生会。

五卅运动中,积极参加上海学生罢课游行,代表沪江大学学生参加上海学联会,任工人科长。

五卅运动期间,曾回到家乡湖塘镇联络工商学各界爱国人士 50 余人,成立“五卅后援会”,任临时主席。

是年参加国民党。

1926 年(民国十五年丙寅)　24 岁

离开上了一年的沪江大学,南下广州参加国民革命军,分配在东路前敌总指挥部政治部做宣传工作。

1927 年(民国十六年丁卯)　25 岁

3 月,随东路军转战回到上海。

5 月,任国民革命军东前总政治部沪宁路属党政特派员。

6 月,对国民党蒋介石实施"清党"政策产生怀疑和不满,被撤职调回上海。旋因上司企图以"通共"罪名实施迫害,脱离国民党军队。

1928 年(民国十七年戊辰)　26 岁

年初,与张曼筠女士在上海结婚。

8 月 25 日,乘轮赴美国俄勒冈州雷德大学(Reed College)政治系学习。这是经沪江大学校长刘湛恩和基督教青年会推荐,并通过考试被录取的。

8 月 27 日,抵日本神户。

8 月 30 日,抵日本横滨。过日本期间,曾登陆游览神户、大阪、西京、横滨、东京等城名胜,并参观了《朝日新闻》报馆。

9 月 10 日,到达美国西雅图城。

9 月 11 日,至雷德大学,读政治系市政学。

9 月 20 日,自美国发回《直渡太平洋》一文,叙述赴美沿途观感。李公朴离沪前,应《生活》周刊主笔邹韬奋的邀请,任该刊驻美特约通讯记者。他从美国发回的文章都刊登在《生活》周刊上。

9 月 28 日,自美寄《中国人所恨者》,记美国救济土耳其灾区赈济会委员长柏敦博士在雷德大学的演讲中关于中国的要点。

10月10日，为留美同学戴安邦题字，勉励将来共同为中华争荣耀。

11月6日，到第137区选举投票处，观察美国人民对选举总统的态度。

11月16日，撰写《美国普通人民对选举总统之态度》一文；并自美寄回《做工的校长和男女师生》一文。

11月，自美发回《一个男女同学的讨论会》，记美国西北沿海岸九所大学中中、日、朝、菲律宾以及美国男女学生对于太平洋国交问题的讨论。

12月15日，撰成《美国女子参政近况》。

12月，中华全国基督教协进会会长余日章抵美，请他为波特兰城青年会做演讲，报告中国最近的政治、军事、外交发展等情形。

1929年（民国十八年己巳）　27岁

1月3日，自美寄《五分钟的狂热与一夜的高兴》，记美国人过新年的情形。

同日，写《全中国只有一种国旗了》，祝贺张学良宣布东北易帜，东三省改悬南京国民政府的青天白日旗，中国南北实现"统一"。

1月4日，在美写《值得我们注意的顾虑》，提出国民政府是否会蹈欧美各工业国的覆辙，由资本家操纵政府。

1月26日，在美写《女儿》一文，比较中美家庭中父母与子女的关系。

3月3日,发表《筑路工人与八年教育》一文。

3月17日,发表《十二分钟津津有味的神情》,说明美国出于需要,关注中国的政治、经济等问题。

3月31日,发表《有了面包以后》,谈美国一般人的职业、组织家庭,尤其是女性在其中的情形。

4月14日,发表《望尘莫及的浓厚兴味》,谈美国人的娱乐兴味。

6月14日,参加在雷德大学举办的“中国留美学生联合会”,会期四天。这是中国留美学生每年暑假都要举行的会议,分东、中、西三个区域召开。

6月16日,发表《受打击后的振作》,阐述国家不怕打击,只怕打击后不知振作,不肯振作。

6月28日,发表《食而不化》一文。

6月下旬,放暑假,赴阿拉斯加州一家鱼厂做工。

夏,在西雅图城结识高士其。高时在芝加哥大学学习。从此二人结为至交。

7月1日,自阿拉斯加州寄回《在美的中国人地位》一文。

7月14日,在鱼厂写《启人深思》,由美国独立纪念日联想国内情况。

7月23日,自鱼厂寄回《百看不厌》,介绍鱼厂之规模及在该厂做工情况。

9月初,结束鱼厂打工生活,返回雷德大学。

秋,到西雅图城欢迎中国留美新同学,并在市商会招待宴会上,指挥同学唱“打倒军阀”。

11 月 15 日，自美发回《海外的官瘾》，揭露中国在海外的“名誉领事”对国家无益而有害。

是年，长女谷声出生。不幸 5 岁时夭亡。时家住南京陶谷街 3 号。

1930 年（民国十九年庚午） 28 岁

1 月 10 日，自美发回《双料皮毛》，有感于一些中国留学生在国内外都未学到知识。

7 月 11 日，自美寄回《促进和平的团体》一文。

夏，雷德大学毕业。准备由美取道欧洲回国，借以考察欧洲各国。

7 月 18 日，经朋友介绍，在一货船上做工，可省却到达纽约的路费。

8 月 3 日，在纽约撰成《突闻惊喜》，记异地遇国人之喜悦感情。

8 月 9 日，从巴拿马寄回《工旅》，介绍在货船上的工作和在旧金山唐人街所见华侨情况。

8 月 20 日，从纽约发回《学府造成的环境》，记参观史丹佛大学区域，受到大人小孩的礼貌接待，希望我国学校也成为改善社会环境的策源地。

9 月，到日内瓦参加各国人民促进国际和平团体联合大会。是月底离开此地。

10 月 4 日，在纽约写成《中日在美侨民之前途》一文。

10 月，绕道至比利时里安济城，参观有中国参加之万国博览会。23 日，在印度洋归国途中，撰成《中国参加比国博览会之教训》一文。

11月1日，撰成《中山先生给谁气死的》和《亲爱精诚》两文。

11月3日，回到上海，邹韬奋代表《生活》周刊前往码头欢迎。

1931年（民国二十年辛未） 29岁

春，将走投无路的高士其接到自己家中，从政治上、生活上给予帮助。

暑假，被推荐参加国民党在庐山举办的“人才培训班”，共有中央大学等十所大学的学生及基督教会人士40人。暑假后即脱离该培训班。

10月12日，次女国男在南京出生，从母姓张。

1932年（民国二十一年壬申） 30岁

1月15日，与戈公振、邹韬奋等六人发起组织为东北义勇军捐款。是日，在《申报》上刊登《援助东北义勇军之实际办法》，呼吁全国同胞为东北义勇军捐款。《生活》周刊第7卷第12期、第13期也刊登有该“援助办法”以及收到的款项说明。

1月28日，与严谔生、陶行知、张曼筠合写《上海各界“一·二八”祭萧德义士》诗。萧德（B. Short）为美国飞行员，是年2月替国民党政府航空署试验新购飞机性能，在苏州与六架日机相遇，被日机击中，机毁人亡。

3月，在上海与邹韬奋、戈公振、毕云程、杜重远等人发起筹办《生活日报》，并被预推为经理部副主任。该报最终未能办成。

4月，国难会议在洛阳召开，任会议秘书处13人秘书之一。

5 月 15 日，撰写《潼西道上》一文。

8 月，出席全国商会联合会、上海市商会、上海钱业工会等团体发起举行的“废止内战大同盟”全国代表大会，向大会报告日内瓦国际和平协会情形，并被推举为废止内战大同盟常务委员。

12 月 1 日，在《申报》总经理史量才的支持下，在上海创办《申报》流通图书馆，任馆长。

1933 年（民国二十二年癸酉） 31 岁

1 月，开辟《申报》流通图书馆阅览室。

2 月 25 日，在报纸上刊登《申报》业余补习学校招生广告，3 月 13 日正式上课，任代理校长。

3 月 14 日，与蔡元培、陶行知、陈望道、叶恭绰等百余人，发起举行马克思逝世 50 周年纪念会。

5 月 4 日，长子国友在上海出生。

5 月 23 日，为营救丁玲、潘梓年，与蔡元培、杨杏佛、胡愈之等人致电南京国民政府行政院长汪精卫、司法行政部长罗文干，要求予以释放。

6 月，创办《申报》妇女补习学校。

6 月，武进长途汽车公司筹备处办理成立手续，托人向江苏省建设厅长疏通。后公司购买汽车向银行贷款，为担保。

夏，在《申报》流通图书馆设立读书指导部，同时在《申报》上开辟“读书问答”专栏。

是年，赴北平参加全国图书馆协会第二次年会，向大会提交“图书馆应共同编制《读书指导》，以作阅览者之准绳”提案。

1934 年(民国二十三年甲戌)　32 岁

2 月 24 日,参加中华职业教育社专家会议,与黄炎培、黄齐生等九人被推为民族复兴教育设计委员会委员。

11 月 5 日,在江苏省立实验小学讲演,题目为《读书实验》。

11 月 10 日,《读书生活》半月刊创刊号出版,任主编。

同日,发表《求知识的三条路》。

12 月 10 日,《申报》流通图书馆、《申报》业余补习学校、《申报》妇女补习学校举行史量才追悼大会,任主席。在会上报告追悼史量才的意义,同时代表《申报》流通图书馆的职员讲话。后为纪念史量才,主持编印了《申报流通图书馆第二年工作报告》一书。

是年,主编的《读书问答集》出版。

同年,翻译《苏联十二种研究》一书。原书由英国新费边研究所编写,反映当时苏联的政治、经济、司法、农业、财政等方面的状况。周巍峙为译文作了评价。

1935 年(民国二十四年乙亥)　33 岁

1 月 10 日,发表《谈谈壁报》一文。

1 月 25 日,发表《纪念"一·二八"三周年》一文,号召继承"一·二八"的战斗精神,抵抗日军侵略,捍卫祖国领土。

2 月 25 日,发表《中国经济现势讲话》一文。

3 月 10 日,发表《读"敌乎友乎?"书后》一文,反驳蒋介石"中国须与日本携手"等谬论。

3 月,参与发起推行手头字(简体字)。

春,从医院里把高士其接回自己家中,鼓励高战胜病魔,撰写科学小品。

4 月 25 日，发表《中日经济提携的前提》一文。

5 月，《怎样纪念四个伟大的日子——“五一”“五三”“五四”“五九”》一文发表。

是月，所撰《纪念五卅》一文发表。

是月，国民党上海市法庭宣布因“新生事件”被捕的杜重远判刑一年两个月，在法庭上带头高呼“打倒日本帝国主义，无罪释放杜重远”等口号。同时和宋庆龄、胡子婴、沙千里等人负责组织各界群众在新街门伪法庭示威。

6 月，发表《严肃的沉默》，说明沉默以后是怒吼，是中华民族的怒吼。

7 月，发表《偶尔想到》一文，提倡集体努力奋斗，挽救民族危机。

8 月 1 日，与李组绅等另组董事会，将《申报》流通图书馆和补习学校更名为量才流通图书馆、量才补习学校，在政治上、经济上、组织上与《申报》完全脱离关系。

8 月 27 日，邹韬奋由海外回国，与张仲实、艾寒松等人到码头欢迎，并合影留念。

9 月，发表《一天的日记》一文，对“九一八”四周年各大报刊的态度作评论。

是月《办杂志人对于修改新出版法的意见》一文发表。

秋，生前最后一次到常州。

10 月 10 日，发表《如何纪念国庆》和《读书生活的一周年》两篇文章。

10月20日，写信给在莫斯科的名记者戈公振，请他为《读书生活》杂志写稿。11月21日，戈公振复信李公朴，答应写稿，并称赞他努力平民教育。

11月10日，所写《哀念戈公振先生》一文发表。

11月，与阎宝航、邹韬奋等人在上海成立东北社，支援东北人民的抗日救亡活动。

12月9日，因左臂跌伤，住进上海骨科医院。

12月12日，与马相伯等280余上海文化界人士发表“救国运动宣言”。

12月15日，参加著名记者戈公振公葬和追悼大会，并送挽联。

12月27日，上海文化界救国会成立，被推选为35人执行委员之一。

12月，为艾思奇的《哲学讲话》（自第四版易名《大众哲学》）写序。

1936年（民国二十五年丙子） 34岁

1月28日，上海市农工商学及妇女等各界民众，集会纪念“一·二八”四周年，被公推为主席团成员。会上作了演说。会后与全体群众步行至庙行镇，公祭“一·二八”淞沪抗战无名英雄墓。

是日，上海各界救国联合会正式成立，被选为执行委员会委员。

2月6日，国民党上海市党部开会决议，由中央查封量才补习学校及量才图书馆，并逮捕其主持人李公朴。

是日，与章乃器、黎照寰、焦绩华、周谷城、欧阳执吾被推为中苏文化协会上海分会筹备委员。3 月 1 日该会正式成立，任理事。

3 月，成立读书生活出版社，任社长。

5 月 9 日，上海各界救国联合会在市商会大礼堂举行"五九"国耻纪念大会，为主席团成员并做演讲，指出"爱国阵线里应加强组织"。

5 月 10 日，《青年救亡工作的研究》一文发表。

5 月 25 日，发表《私运日货与抵制日货》一文。

5 月 30 日，上海各界救国联合会在市商会召开上海各界民众纪念"五卅"11 周年大会，为大会主席团成员。会后，与会群众排成队伍游行到江湾公祭"五卅"烈士，受到中外警察的阻拦，与沈钧儒等主席团成员站在队伍的最前列，勇敢地与之交涉。

5 月 31 日至 6 月 1 日，全国各界救国联合会在上海举行成立大会，当选为执行委员和常务委员。

是月底，赴杭州参加史量才葬礼。

6 月上旬，应上海市长吴铁城的邀请，与沈钧儒、邹韬奋、章乃器到市政府便餐。饭后严厉驳斥吴铁城诬蔑救国会意在推翻政府的谬论，坚决拒绝吴提出的解散救国会、销毁宣传品等要求。

6 月 10 日，应蒋介石的邀请，与沈钧儒、章乃器到南京谈判，拒绝蒋提出全救会接受国民党领导的要求。

6 月 21 日，上海各界救国联合会千余名爱国青年群众占领北站，要求站长拨车赴南京，请求政府出兵抗日。在与路局交涉期间，与史良等人携带大批面包前来慰问。

6月24日，国民党京沪沪杭甬铁路特别党部执行委员会常务委员李达三等人向国民党中央执行委员会呈报：上海各界救国联合会赴京请愿团的主持者系顾执中、刘良模、陆诒、陆廉[年]、任崇高、李公朴诸人。

6月25日，发表《怎样看西南事件》和《怎样组织救亡阵线》两篇文章。

6月28日，上海著作人协会召开成立大会，登台演说，并被选举为理事。

是日，发表《华北危局与抗日战争》一文。

7月10日，为周巍峙编的《中国呼声集》写序，称该歌曲集"是救亡运动高涨的时候，极端需要的一册大众歌唱的必备书"。李公朴是该歌曲集的主选人。

7月至8月，全国学生救国联合会代表陆璀将赴瑞士日内瓦参加世界学联举行的世界青年大会，因时间紧迫，陪陆去公安局办护照，陪她到苏联、波兰、德国和瑞士四个国家领事馆办理过境和入境签证，最后又陪她到沈钧儒家取路费。

8月，曾到福州，推动福建省的抗日救亡运动，并协助张启宗组织读书会。

9月10日，所撰《政治的国防动员》一文发表。

9月18日，为纪念"九一八"五周年，与救国会其他领导人，率领几千群众去漕河泾举行"九一八"纪念碑奠基典礼，途中遭到外国巡捕和中国军警的殴击。

10月18日，与马相伯、宋庆龄、何香凝、沈钧儒、章乃器、王造时、史良就国民党上海市党部对上海救国联合会为绥远抗敌军队募捐进行造谣诬蔑事，发表《更正侮蔑救国会之通令启事》。

10月22日，参加鲁迅安葬仪式，与沈钧儒、章乃器、王造时一起将写着“民族魂”的旗帜覆盖在鲁迅的灵柩上。

11月10日，在《大家看》创刊号发表《为什么要“写”怎样学“写”》一文。

11月12日，上海各界救国联合会举行孙中山先生诞辰纪念会，为主席团成员，并第一个做报告。

11月23日，因领导和参加救国运动，与沈钧儒、邹韬奋、章乃器、史良、王造时、沙千里在上海被国民党逮捕。这就是震惊中外的“七君子”事件。

是月，《读书生活》半月刊被迫停刊。

12月4日，与沈钧儒等人被移押苏州江苏高等法院看守所，和沙千里共居第四号室。

12月5日，为加强团结，对付国民党的迫害，在狱中成立临时组织，担任事务部主任。

是年，介绍盛超群到延安。盛“抗大”毕业后，在成都万县、云阳一带从事革命活动，曾三次被捕。1949年被国民党杀害。

1937年（民国二十六年丁丑） 35岁

1月28日，在狱中庄严纪念“一·二八”五周年祭。

2月3日，江苏高等法院裁定：延长“七君子”羁押期两月。

2月25日，和沈钧儒一起探讨“主张坚决，态度和平”的含义，并请沈写下来，作为自己的座右铭。

是月，国民党宣传部查禁读书生活社出版的十种书籍。

3月30日，用白话诗写《七个人羁押生活的感想》。

4月3日，江苏高等法院在南京政府的授意下，罗织十大罪状，向七人提起公诉。

4月25日，自是日起，开始写狱中日记，一直记到7月28日。

5月至6月，国民党中央委员会秘书长叶楚伧，通过褚辅成、杜月笙、钱新之出面，对七人进行诱降、迫降活动。七人一致表示决不丧失抗战立场和个人人格。

5月11日，对国民党政纲上“人民之生命财产与身体之自由皆受法律保障”，结合“七君子”案件，发表看法。

5月22日，在日记中谈对联合战线救国运动的态度。

5月31日，在日记里谈知识界做朋友的条件。

6月7日，与沈钧儒等人及所请辩护律师《答辩状》在上海许多报纸上刊登，逐一驳斥了《起诉书》所列罪状。

6月11日，江苏高等法院对七人开庭审理，第四个受审，就救国会的组织、宗旨、主张、《宣言》以及《政治纲领》等，理直气壮地提出审辩。

6月25日，江苏高等法院第二次审理七人。自11时37分至50分受审，再一次同检察官进行了唇枪舌剑的辩论。

7月1日，对宋庆龄等人发起的救国入狱运动非常感动。6日，七人联名致函宋庆龄表示感谢。

7月14日，在狱中与沈钧儒等人致电宋哲元及二十九军全体将士，对他们英勇抗击日军表示钦佩，寄上百元，“聊表寸意”，并希望他们再接再厉，坚守疆土。

7月11日，浙江实业银行职员、救国会员徐又德、金惠民、潘雅南到苏州监狱探望李公朴等人。与沈钧儒等人在一把扇子上题词,以示感谢。李公朴的题词是:为了救国,凡是过去互相不和的人,都要团结起来,一致抗日。

7月21日,与沈钧儒等人在狱中致电蒋介石;对其诏告国人“以最后牺牲之决心,为渴求和平之后盾”,表示“不胜感奋”。

7月24日,在日记中谈如何抵抗日本的侵略。

7月28日,在日记里斥责华北当局委屈求和,等于自杀。

7月31日,江苏高等法院裁定:“七君子”停止羁押,交保释放。与沈钧儒等人胜利出狱。

是月,为救济四川灾民,应岳父张筱楼之邀,与沈钧儒等六人写字出售。

8月1日,回到上海。闻天津沦陷,题词以抒发愤慨。

8月3日,应国民政府的要求,与沈钧儒、邹韬奋、章乃器、王造时、沙千里、史良到南京,会见了蒋介石、马玉祥等党政军要人,再一次拒绝国民党提出要他们解散救国会的要求。

是月,对华北战场进行考察。29日,到达太原,会见了周恩来、阎锡山等人。在太原期间,参加统一战线组织——民族革命战争战地总动员委员会,任委员兼宣传部长,并创办全民通讯社,任社长。

9月3日,抵大同。在这里拜访了傅作义以及平绥铁路局局长谢宗周。

9月14日,在太原青年会作演讲,题目为《全民抗战的必然过程》。

9月22日,到徐州。

9月23日,赴连云港。

9月26日,到济南。时日军正沿津浦路南侵,建议山东省政府主席韩复榘,号召山东老百姓起来保卫自己的山东。

9月28日,赴德州。

10月10日,回到上海。

10月22日,开始考察东战场,先后到嘉定、真如、昆山等地考察。

10月25日,撰写《加紧上海战区的民众工作——观察东战场后的一点感想》一文。

10月30日至11月20日,在南京走访了蒋介石、冯玉祥、孙科、邵力子、李宗仁、魏道明等党政军要人以及社会名流、救国会同人,呼吁巩固加强抗日民族统一战线。

11月19日,访问叶剑英,请教有关游击战术问题。

11月22日,乘"民权"号轮船抵达武汉。

11月27日,出席到达武汉的原救国会同人召集的"座谈会"第二次会议,被推任七位干事之一,负责办理"座谈会"的一切事宜。"座谈会"的宗旨为:"联系各地救亡工作,使得整个地有计划地积极推进。"

11月30日,参加"全国抗敌救亡总会"筹备会第一次会议,指定其在青年会的寓所为总会通讯处。

12月1日,出席"座谈会"干事会第一次会议,分工负责联系华西地区抗战救亡工作。

12月1日,与沈钧儒等人联名发表《快邮代电》,要求政府、地方当局及各级学校当局,立即实施抗战教育,即"一切学校课程，必须减少时间，裁撤无用功课，以民族解放的政治教育为基础，以抗敌的游击战斗为作用，在这中间发展抗战的组织教育、技术教育、文化教育”。

12月2日，出席“座谈会”干事会第二次会议，主要讨论积极推动“全国抗敌救亡总会”使之成为领导全国的救亡机构等问题。

12月3日，参加“全国抗敌救亡总会”筹备会第二次会议，与李璜等四人被推为成立大会筹备员，并负责审查介绍加入之会员。

12月7日，参加救国会第三次“座谈会”，被推选负责青年方面成立救亡团体工作。

12月10日，在汉口青年会作演讲，题目为：《怎样争取最后的胜利——要有信心、决心，更要有办法》。

12月11日，出席“座谈会”干事会第三次会议，和沙千里一起被推选为青年委员会负责人。

是日，与沈钧儒共同创办的《全民周刊》出版。

是日，发表《从华北谈到全国游击战的前途》一文。

12月13日，出席第四次“座谈会”，决定就成立全国抗敌救亡总会组织事继续与国民党当局谈判。

12月14日，出席“座谈会”干事会第四次会议，讨论各组增设秘书以及人选。

12月18日，所撰《一二·九夜的不幸事件》一文发表。

12月20日，在汉口写成《共同的认识与共同的行动》一文。

12月23日，应冯玉祥的邀请，与沈钧儒、沙千里、李烈钧等共用晚餐,席间谈论请蒋介石赴苏,与斯大林作实际之磋商以及刷新政治机构、淘汰恐日病和亲日派分子等问题。冯将《军人救国问答》交李公朴,请便中发表。

是月,所著《民众动员论》一书第一版由上海生活书店出版。

1938 年(民国二十七年戊寅)　36 岁

1 月 3 日,出席“座谈会”干事会第八次会议,报告山西民族革命大学招生、课程等情况。

1 月 5 日,全国抗敌救亡总会筹备会筹备员以个人名义在一江春举行茶话会。会上,与周恩来、沈钧儒、方振武、刘清扬、孔庚、邵力子等均有讲话,内容均重在团结与刷新。

1 月 8 日,发表《两个值得注意的问题》一文。

1 月 10 日,访问八路军住临汾办事处,受到热烈欢迎。在欢迎会上演讲《半年来抗战的回顾》。

1 月上旬,应阎锡山的邀请,到山西临汾民族革命大学任教。之前,在武汉号召大批青年报名入学,并为“民大”聘请了一批进步学者、教授。

1 月 20 日,撰成《关于民族革命大学》一文。

是月,根据中共中央《抗日救国十大纲领》精神,草拟《民族革命大学创立纲领》。

2 月 15 日,赴赵县慰问国民党第十四军李默庵部,并向士兵讲话。该部从忻口战役撤退至此休整。

是月,在“民大”完成《中国政治问题讨论大纲》、《半年来抗战形势讨论大纲》、《致民大同学的公开信》等文章。

3 月 7 日,在西安撰成《山西的现在及其将来》一文。

3 月 12 日，在西安写成《抗战教育的理论与实践》一书，后在武汉出版。

3 月 25 日，在西安写成《我们在抗战中怎样教育自己》一文。

是月，访问西安八路军办事处及林伯渠，林为题字留念。

是月，到陕西安吴堡参观“战时青年训练班”，与主持人冯文彬、胡乔木交谈抗战教育，并向全体学员讲话。后由此撰成《西北青年救国联合会怎样办战时青年训练班——一个战时教育的参考》一文。

4 月 14 日，在西安发表《告关心民族革命大学者》公开信。

是月，回到武汉。

5 月 28 日，发表《组织流动教学团的一个建议》一文。

5 月 29 日，在汉救国会同人开会讨论是否成立组织，以推动抗战。发言主张不必顾忌政府的谅解与否，立即成立组织。

5 月 30 日，为汉口量才补习学校报告《抗战教育的理论探讨》。

是月，撰成《抗战建国教学团缘起、组织章程、工作纲领》。

是月，世界学联代表团到达武汉，参加欢迎大会，并与合影。

6 月初，与沙千里到汉阳兵工厂演讲保卫大武汉，适该厂正酝酿罢工，国民党逮捕数名工人代表。

6 月 7 日，与国民政府军事委员会政治部主任陈诚论理逮捕工人事，被陈诚扣押。

6 月 8 日，政治部副主任周恩来、黄琪翔为营救李公朴，两次与陈诚交涉。

6 月 21 日，救国会第四次“座谈会”召开，因被陈诚扣押未出席会议,但仍被推和陶行知一起负责教育方面工作。

6月30日,黄炎培致电陈诚,愿以身家担保,要求释放李公朴。

6月,被沈钧儒推荐为国民参政会参政员候选人。

7月6日,获得释放。

7月8日,向救国会第五次座谈会报告被陈诚扣押经过。

10月,抵重庆。

中旬,和夫人及姨侄张则孙赴成都,准备去延安。

10月23日,在成都写成《当前抗战形势与后方工作》一文。在成都期间,于辛亥秋保路死事纪念碑前,向群众宣传抗日救国。

11月5日,到达西安。在此会见了朱德总司令,也会见了国民党西北军政人物以及社会名流,如卫立煌、孙蔚如、杜斌丞、刘定五、杨明轩等。

11月24日,到达延安。

11月27日,拜见毛泽东。

11月28日晚,受到毛泽东的亲切接待,并为张曼筠的《长城》画题词。

是月,开始对延安的行政、生产、文化、教育、民众运动进行考察。

是月,派全民通讯社记者一名随国民党第三十一军团长孙蔚如去山西,做战地报道。

是年,有感于抗战爆发后民众动员、抗日发动等工作存在一些缺陷和错误,题写"不怕失败要认识错误"条幅。

1939 年(民国二十八年己卯)　37 岁

1 月,离开延安,到山西考察。

1 月 12 日,根据在延安的所见所闻,在吉县撰写成《革命的摇篮——延安》一文。

1 月 26 日,四川高等法院第一分院宣布对“七君子”案撤回起诉,此案在司法手续上始告了结。

1 月 28 日,应吉县县长之请,为该县井圪塔村 28 位抗日烈士撰写碑文。

2 月 2 日,骑马赴吉县霖雨村,祭奠温健公坟墓。

2 月 20 日,撰写《两渡黄河》一文,记述到达吉县及日寇对吉县之烧杀掳掠。

3 月 20 日,到达乡宁县。

3 月 30 日,赴襄陵县,与县军政民运教育工作干部座谈。

3 月 31 日,至临汾县。

4 月 1 日,写《伟大的战地文化》短文。

4 月 4 日,为吉县牺盟会出刊的油印小报题报头“曙光”。

4 月 8 日,为《黄河日报》创刊纪念题写《黄河颂》诗。

4 月 15 日,到宜川。过秋林时,会见梁化之、刘岱峰、薄一波。

4 月 18 日,会见阎锡山,略谈在汾城见闻及即将赴晋西北与五台边区计划等。

4 月 24 日,第二次到达延安。

5 月 1 日,在延安参加五一纪念大会和精神总动员宣誓典礼,并同毛泽东、王明等人互道别情,约时再叙。

5月7日，访政治部组织部长胡耀邦，商谈抽掉干部，组织抗战建国教学团事。

5月10日，延安举行“鲁迅艺术文学院”成立周年纪念大会（“鲁艺”成立于1938年4月10日），被邀致辞。

5月13日，访罗瑞卿、王若飞等人。

5月18日，为“抗大”成立三周年题词。

是月，根据在晋西南考察所写《走上胜利之路的山西》一书，由黄河出版社出版。

6月15日，率抗战建国教学团向晋西北出发。教学团团员由“抗大”、“鲁艺”抽掉，共十人，李公朴任团长。

是月底，到达兴县。在这里，教学团为纪念七七抗战，举办了“版画展览会”，随后开办了“兴县各界抗战艺术研究班”、“山西民族革命青年军官教导团抗战艺术研究班”，为部队和地方培训宣传教育文艺干部。

8月7日，为驻扎在兴县的山西民族革命青年军官教导团作报告，题目是《政治认识与政治工作的关系》。

8月26日，撰写《抗战建国教学团告别兴县各界书》，总结在兴县两个月的工作情况。

8月底9月初，率抗战建国教学团抵达岢岚县。在这里，应山西行政第二区专员公署、续范亭的暂编第一师、山西工人武装自卫队政治部等团体的请求，举办了“山西行政第二区军政民艺术干部训练班”。

9月18日，在岢岚西豹峪草拟《抗战教育方法论提纲》。

9月30日，撰写《抗战建国教学团告别岢岚二区各部队各机关各团体书》,报告在岢岚的工作情况。

10 月 3 日,续范亭为李公朴题字,称赞他为统一战线之最努力者。

10 月 28 日,在八路军一二〇师独立二旅五团第一连护送下,穿过同蒲路封锁线,到达晋察冀边区。

11 月 9 日,参加晋察冀军区成立二周年纪念大会,并赠送纪念旗一面。此后,参观考察了五台、盂县、定襄、代县、忻州、崞县、涞水、涿县、房山县、良乡县、宛平县等 15 个县 500 余村,并访问了军政民各界人士。

1940 年(民国二十九年庚辰) 38 岁

2 月 1 日,在阜平为抗战建国教学团制定在晋察冀边区工作阶段的组织章程、生活公约、工作规约、学习规约、团员学习计划、采访及材料搜集工作计划大纲、墙报工作计划纲要等规则。

2 月 7 日,撰写《一年回忆录》,总结从晋西南到晋东北工作情况。

4 月 5 日,在曲阳撰写成《晋察冀的救灾斗争》一文。

5 月 4 日,率抗战建国教学团离开晋察冀根据地。

5 月 20 日,抵达晋东南太北地区八路军总部,受到彭德怀、左权的热烈欢迎。6 月,彭德怀题字相赠。

5 月 23 日,受到第十八集团军直属队全体文教人员的集会欢迎,并应邀作陕甘宁边区及晋察冀边区考察和见闻报告。

6 月 3 日,出席晋冀鲁豫边区宪政促进会,并讲话。

7 月 9 日,参加太北地区军政民万人聚会,纪念抗战建国三周年,被推任大会主席团。

8月18日，访问冀南太岳太行行政联合办事处主任杨秀峰，畅谈统战工作。杨夫妇并为题词纪念。

8月28日，第十八集团军总司令部参谋处赠送《百团大战战役部署略图》和信件。

夏，在太行山根据地，画家彦涵赠送一套《保卫家乡门神》新年画。

9月，致电朱德、彭德怀，祝贺"百团大战"初获胜利。

是月，所撰《华北敌后——晋察冀》一书，由山西太行文化出版社出版。

11月，离开晋察冀边区，回到重庆。期间曾拜访李宗仁，李宗仁并为题字。

12月10日，参加范长江与沈谱的婚礼，赠送两朵大红花，并亲自为二人佩戴。

12月15日，与黄洛峰设宴款待陶行知，商谈读书出版社出版等事。

是年，在抗战建国教学团内部刊物《学习生活》上，发表《我与读书生活》和《新青年修养问题的研究》两篇文章。

1941年（民国三十年辛巳） 39岁

4月19日，与沈钧儒、王造时等八人联名发表《致斯大林的公开信》，对苏日相互尊重所谓"满洲国"及"蒙古人民共和国"领土之完整与不可侵犯，表示遗憾，并表示不承认。

4月，在张曼筠画《怒涛》上题诗。

6月，抵昆明，准备赴缅甸进行抗战工作。旋广泛接触云南军政界要人及社会名流，促进抗战统一战线。

下半年，赴滇南、滇西等地参观考察。

10月2日，为母校武昌文华中学建校70周年题词。

是年，参加孙起孟发起组织的“九老会”，以交换对时事政治的意见和看法。

是年，应中共石屏县地下党的邀请，和夫人一起为妇女会、中学生、小学生、教师、保甲长报告解放区的情况，宣传团结抗日。

是年，为昆明基督教青年会组织青年读书会，出版《青年周刊》。

是年，为文华母校全体师生报告《关于当前的抗日形势》。该校于抗战爆发后迁往云南。

1942年（民国三十一年壬午） 40岁

春，撰写《流水》一文。

12月，开办北门书屋。

是年，组织“三艺金石书画社”，举办书法、绘画、摄影展览，并出售展品，以补家用。

是年，云南省教育厅举办戏剧教育训练班，被邀请讲战时教育。

是年，进步商人郑一斋被美军吉普车撞伤致死，写悼文《新中国的商人》，并和张曼筠、张光年、赵沨共同谱写纪念歌曲《你的光辉永不灭》，又单独撰写了《我们为什么纪念他——写在歌后》一文。

是年，曾到五华中学、云大附中等校宣传抗日救国和读书学习。

1943 年(民国三十二年癸未) 41 岁

1 月 31 日,撰写《民众教育为什么搞不好,艺术戏剧在民众中的重要性》一文。此文现藏中国革命博物馆。

5 月,经潘大逵、周新民介绍,参加民主政团同盟昆明支部,并为负责人之一。

7 月 17 日,参加昆明市文化界、音乐界人士举办的聂耳逝世八周年纪念晚会,并做报告。

8 月 9 日,在北门书屋预展岳父和夫人书画。

10 月 10 日,针对蒋介石的《中国之命运》反对民主,写《民主与领袖的关系》。

是月,在昆明青年会举办"书、画、摄影联合展览会",作品有胡小石的字,杨春洲的摄影,张筱楼、张曼筠父女的画。

12 月 8 日,昆华民教馆民众剧社为庆祝即将公演之三幕社会喜剧《人之初》,于是日招待文化界,被邀出席,并致词说:"希望民众剧社切实做到民众的目标,并望切实做到教育工作。"

12 月 21 日(阴历 11 月 25 日),沈钧儒虚岁七十寿辰,与岳父及夫人合作梅石及题字祝贺。

1944 年(民国三十三年甲申) 42 岁

2 月 5 日,昆明市学术界人士成立宪政研究会,与褚辅成、潘光旦等八人被推为理事。

上半年,成立北门出版社。

9 月 21 日,在《孩子们》月刊创刊号上发表《写给贤明的家长和教师》一文。刊物由北门出版社出版。

9 月 24 日,与楚图南、李何林、尚钺等昆明文化界人士在自己家中举行“文艺的民主问题”座谈会。

10月10日，昆明各界群众5000余人举行双十节纪念大会，被推为大会主席团成员和大会总指挥，并在会上做《改善士兵生活与当前政治问题》的报告。会议期间，面对特务捣乱，沉着指挥、交涉，维持秩序，使大会圆满成功。

中旬，参加昆明为援助贫病作家的募捐活动，捐款1000元。

11月，中国民主同盟云南省支部成立，任执行委员和宣传委员。

12月9日，民盟云南省支部机关刊物《民主周刊》创刊，为编委之一。

12月25日，参加云南护国起义纪念大会。

是年秋冬，撰写《青年人怎样锻炼自己》和《青年人怎样对付战争》两篇文章。

1945年（民国三十四年乙酉）　43岁

2月，与曾昭抡合著之《青年之路》一书出版。

初春，拒绝国民党特务要他去重庆当官的利诱。

3月12日，与吴晗、张光年、闻一多等342人，联名发表《昆明文化界关于挽救当前危局的主张》。

3月下旬，与闻一多等盟员酝酿创办了《民主周刊》增刊，发表文章，拥护新民主主义革命，批评云南民盟内部某些人主张走“第三条道路”的观点。

4月10日，与吴晗、闻一多等51人联名致信慰问郭沫若、顾颉刚，对国民党强令解散郭沫若领导的文化工作委员会表示愤慨。

5月,协助中共地下党秘密印刷毛泽东和朱德在“七大”的报告《论联合政府》和《论解放区战场》。

6月25日,与昆明文化界人士李何林、闻一多、朱自清等举行茶会,庆贺茅盾创作25周年及50岁诞辰。

6月28日,赵丹由渝抵昆。旋在家中举行欢迎赵丹小型座谈会。

7月1日,与罗隆基等146人联名发表《昆明文化界致国民参政会电》,要求“扩大人民民主运动”,“促成正式民意机关之建立”。

7月7日,与闻一多等30余昆明文化界人士在文化沙龙举办文艺检讨会。

8月14日,与丁聪、王健、李文宜等207人联名发表《告国际友人书》,呼吁国际友人共同支持中国人民建立民主团结的新中国。

8月下旬,被民盟云南省支部推荐为出席民盟临时全国代表大会代表之一。

9月4日,出席西南联大新诗社举办的“为胜利民主团结而歌”诗歌朗诵会,朗诵了《不要教胜利冲昏头脑》的诗篇。

9月15日,与闻一多等人联名发表《昆明各界人士为庆祝胜利及和平建设新中国》通电。

10月1日,中国民主同盟第一次代表大会在重庆召开,参加大会并当选中央执行委员和民主教育委员会副主任。

是月,帮助张光年离开昆明到达北平。

11月1日,《民主教育》月刊创刊,自第五期起任主编。

12月6日，在《新华日报》上发表《现代的圣人》短文。

12月8日，撰写《政治会议的试金石——用行动来哀悼死难的师生》一文。

12月9日，参加“陪都各界公祭一二·一昆明死难师生大会”。之前负责追悼会筹备工作。

12月16日，撰写《从世界看一二·一惨案》一文。

是日，出席中国人民救国会第一次会员大会，讨论救国会改组问题。会上当选中央执行委员、中央常务委员。

12月21日，出席救国会第一次常务会议，与沈志远等14人被推任“扶助政治协商会议之特别委员会”委员，并负责召集。

12月24日，与沈钧儒、梁漱溟等人以陪都各界反内战联合会名义，分别致电毛泽东、蒋介石，希望停止武装冲突，促进政治协商。

12月26日，出席重庆市杂志联谊会第七次会议，向与会者报告当前政治问题。会议交换讨论了对马歇尔来华及政协会议意见。

12月29日，与陶行知等救国会方面代表应中共代表团邀请，赴宴交换对政协会议意见。

12月30日，在“人救会”上做《政治报告》。后将该报告提纲以《从世界看到中国》为题目发表。

是年，中国民主同盟总部决定在缅甸成立“南侨文化供应社”，开展海外民盟工作，出面作为发起人之一。

是年，三哥李公愚在家乡去世，因以国事为重，未能回家探望，仅汇回一些钱。

1946年(民国三十五年丙戌)　44岁

1月3日,中苏文化协会会长孙科、国民参政会秘书长邵力子举行招待苏联朋友及文化界人士新年同乐晚会,应邀出席。

1月5日至7日,参加并主持音乐家冼星海追悼大会、遗作音乐会。

1月7日,出席政协中共代表团举行的新年鸡尾酒会。

1月8日,参加民主建国会举行的招待政协代表茶话会。

1月9日,下午两点,出席陪都文化界举行的招待政协会议代表茶会;晚上7点,出席救国会第三次全体会员大会,主要讨论修改救国会纲领。

1月10日,召开成立星海合唱团筹备会,任筹备主任。1月31日,合唱团正式成立,任团长。

1月11日,发表《贺新华日报》诗篇,祝贺《新华日报》成立八周年。

是日,陪都各界政治协商会议协进会成立,被推任理事。协进会共举行了八次各界民众大会,分别邀请政协代表报告当天开会情形,担任第五、第六、第八次大会主持人。

1月12日,将《救国军歌》改写成《民主军歌》,改写《老乡上战场》为《大家来创造》。

1月15日,和陶行知共同创办的重庆社会大学举行开学典礼。任该校副校长兼教务长。

1月19日,为社大教育系学生讲《比较教育》课。

1月20日,陪都各界庆祝国内和平大会召开,为主席团成员,并主持会议。

1月23日，为三联分店员工讲《民主生活讲话》。该讲话共分五讲，自1月至3月完成。同时分别发表于《民主生活》第三、四、五、七、九期。

1月24日，政治协商会议陪都文化界协进会成立，任理事之一。

1月28日，应陈铭枢邀请，参加"一·二八"14周年纪念会。

是日，《怎样办社会大学》一文完稿。

1月29日，参加陪都青年联谊会成立大会，被邀致辞。

2月4日，为星海合唱团讲演政治问题。

2月5日，周恩来在曾家岩50号举行茶话会，招待重庆文艺界、戏剧界人士，应邀出席。

2月8日，参加诗歌音乐工作者联合座谈会，认为战后"诗歌音乐应发挥更大的作用"，提议组织诗歌音乐工作者协会，获通过，并和力扬、王亚平等人被推为筹备人。

2月9日，参加沈钧儒等人发起的人民权利保障委员会第一次筹备会议，并作了发言。

是日，参加救国会第四次全体会员大会，主要听取沈钧儒关于政协会议的报告。

2月10日，"陪都各界庆祝政治协商会议成功大会"在较场口广场举行，任大会主席团成员和大会总指挥。国民党当局派特务捣乱，与郭沫若、施复亮等人被打伤，较场口血案发生。住医院和休养期间，受到周恩来以及全国各界人士的慰问。

是日，在史良的陪同下，到重庆地方法院验明伤情，提出控告，要求惩凶。

2月20日，完成《起床以后》一文，记述较场口血案经过，表示为民主建国，“益为奋勉”。

2月26日，参加救国会第五次全体会员大会，报告较场口受伤后得到各方友好的慰问，“倍觉亲切”，并认为“民主运动做得不够深入”。

3月1日，国民党特务捣毁民盟西北总支部机关报《秦风报》。旋与郭沫若、茅盾等人致函慰问。

3月5日，向社大同学报告学习方法和学习进度及考试办法。

3月8日，与陶行知、章乃器、史良商讨较场口案自诉事。较场口案发生后，肇事者刘野樵向重庆地方法院诬告李公朴等人，法院原传讯李公朴等人于2月28日开审，但因理亏，又延期开审。故商量提起诉讼事。

3月9日，主持社会大学举办的校董、教授、社大之友聚餐会，邓颖超及新近被国民党释放的叶挺、廖承志等人出席。

3月10日，赴章伯钧宴，针对国民党六届二中全会上顽固派反对政协会议决议，与周恩来、叶挺、廖承志、冯玉祥、田汉等人均有讲话。

3月15日，为较场口案走上重庆地方法院法庭。最后庭长宣布，延期审理，视政协会议综合小组政治调解结果而定。

3月17日，重庆各民主党派领导人和各界人士举行宴会，欢迎李济琛、李任仁、田汉到重庆和叶挺、廖承志出狱，出席并讲话。

3月21日，出席救国会会员第六次大会，与史良、曹孟君、陶行知、宋云彬被推选组成国大代表提名委员会。

3月23日,《民主教育的初步实践——两月来社大教学总结》一文完稿。

3月24日,著名教育家黄齐生、柳湜慰问李公朴。二人代表延安各界于12日来渝,慰问较场口案受伤者。

3月26日,主持邓发给社大同学作《民主政治的劳动政策》讲座。记听后感想,认为经过八年抗战,大家对共产党油然而生一种最可爱的感觉。

3月27日,复中共党员张光年信,表示"在真理的旗前倒下去是大愿也"。

3月28日,赴周恩来、王若飞宴会,宾主一桌。

3月30日,撰写成《新宪法上的教育问题——确定民主教育的原则》一文。

3月31日,参加中国学术工作者协会成立大会。

4月1日,出席重庆杂志联谊会第十次大会,决定创办《联合三日刊》。

4月4日,撰写《人民才是原子弹》一文。

4月9日,陶行知将赴沪,组织欢送会。

4月10日,与周恩来、沈钧儒通电话,讯问叶挺、王若飞等人所乘飞机有无消息。叶、王等人所乘飞机于4月8日失事,此时尚未得到消息。

4月11日,为纪念较场口血案,与施复亮、王葆真、史良等50余人成立"二一〇"社。

是日晚,与周新民、辛志超、范朴斋等人交换关于今后民主运动的意见。归途赴中共代表团询问飞机失事消息。

4 月 12 日，出席救国会第七次全体会员大会，主要听取了柳湜的报告。柳湜从延安来渝。

4 月 13 日，确悉叶挺、王若飞等人全部遇难，悲痛万分，立即到中共代表团吊唁。

4 月 14、15 日，参加筹备"'四八'烈士追悼会"，并被推任司仪。

4 月 16 日，撰写悼诗《你们的死叫我格外不怕死——献给若飞、博古、邓发、希夷、齐生诸先生》。19 日刊于《新华日报》。

4 月 18 日，和张澜、沈钧儒等 78 人致函美国"国会争取和平委员会"萨柏司伊塞克诸议员，赞成他们所揭举的"反对以武器与军备给予盟邦使其进行内战"等六项原则。

4 月 19 日，重庆各界举行追悼"四八"烈士大会，任大会司仪，"指挥一切"。

4 月 24 日，与沈钧儒、史良联名邀请中共代表团、报馆朋友以及新来重庆之罗瑞卿、李维汉等 16 人，共用晚餐。

4 月 25 日，参加东北文化协会及东北政治协商会举行的反对东北内战茶会。

4 月 27 日上午，应郭沫若、阳翰笙邀请，欢送苏联文化委员，泞讨论今后如何开展文化交流工作。下午，参加文化界招待会，会亡表示"应加强人民当中民主运动工作"。

4 月 29 日，社大举行第一期放学典礼，报告《我们的教育经验》。

5 月 1 日，为青年会全体劳工讲演《今日的过去与将来》。

5 月 6 日，出席救国会会员第八次大会，报告重庆分会的任务以及如何推进重庆民主运动。

5月8日至13日，主要帮助社大同学编校《社会大学》一书。为该书写《新教育的开始》作为序言。

5月17日，由重庆返回昆明。

5月24日，圭山区彝族乐舞在国民党云南省党部公演，前往观看。

5月26日，为云南大学师生讲演《内战与和平》。

5月28日，筹备在昆明办社会大学分校。

5月31日，参加昆明市男女青年会退修会，并提“鼓励女青年婚后工作”等三点意见。

是月，参加联大文艺社在北门书屋组织的文艺问题讨论会，实际上是学习毛泽东的《在延安文艺座谈会上的讲话》，有发言。

6月2日，与张奚若、梁思成谈东北情形及国共双方之趋向、“一二·一”经过、社会大学创设之经过及其前途等，畅谈六小时。

6月8日，看潘光旦所编译之《性心理学》，并引发对国内翻译工作的看法。

6月9日，为云南大学演讲《社大与新中国》。

6月12日，到《民主周刊》社开会，报告社会大学今后计划。

6月16日，与四五名青年讲怎样做会议主席。

6月20日，针对昆明市中心的近日楼张贴攻击李公朴及云南民盟支部成员的反动标语、布告和壁报，与赵沨商谈，支部公开举行招待会，表明民盟的观点和立场，反击反动派的谣言和诽谤。

6月24日，参加王康、禄厚坤订婚仪式。

6月25日，与闻一多、张天放等人发起为呼吁和平救灾，号召万人签名运动。旋于30日致电蒋介石、毛泽东，呼吁和平。

6月26日，与闻一多、潘光旦、楚图南主持民盟云南省支部在法国商务酒店举行的第一次招待会，主要招待云南地方党政军机关及社会新闻界人士50多人。报告了民盟成立的背景。

6月28日，与闻一多等人主持第二次招待会，出席者主要为文化、教育、金融、实业界方面人士等80余人。着重讲了民盟的历史与组织关系。

6月29日，与闻一多等人在金碧路冠生园主持第三次招待会，到会者都是新闻界和各期刊的负责人，共三四十人。主要回答了来宾所提"民盟与救国会的关系问题"和"内战问题"。

是月，云南警备司令部总司令霍揆彰携带包括李公朴、闻一多在内的50人黑名单，飞往南京，向陈诚、蒋介石汇报。

7月1日，与冯素陶等18人联名电慰"下关惨案"受伤诸人士。

7月5日，南京国防部密电霍揆彰，对于李公朴等人，"于必要时得便宜处置"。霍遂将李公朴列为第一个暗杀对象。

7月9日，《民盟的历史与组织》一文发表。

7月11日，在学院坡被国民党特务枪击。

7月12日，清晨5时20分在云大医院逝世。

后　记

这本传记，以丰厚的史料，如实地再现了李公朴的进步一生，以志纪念。书中如有不妥之处，敬请读者指正。

本书在写作过程中，王健和张国男同志给予了许多帮助，初稿写成后，他们又仔细审阅了书稿，提了一些好的修改意见，供给了绝大部分珍贵照片，在此我们深致谢忱。李公朴生前至友张光年(光未然)同志为本书写了序言，他已辞世，在此深表哀悼。已故的民盟中央金若年同志也给予了此书很大的帮助。群言出版社的同志们更是在出版工作方面给予了积极的支持，特此致谢！

著者于北京

跋

在《民盟历史人物》和《民盟历史文献》丛书付梓之际，掩卷回首，民盟先贤们的音容笑貌挥之不去，不绝如缕，久久难忘。在编辑此丛书的过程中我们每每被他们为信仰、为理想奋斗的坚定精神所感召和感动。

人不能没有理想和信仰，一个民族也不能没有自己的理想和信仰。我们的先辈们，正是怀揣民族富强、人民福祉的赤诚之心，身先士卒、鞠躬尽瘁；凭借自身高尚的人文品格和社会良知，与共产党团结合作，为中国社会的前途和命运探索了一条新的宪政之路；和平、民主是人类社会的两大主题，也是中国共产党人和各民主党派所共同追求的理想。

如今，面对着他们的拳拳之心和丰功伟绩，我们感叹！赞叹！怀念！更要继承！

《民盟历史人物》和《民盟历史文献》在整个创作和出版过程中，得到了来自社会各界人士的关注和厚爱。我们要特别感谢为此丛书孜孜不倦的考证、核实、梳理、完善的各位专家、学者,是他们的认真严谨,才使此丛书能够客观地展现历史的真貌;更要特别感谢中共中央统战部与民盟中央给予我们的鼎力支持和重视,没有他们的指导和帮助,我们不可能完成如此厚重的出版工作任务;还要感谢各省、市、地区的民盟组织,为搜集、挖掘、抢救民盟的历史文献资料做出的不懈努力和贡献;感谢每一本书的作者,是他们的辛勤笔耕和一点一滴的忠实记录,才集成了民盟历史的全貌;感谢为此丛书付出辛劳的编辑以及所有工作人员,感谢你们辛勤的劳动和无私的奉献。

谨以此丛书献给所有伟大的民主革命先驱者;献给为共和国诞生抛洒了智慧和热血的先贤们;献给那一段筚路蓝缕、以启山林的峥嵘岁月。

《民盟历史人物》
《民盟历史文献》编委会

图书在版编目(CIP)数据

李公朴/周天度,孙彩霞著.—北京:群言出版社,2011.1

(民盟历史人物)

ISBN 978-7-80256-045-1

Ⅰ.①李…　Ⅱ.①周…　②孙…　Ⅲ.①李公朴(1900~1946)—传记　Ⅳ.①K827=6

中国版本图书馆 CIP 数据核字(2010)第 224883 号

出 版 人　范　芳
责任编辑　盛利君
封面设计　齐立娟
出版发行　群言出版社(Qunyan Press)
地　　址　北京东城区东厂胡同北巷 1 号
邮政编码　100006
网　　站　**www.qypublish.com**
电子信箱　qunyancbs@126.com
总 编 办　010-65265404　65138815
编 辑 部　010-65276609　65262436
发 行 部　010-65263345　65220236
经　　销　全国新华书店
读者服务　010-65220236　65265404　65263345
法律顾问　中济律师事务所
印　　刷　北京画中画印刷有限公司
版　　次　2011 年 4 月第 1 版　2011 年 4 月第 1 次印刷
开　　本　880×1230mm　1/32
印　　张　13.75
字　　数　285 千字
书　　号　ISBN 978-7-80256-045-1
定　　价　36.00 元